U0645895

应计制政府会计改革研究丛书

李建发/主编

制度变迁与政府会计模式选择和优化研究

殷红/著

厦门大学出版社
XIAMEN UNIVERSITY PRESS
国家一级出版社
全国百佳图书出版单位

总 序

　　20 世纪 70 年代末以来,西方发达市场经济国家掀起了一场以新公共管理为标志的政府改革运动,并迅速席卷全球。新公共管理运动以绩效为导向,以提高公共管理效率和公共资源使用效益为核心,以采用商业管理理论、技术和方法为标志,将市场竞争机制引入公共管理领域,对公共部门进行全方位的变革和再造。政府会计作为一个人造信息系统,始终处在新公共管理运动与改革的最前沿,它对于提升政府公共财务管理绩效、促进财政透明度、保障公共资源提供者和公共服务对象利益及知情权都具有不可替代的作用。其中,在政府会计中引入应计制是改革中的最大亮点。

　　近年来,在国际新公共管理运动的示范下,我国的公共财政和公共管理体制改革也在不断向前推进,社会公众、学术界以及政策制定部门对"改革现行预算会计,建立现代意义的政府会计"的呼声也日益高涨。理论源于实践,又指导实践,如何根据新公共管理运动的核心理念与精髓,立足中国实际,建立具有中国特色的政府会计体系，便成为摆在我国会计学术界面前的一项艰巨任务和重大课题。基于此，"应计制政府会计改革研究"丛书的出版将具有以下重要意义。

第一，进一步丰富我国政府会计理论研究。严格来说，我国政府会计理论研究始于 20 世纪 90 年代中后期，十多年来，有关政府会计研究的理论成果颇丰。但相对于企业会计理论的研究，专门从事政府会计研究的人数还比较少，许多学者只是"临时性"加入政府会计研究的队伍，研究的视野还不够宽，更多的是套用和延续企业会计研究的思路与模式。鉴于此，政府会计研究的理论广度和深度都有待进一步加强。"应计制政府会计改革研究"丛书的作者们都是长期专门从事政府会计理论研究的教授、专家或博士，他们的研究思路和视野既不再局限于传统的企业会计研究模式，也不仅仅局限在政府会计的热点问题——应计制基础改革，而是涉及公共部门财务管理、政府会计模式构建与选择、政府绩效评价体系构建、政府成本会计，甚至政府管理会计等；同时，也不再局限于对国外政府会计改革实践和理论的介绍和借鉴，而是从公共受托责任、新公共管理、绩效治理、委托代理、公共选择、新制度经济学等更宽的理论视角进行深入研究，具有一定的理论深度和广度。可以说，丛书的出版将进一步丰富我国政府会计的理论体系。

第二，更好地指导我国政府会计改革实践。自 2000 年以来我国启动了新一轮的政府会计改革，其标志是 2000 年国家财政部启动了中国政府预算会计制度改革研究——从收付实现制到权责发生制；2006 年，政府会计改革被正式列入中国国民经济与社会发展第十一个五年规划纲要,近来又得到国家高层领导人的关注和重视。可以说,我国的政府会计改革如"在弦之箭"。然而,时至今日,我国除 2009 年发布《高等学校会计制度》和《医院会计制度》这两份征求意见稿外,并没有更多的实质性举措,这轮改革显得异常缓慢,严重滞后于公共财政与公共管理体制的各项改革。在我们看来,理论研究的不充分和理论体系的不完整是改革实践滞后的重要原因之一。由于政府在经济学上的意义不同于企业,因此政府会计不同于企业会计,现有企业会计理论不能直接"拿来"用于指导政府会计的改革;而由于政治经济体制的不同,国外的政府不同于我国的政府,因此,他国政府会计的改革实践经验,我们只能借鉴,而不能照搬,必须立足国情,探索建立一套能够指导改革实践的有中国特色的政府会计理论体系。

本丛书以教育部人文社会科学重点研究基地重大课题"基于绩效管理的应计制政府会计改革问题研究"为基础,由我担任总主编,作者主要是我指导的博士生们,他们围绕应计制政府会计改革,在各自博士论文的基础上,按照"丛书"主题的要求,进行修改、补充和完善。他们长期以来一直密切关注我国政府会计改革中的热点和难点问题,全程参与我国政府会计改革的研讨和咨询活动,这使得丛书内容不仅具有理论性,而且也具有现实性和针对性;丛书的作者都是我国目前政府会计研究的骨干成员,长期的团队合作使得专著之间的理论衔接更加顺畅,具有延续性,理论结构和体系具有完整性。该丛书所构建的理论体系,将能够更好地服务于我国政府会计的改革实践。

当然,作为理论性著作,丛书中的某些观点和理论必定还有不够成熟和不尽完善的地方,希望广大读者及会计学术界的广大同仁能够不吝赐教,多提宝贵意见!

李建发

2010 年 9 月 8 日

内容提要

▶▶▶

　　随着经济体制改革的深入和财政管理体制改革的深化,我国现行政府会计体系逐渐产生了诸多问题,亟待进一步的改革。如何建立有中国特色的政府会计模式,是进一步拓展我国政府会计理论的需要,更是当前中国政府会计改革的现实选择。本书以新制度经济学制度变迁理论为分析工具,动态地考察发达国家政府会计模式形成和发展的深层逻辑和特征,探寻可资借鉴的成功经验,在借鉴其合理内核的基础上设计我国政府会计模式选择与优化的路径。

目　录

第一章
导　论

▶▶▶

本章作为全书的开篇之章,先介绍选题背景、研究意义,随后阐明研究方法、研究内容,最后归纳本书的创新以及存在的局限性。

第一节 | 选题背景　　　　　　▶▶

20 世纪 80 年代以来,西方各国为了摆脱财政困境、管理危机和信任危机,提高政府的效率,同时迎接日趋激烈的国际竞争和适应全球信息技术革命的挑战,掀起了一场声势浩大的政府改革运动。这场起源于英国、新西兰和澳大利亚,并迅速席卷了其他国家乃至全世界的改革被称为新公共管理改革(new public management)。经济合作与开发组织(Organization for Economic Cooperation and Development,简称 OECD,中文简称"经合组织")1999 年度公共管理发展报告《转变中的治理:OECD 国家的公共管理改革》中,提出新公共管理具有如下八个方面的特征:(1)转移权威,提高灵活性;(2)保证绩效、控制和责任制;(3)发展竞争和选择;(4)提供相应的服务;(5)改善人力资源管理;(6)优化信息技术;(7)改善质量;(8)加强中央指导职能。著名公共管理学者Hood 教授认为,新公共管理的核心特征是将广泛应用于企业部门的商业管理方法和模式引入政府部门,旨在建立信息透明、高效廉洁的政府(Hood,1995)。公共管理的发展对政府会计产生了深远的影响,建立透明、绩效导向的政府,迫切需要政府会计系统发挥信息支持和保障的功能,全面揭示政府受托责任的履行情况,不断提高政府提供公共服务的质量和效率,最终促进经济长期稳定发展。从改革伊始,作为这场政府治理改革重要组成部分的政府会计,就受到世界范围内多数国家的普遍重视。到目前为止,已有半数以上经合组织成员都在政府不同层面开展了改革,并已卓显成效。改革体现了普遍性和特殊性的统一,普遍性体现在参与改革的成员基本取向都是在政府会计、预算和财务报告体系中不同程度地引入应计制会计基础;特殊性则体现在参与改革的成员其改革实践在与各自国情的结合中打上了其各具特色的烙印。改革中涌现出的这些独具特色的政府会计模式①为广大发展中国家提供了良好的参考蓝本。

当我们将审视的目光转向国内时发现,经过了 30 年改革开放的历练,我国在经济、社会、文化等领域都取得了显著的成绩,然而由于种种历史和社会的原因,在市场经济体制、政治体制和政府管理体制等方面还存在着突出问题,特别是近年来全球化引致国际竞争加剧和科技高速发展,给社会带来了深刻变革,给政府带来了巨大的挑战。为了解决这些问题和应对挑战,我国政府积极开展了全方位、多层次的政府改革。具体到财政预算管理体制方面,从 20 世纪 90 年代开始,我国政府为了建立与社会主义市场经济体制相适应的公共财政管理体制,逐步推进了包括部门预算、国库单一账户制度、政府采购以及政府收支分类等在内的一系列具体改革措施,改革的过程和结果均对反映政府经济活动的政府会计信息提出了更高要求,因此政府会计体系如何顺应这种需要,就成为政府部门以及学术研究者共同关注的焦点。从那时起,我国政府正式开展了积极的探索,1997 年开始,财政部先后发布实施的《事业单位会计准则》、《事业单位会计制度》、《行政单位会计制度》以及《财政总预算会计制度》,拉开了我国预算会计制度全面改革的序幕。与改革前的预算会计制度相比,这套制度会计核算体系更加系统,会计核算方法更加科学,会计确认、计量和报告程序更加规范,财务报告内容更加完整。通过这次改革,预算会计摆脱了计划经济体制的束缚,并逐渐向市场经济体制下政府会计模式转变(李建发,2001)。然而,纵观改革后这些年的实践结果,并没有实现预期的目标。随着经济体制改革的不断深入和财政预算管理体制改革的不断深化,国际和国内政府会计环境也发生了深刻的变化,现行预算会计体系逐渐产生和显露了诸多问题和局限性。无论是名称、会计核算目标、会计核算基础,还是核算内容以及财务报告等均已不能适应形势的需要,并且与发达国家和国际组织倡导的政府会计模式相差甚远。因此,现行预算会计体系亟待进行更进一步的改革。

---

① 本书认为,政府会计模式的形成和演变正是政府会计不断改革的过程,改革是推动模式演变的重要因素。

第二节　研究意义　▶▶

　　究竟我国的政府会计改革应该怎样继续深入,以保证我国的政府会计模式富有生命力并保证可持续发展,已成为当前政府会计理论与实务界共同关注的焦点所在。立足于中国特殊的国情,以开放的思想对待国际经验,通过有选择地吸收国外政府会计模式中的合理因素,发展我国自己的政府会计模式,并积极致力于实践,探索具有中国特色的政府会计模式,是向纵深拓展我国政府会计理论的需要,更是当前中国政府会计改革的现实选择。因此,以政府会计模式的演进为切入点,探究国外典型政府会计模式的演变过程和特征,揭示其不同时期和不同环境下的发展形态、结构、特征的变化规律,抽象复杂的实践过程,一方面能够促使我们从中汲取发达国家政府会计改革积累的经验,在一定程度上为仍在踟蹰中的我国政府会计改革指明方向,缩短我国政府会计改革的磨合期和等待期,实现我国特殊背景与应采用政府会计模式的有机契合;另一方面,有利于发现我国政府会计模式中存在的问题、产生的原因,为吸收和借鉴国外经验提供可行性的信息支持。

　　目前,国内学者虽已对国外政府会计模式开展了广泛的理论研究,但基本是单纯对国外一个或者一些国家和国际组织经验和做法的介绍和横向之间的简单比较,这种零碎的、非系统性的对某个片段的描述,是研究者根据研究需要和行文逻辑进行取舍的结果,无法全面、动态地反映政府会计模式演化的过程,更难以企及深层次的逻辑分析。还有的研究关注国外技术意义上的"嫁接",提出建立一种并非基于我国现实的改革理想图景,其最终的结果只能是无疾而终。实际上,我们真正需要的是洞察国外政府会计模式的逻辑建构,而非仅仅是现实的忠实记录。只有对刻有历史发展烙印的现有政府会计模式形成和发展即变迁过程的纵向发展脉络进行整理,才能挖掘其形成的深层逻辑,才能从分析中吸取借鉴的养分,找到真正能够为我所用的精华。唯有这样,才能发挥兼采众长的国外做法借鉴分析功效。

　　依照这种思路,本书拟采用如下的分析逻辑:首先,选取政府会计与预算不同关系的分类标准,将本书的研究对象——国外政府会计模式限定为美国政府会计模式、英国政府会计模式和法国政府会计模式这三种类型。为了达到从动态的视角对国外政府会计模式进行分析的目的,本书借助新制度经济学制度变迁理论,搭建了一个政府会计模式变迁的理论分析框架。其次,根据这个理论分析框架,依次对这三个国家政府会计模式的变迁过程作纵向的回顾、整理,找寻和总结可资借鉴的经验。最后,对照国外政府会计模式变迁演变的内在逻辑和路径,来考察我国政府会计模式的形成和发展特征,根据借鉴的经验提出优化和完善我国政府会计模式的具体构想。

本书将以新制度经济学的制度变迁理论为强有力的理论分析工具,动态地考察发达国家政府会计模式的深层逻辑和特征,研究我国政府会计改革及模式。这具有重要的理论意义、实践意义和政策价值,主要体现在:一方面,尝试构建一个动态的政府会计模式变迁的逻辑分析框架,全面系统地考察发达国家政府会计模式的具体内容,为国际比较借鉴理论研究开发更为广阔的空间,以此引发对政府会计改革的更多思考,从而丰富现有的政府会计理论;另一方面,希望在完整分析的基础上,设计科学的政府会计模式,为我国政府会计改革提供可行的决策参考,促进我国政府会计改革向预期的目标迈进。

第三节 研究方法与内容 ▶▶

一、研究方法

从学科属性来说,政府会计可归属于跨学科的综合性研究门类。本书的分析主要结合新制度经济学(包括代理理论、制度变迁理论)、政治学、公共经济学、公共管理学、公共财政学,希望能够从多学科、多层次和多维视角努力揭示研究对象的全貌和内在本质。具体的研究方法包括规范分析、案例分析、归纳和演绎分析、历史与比较分析。

(一)规范理论分析与实证案例分析结合

规范研究和实证研究是当前进行会计研究的两种基本方法。其中,规范研究以价值判断为基础,主要评价事物应该怎样并提供相应的建议;而实证研究则基于对客观事实的解释来描述事物是怎样的过程,并不加以价值判断。其中,实证研究根据收集资料的方式具体包括案例法、档案法、实验法和实地法。从本质上说规范研究与实证研究互为补充,相得益彰,实证研究为规范研究提供事实基础,规范研究为实证研究提供理论指导。因此,为保证研究过程的连贯性和完整性,本书综合运用了规范的理论分析方法和以具体的国别案例分析为主的实证分析方法。首先,结合案例对国外政府会计模式的形成和发展作实证性分析,探寻各种模式内在的逻辑结构,其次,运用规范的理论分析进行评价和总结,在此基础上提出对我国优化政府会计模式的可行方案。

（二）归纳法与演绎法结合

归纳法与演绎法是科学研究最基本的逻辑方法。其中,归纳法是从特殊事实中概括出一般原理的推理形式和思维方法。它是从个别的、单一的事物的性质、特点和关系出发,以经验和实证作为基础,并从中概括出一类事物的特征的结论。演绎法则是从一般原理出发推理解释具体事件的方法。以一般性的逻辑假设为基础,经过推理得出特定的结论。本书首先通过对国内外政府会计模式文献的梳理,发现当前的研究难以全面、系统地反映国外政府会计模式动态演化过程,并揭示深层次逻辑,并无法对我国政府会计改革给予切实可用的借鉴经验。针对这个问题,本书以新制度经济学的制度变迁理论为基本理论分析工具,结合公共经济学、公共管理学、公共财政学等学科知识,对国外政府会计模式的变迁过程作纵向发展脉络的整理,归纳总结变迁过程中的深层逻辑建构以及可资借鉴的成分。在此基础上,结合对我国现行政府会计模式的客观评价,推演出优化我国政府会计模式的具体现实构想。

（三）历史分析与比较分析结合

通常人们认识事物就是从区分不同事物开始的,而要区分不同事物的特征并认识不同事物的本质首先要进行必要的比较,在比较中找到各种对象的异同,然后进行必要的分类或者类别推理,进而得出相应的结论。只有经过这样的逻辑过程,才能帮助我们对事物的认识从感性上升为理性,并发现事物的本质和规律。科学研究中的比较法是人们认识事物探索其内在本质和规律的重要方法,这种方法具体包括空间上同时并存事物之间的横向静态比较和时间上先后相随事物之间的动态纵向比较。历史分析法是按照时间顺序解释同一社会内部或不同社会中社会现象或客观事物相似性和差异性的研究方法。从性质上说,属于比较分析法中的纵向比较。本书对国外政府会计模式的研究综合采用这两种方法,通过横向的截面比较对各种不同类型国家政府会计模式进行定性的鉴别,揭示不同制度背景下的特征差异;通过纵向的序时比较追溯历史渊源,确定历史顺序并预测历史趋势,反映同一国家政府模式在不同时期发展形态的动态变化,静态和动态两种比较方法有机结合,有助于全面认识国外政府会计模式的内在本质并发现其发展的逻辑规律。

二、研究内容

本书尝试从制度经济学制度变迁视角来对国外政府会计模式作整合性的研究,在国外和国内有限研究成果的基础上,建立一个政府会计模式变迁的逻辑分析框架,以此为工具,考察、比较国外和国内政府会计改革实践,并提出建设性的改革建议和措施。根据这一总体设想,本书共分为七章,各章具体研究内容如下:

第一章:导论。简要介绍本书的选题背景及意义、选题依据、研究内容与研究方法、可能的创新与不足。

第二章:概念界定与文献综述。首先界定本书的核心概念;其次在对国外和国内政府会计模式研究文献进行梳理的基础上,总结研究中存在的问题并提出本书的分析思路。

第三章:理论基础与分析框架。首先,从新制度经济学制度和制度变迁的基本内涵入手,重点分析诺斯、林毅夫等提出的制度变迁基本框架:制度环境的改变促使主要行动集团发现现有制度无法产生的潜在收益,继而采取行动发起了制度变迁,实现了新制度下的均衡;其次,依次探讨政府会计模式变迁的动因之一——新公共管理理论和政府会计模式变迁的主体——政治家与官僚行为理论;最后,将这一逻辑框架具体到政府会计模式变迁的讨论中,搭建包括制度环境、行动集团、制度安排为主要内容的政府会计模式变迁的理论分析框架。

第四章至第六章:国外政府会计模式的变迁。根据第三章构建的政府会计模式变迁理论分析框架,分别分析美国、英国和法国政府会计模式变迁的轨迹,并在此基础上总结政府会计模式变迁的国际比较对我国的启示和借鉴意义。

第七章:我国政府会计模式的选择与优化。首先详细深刻剖析当前我国政府会计模式现状,归纳存在的问题;其次,在借鉴第四章至第六章政府会计模式国际比较经验的基础上,针对当前我国政府会计模式存在的问题,设计选择和优化当前我国政府会计模式的总体原则导向,并进一步提出优化我国当前政府会计模式的具体构想。

全书的写作框架简要内容如图 1-1 所示。

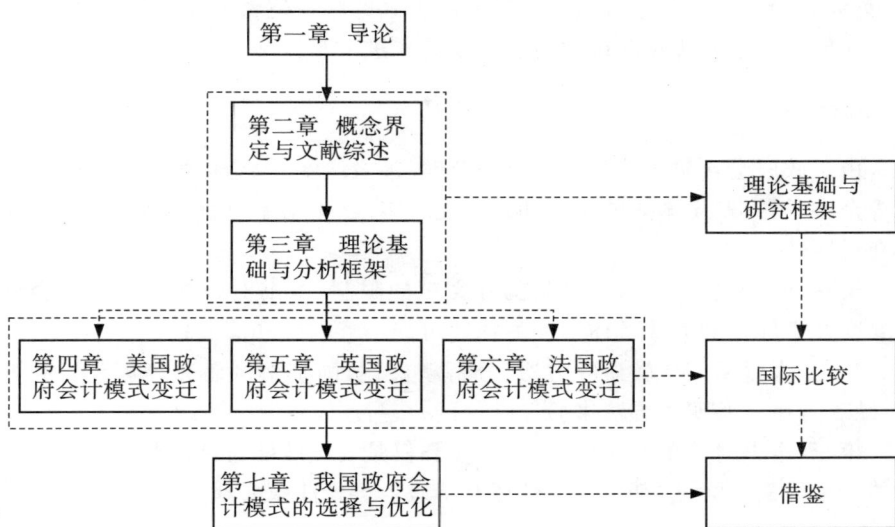

图 1-1　本书的写作框架图

第四节 ｜ 创新与局限 ▶▶

一、创新之处

本书试图通过透视国外典型国家的政府会计模式演变轨迹,从新制度经济学制度变迁的视角来探寻选择和优化我国政府会计模式的积极意义。本书可能的创新归纳如下:

第一,国内多数政府会计模式的比较研究多是描述性和规定性的,究竟每一种模式是怎样形成的,有怎样深刻的制度背景,具有哪些鲜明的特征等深入的解释性分析相对较少,本书以新制度经济学制度变迁理论视角来开展国外和国内政府会计模式的研究,试图拓展、剖析和修正当前这个方面的不足。

第二,以新制度经济学制度变迁理论为分析工具,构筑一个政府会计模式变迁的理论分析框架,能够相对全面、系统、完整地揭示国外主要政府会计模式形成的脉络以及发展的深层逻辑,为全书的分析奠定重要的基础。

第三,采用横向静态比较和纵向动态比较相结合的立体比较方法,深入政府会计模式内部,从政府会计模式变迁的制度环境、主要行动集团的权力博弈、具体的制度安排三个方面来刻画各种模式的内在逻辑和发展路径,在此基础上才能对建立并优化我国政府会计模式作进一步诠释。

二、局限性

由于政府会计属于跨学科研究的范畴,涉及政治学、会计学、财政学、管理学等众多学科,鉴于本人的学识和理解能力有限,本书不可避免地在以下方面存在局限性:

第一,由于现有资料,特别是国外文献的限制,本书对国外有关政府会计模式变迁中涉及的某些具体方面的描述可能不够细致和深入;

第二,大量采用比较研究方法、分析型叙述、国别案例研究等规范研究方法,缺乏运用经验研究方法来验证结论的普遍性;

第三,本书对改革的建议、措施和步骤仅是我国政府会计改革这项复杂课题的一个探索性尝试,其可操作性还有待政府会计改革实践的检验。

第二章
概念界定与文献综述

▶▶▶

　　本章首先对贯穿全书的重要基本概念进行界定，其次对美国、英国、法国以及我国政府会计模式的现有研究进行简要回顾和综述，并对研究现状进行简要评述，在此基础上，提出本书的研究视角和大体思路，为后文的进一步研究作铺垫。

第一节 | 核心概念界定　　　　　▶▶

　　在正式开始本书的论述之前首先要厘清基本概念和相关范畴，这样不但能够指明本书所指范畴的特定内涵，还能够限定研究的视野范围。本节首先明确了会计模式的定义、组成，并以此为基础界定了政府会计模式的定义与组成要素。

一、会计模式

　　在经济社会领域中，"模式"是一个得到广泛应用的概念。不同的研究者对模式有不同的理解。根据《现代汉语词典》的解释，模式是指"某种事物的标准形式或使人可以照着做的标准样式"。美国学者 G. 里茨尔（G. Ritzer）从功能性角度认为，模式是"科学题材的根本反映，它用于确定应该研究什么，提出哪些问题，如何提出问题，怎样理解得到的答案。模式是科学领域中最广泛的一致单位，它可用以区别不同的科学学科（或次学科），定义和联系样本理论、方法以及存在于其间的工具等"。① 总结两种定义发现它们具有以下共同特

---

　　① 转引自[美]阿迈德·贝克奥依：《会计理论》，陕西人民出版社 1996 年版。

征:(1)模式是对现实客观事物的综合描述和科学抽象;(2)模式是由与客观事物相联系的各种具体要素构成的有机整体;(3)模式体现了各种要素的特征及其内在联系。因此,模式作为一个系统可以揭示事物的结构或过程,其主要组成部分及各部分之间的相互关系,从而反映事物的本质。研究模式的存在形式与结构特征能够为人们提供一种成型的、具有决策参考价值的可直接运用的完整体系,通过这套体系来发现和解决研究问题,规范研究方法,继而实现研究的目标。

(一)会计模式定义及组成

会计模式可以理解为模式在会计领域的具体应用,通过会计模式的研究可以帮助我们了解会计体系的基本特征和本质内容。根据不同的研究视角,会计模式的定义有所不同,大致可归为两类:(1)强调模式整体性、系统性,从某个或某些方面的总体特征对会计体系进行整体概括,认为会计模式是按一定的会计特征对会计系统内诸要素所进行的综合与描述。[①] 这种观点广泛应用于国际会计研究领域,以地域范围等划分标准对美国、英国、欧洲大陆国家等典型国家不同时期的会计模式进行比较分析。(2)强调构成要素具体性、联系性,深入会计体系构成的各个要素及其关系层面,认为会计模式是对一定社会环境下会计活动的各种要素按照一定的逻辑进行综合描述,反映各种要素特征及其内在联系与结构形式的有机整体[②],或者是为实现一定的会计目标,由各种要素构成的具有特定功能的会计工作标准形态[③],具体到要素内容的会计模式是指在特定的时间和空间条件下,由会计管理体制、会计原则、会计制度以及由此决定会计方法、程序、组织机构所构成的有机整体。[④] 分析这两类定义可以看出,这两类会计模式定义的侧重点不同,但其构成基本是一致的。因此,本书将会计模式总结为:以一定的导向为目标,由各种相互联系的要素组成并发挥特定功能的有机整体。

会计模式是对一定地域或范围内会计实务的规范性总结,体现了特定国家环境对会计在社会经济中所发挥作用的基本要求,并从本质上反映了会计

---

① 中央财经大学会计系:《会计模式与社会经济环境研究》,载《会计研究》1986 年第 8 期。

② 李占国、李瑞生:《会计模式基本理论问题研究》,载《会计研究》1988 年第 11 期。

③ 于玉林主编:《现代会计百科辞典》,中国大百科全书出版社 1994 年版。

④ 杨纪琬、娄尔行主编:《经济大辞典:会计卷》,上海辞书出版社 1991 年版。

模式各种构成要素之间的逻辑关系,因而也是开展会计工作应该依据的范本①。会计模式的各个构成要素是现实具体会计实务的一种理论上的逻辑抽象,要素之间相互联系使得人们对复杂的、多种会计实务交织在一起的会计系统获得一种从局部到整体的清晰认识。会计模式定义的差异必然会产生组成要素的不同,但要素的差异仅在于研究者侧重点不同所作出的取舍、合并或者分离,并不存在实质性的区别。② 会计模式的基本组成要素大致包括会计目标、会计管理、会计规范、会计核算、会计报告、会计监督和会计教育等。③

(二)会计模式分类

根据不同的研究目的,会计模式可以具体划分为不同类型。开创性的研究是美国会计学家缪勒教授根据影响会计环境的因素不同将世界范围内国家的会计模式分为六大类:(1)英美模式(包括加拿大、澳大利亚、以色列、南非、中国香港等 43 个国家和地区),其会计体系的主要目标是满足投资者和债权人的信息需求;(2)欧洲大陆模式(包括大部分欧洲大陆国家和日本等 28 个国家和地区),其特点是通过法律制度来约束和规范企业会计行为,要求会计实务严格遵循相应的法律规定,支持稳健惯例的广泛应用;(3)南美模式(包括阿根廷、智利等 9 个国家),继承英美模式的一些影响,但更注重调整会计信息,消除、减轻因恶性通货膨胀带来的不良影响;(4)混合经济模式(包括俄罗斯、波兰和东欧地区 25 个国家),其会计体系体现了这些国家不同经济制度交替时期的矛盾和无序状态;(5)正在形成的模式,包括伊斯兰教国家的模式和在大型跨国公司中认可的国际会计准则模式;(6)社会主义模式,指包括中国在内的社会主义国家采用的会计模式。④ 这种分类假定会计环境相同的国家具有相似的会计实务,未区分不同国家环境和会计实务的异同。针对这个问题,美国学者保罗·H.阿伦在《美国会计人员手册》中跳出国家范围,依据会计模式所体现出的利益导向不同,将会计模式分为五大类:(1)债权人利益导向,以英国为代表,这种模式强调"真实和公允"原则,会计制度的主要目的是保护债权人;(2)投资者利益导向,以美国为代表,这种模式以遵循公认会计原则著称,旨在保护投资者特别是潜在权益投资人的利益;(3)政府税收导向,法国、

---

① 周晓苏:《中国会计模式论》,东北财经大学出版社 2002 年版。

② 例如,周晓苏认为会计模式要素包括会计管理体制、会计规范、会计信息系统、会计职业管理体系。这实际上是对文中提到具体要素的总结。

③ 李占国、李瑞生:《会计模式基本理论问题研究》,载《会计研究》1988 年第 11 期。

④ Mueller,G. G. ,*Accounting:An International Perspective* ,. IRWIN,INC,1994.

西班牙、意大利采用这种模式,强调保证国家税收,企业财务报告要与税法一致,会计原则一般不公开;(4)企业保护导向,北欧国家采用这种模式,推崇稳健的会计处理;(5)政府计划导向,通常指苏联等实行计划经济的社会主义国家会计模式,强调产值、总利润,有精细的成本会计,注重对会计的控制。① 除此之外,还有的研究根据经济体制、会计在委托代理关系中应承担的义务对会计模式进行分类。不论采用何种分类标准,都是从不同的角度深入会计模式内部对其具体内容和特征的分析和总结。

二、政府会计模式

(一)政府会计模式定义

通常,社会部门被区分为私人部门和公共部门两大类型。其中,私人部门包括企业和家庭,而公共部门则包括政府及政府部门和非营利组织。政府学角度定义政府是由被授权制定公共政策与处理国家事务的个人和机构所组成的政治组织。② 国际会计师联合会(IFAC)从狭义角度定义公共部门为国家政府机构、区域政府机构、地方政府机构以及相应的政府主体(如机构、团体、委员会和企业),而不包括各种非营利组织。根据研究的逻辑需要,本书对政府的界定采用国际会计师联合会定义的公共部门这个概念。

以部门或者组织的性质为划分标准,会计模式可分为企业会计模式和政府会计模式。③ 尽管会计模式的概念本身是一个可以适用于各种类型组织的概况性提炼和总结,但在具体应用时许多研究者通常已把研究对象默认为企业会计模式。当依据研究需要把会计模式的讨论拓展至政府时,就形成了政府会计模式,政府会计模式可以看作政府会计实践的示范形式,是对已定型的政府会计实务的概括和描述。④ 对政府会计模式概念的讨论并没有过多的争论,从而也可以推论,政府会计模式是以一定的导向为目标,由各种要素组成

---

① 王松年:《国际会计前沿》,上海财经大学出版社 2001 年版。

② 杨光斌:《政治学导论》,中国人民大学出版社 2004 年版。

③ 本书认为,实际上关于会计模式的大多数学术研究是以企业组织为基础开展的,从历史来看国内外企业会计经过了多年实践积累,为这方面的理论研究提供了广泛的素材和丰厚的资料;而政府会计相对于企业会计来说是新近产生的研究范畴,其研究的深度和广度远不及企业会计。

④ 宋衍蘅、陈晓:《西方国家政府会计的比较及其借鉴》,载《会计研究》2002 年第 9 期。

的反映政府会计活动基本特征及其内在本质的有机整体。[①]

政府具有的公共性、法定性、统一性、独占性、非营利性、组织目标的多重性这些基本特征,使其与企业部门在对于资金运作的确认原则、考核指标、绩效评价、财务报告等方面存在本质的差异。政府(部门)会计的特征集中体现在以下方面:

(1)与企业谋求利润最大化目标不同,政府的组织目标是运用有限的公共资源为社会提供公共产品和服务,因此对政府绩效的衡量主要是其提供服务的质量和受托责任的履行情况,而不能用企业的利润指标考核,并且评价的标准在经济性的基础上更强调效率性、效果性以及公平性。

(2)预算在政府中发挥着至关重要的作用,预算具有的技术性体现在政府必须在法定预算限定范围内开展各项管理活动,行使各项职能,同时预算还具有政治性,表现为预算所体现的是某个时期内政府公共政策选择以及相应的政策成本。由于预算资源使用目的或用途的限定,政府应当按预算限定组织的财务活动,政府会计管理的重点关注预算资源的取得、运用和效果,为评价政府公共政策的运行情况提供信息支持。

(3)政府的财务资源主要来源于依法强制征收的税款,还包括捐赠所得和基本成本补偿的使用费收入,由于政府提供的某些服务和产品因其垄断性无法衡量成本,由此造成的成本与收入的不配比使得经济利润无法如企业部门那样成为评价政府资源运用效果的指标,从而也无法发挥激励和约束政府行为的实际作用。[②]

(4)政府行使公共资源筹集、使用和管理的权力,必须受到公共资源提供者及其代表以及法规和协议的制约。政府管理当局是受托使用公共资源,对公共财务资源使用的合法与合规性、经济与有效性自然负有责任,其受托责任包括政治责任、社会责任和经济责任。

(二)政府会计模式组成要素

政府会计模式的含义强调作为一个有机整体,政府会计模式是由相互联系的各种要素按照一定的逻辑组成的。这些具体的要素,在政府会计模式的发展历程中始终占有比较重要的位置,一方面能够自成体系、独立地体现政府

---

① 本书无意否认政府与非营利组织会计相关教材中的概念,这里对政府会计模式的定义是一种理论层次的概括和抽象,当然也是出于作者的研究目的而作出的一种讨论。

② [美]罗伯特·J.弗里曼著,赵建勇译:《政府与非营利组织会计——理论与实务》(第7版),上海财经大学出版社2004年版。

会计活动某一方面的特征,另一方面与其他要素有机契合发挥合力,揭示政府会计活动中蕴藏的深层逻辑。用系统论来表述,政府会计模式就是一个完整的系统,各项要素则是组成这一系统内必不可少的子系统。从本质上说,政府会计模式是政府会计管理实践活动的概括和总结,作为一项管理实践活动,一般包括管理主体、管理依据和管理对象三个基本的构成要素。由此,政府会计模式组成要素①即包括政府会计管理主体——政府会计管理体制,政府会计管理依据——政府会计规范体系,政府会计管理对象或内容——政府会计体系具体构成三个方面:

1. 政府会计管理体制

政府会计管理体制是国家对全社会的政府会计工作和从事政府会计的人员进行组织管理的方式及相应制度的总和,具体可包括组织设置的原则、人员管理的机制等,它是政府会计工作得以正常运行的组织保证。在政府会计模式中,会计管理体制是为实现政府会计目标而开展政府会计活动的组织保障,同时也对其他要素有一定的制约和影响作用。

2. 政府会计规范体系

政府会计规范体系是政府会计机构和从事政府会计的人员开展政府会计工作应当遵循的行为标准的总和,具体包括各种政府会计法规、政府会计准则、政府会计制度和政府会计职业道德规范等若干层次。在政府会计模式中,政府会计规范体系发挥承上启下的重要作用,一方面全面体现政府会计目标及政府会计管理体制的要求,另一方面决定政府会计体系具体构成的特征和方式。②

3. 政府会计体系具体构成

政府会计体系具体构成是由确认、计量、记录和报告政府会计实践活动的依据标准、内容范围和程序方法组成,反映政府会计信息生成、处理和报告完整过程的有机整体。本书认为,从核算和报告的内容上看,政府会计体系的构成包括政府预算会计、政府财务会计、政府成本会计三个方面:

(1)政府预算会计

政府预算会计是通过记录预算收入、预算支出并报告预算结余,提供政府

---

① 对照本书提出的政府会计模式可以发现,一些研究者实际上是以作者分析的单个政府会计模式的要素作为政府会计模式划分的依据来开展研究的。

② 实际上,鉴于这个要素的重要性以及资料收集的相对充分性,大量关于政府会计模式内容的研究主要集中在这个方面。

预算的总量、结构、专用性以及进度等方面信息,反映政府预算执行情况及其结果的会计系统。

(2)政府财务会计

政府财务会计是以货币为主要计量单位,对政府组织的经济交易和事项,通过确认、计量、记录和报告等基本会计程序反映政府财务状况、现金流量以及财务绩效信息的会计系统。

(3)政府成本会计

政府成本会计是以政府成本管理和成本控制为目标,采用专门的成本核算方法,提供政府提供公共产品或服务成本信息的会计系统。

关于政府会计体系的具体构成分析见后文理论基础部分详述。

政府会计模式是对政府会计实践活动的总结,因此,在其组成要素中,政府会计体系的具体构成是微观层面各项会计实务的反映;政府会计管理体制从组织和人员两个方面对政府会计实务进行组织控制与管理;政府会计规范体系则从法律法规的层面对政府会计实务给予具体业务层面的指导。

综上,政府会计模式的组成要素及其关系如图 2.1 所示。

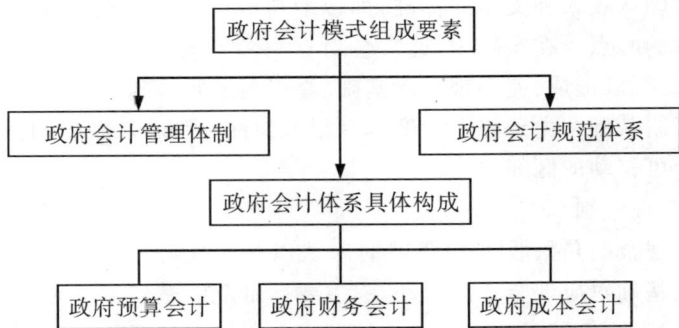

图 2.1 政府会计模式组成要素图

(三)政府会计模式分类

由于各个国家的经济发展水平、政治体制、法律体系以及文化传统等方面制度背景的差异,事实上并不存在放之四海而皆准的政府会计模式。因此,要理解国外政府会计模式就要化整为零,从各个具体类型的政府会计模式及其组成要素入手,在比较的基础上进行鉴别研究。对政府会计模式的具体分类,不同的研究者从不同的角度出发,根据各自掌握资料的差异,选择了不同的分类标准,从而产生了不同的分析结果。

1. 按照法系的特征来划分

(1)海洋法系国家政府会计模式

海洋法系国家的法律体系以习惯法为特征,这些国家一般不通过立法对政府会计原则作具体规定,即使某些法律涉及对政府会计的要求,也只是原则性的规定。详细而具体的政府会计原则,一般由会计职业团体或各有关方面联合组成的专门机构主持制定。

(2)大陆法系国家政府会计模式

大陆法系国家的法律体系以成文法为特征,这些国家通常以法律的形式对政府会计原则作详细的规定,并由法庭加以解释。例如法国关于政府会计和财务报告的规定,往往直接列为公共财政和预算法的组成部分。

2. 按照会计基础来划分

会计基础①是会计确认基础的简称,是指对主体经济交易和事项进行会计确认的时间。一般来说,存在两种主要的会计基础:一是现金制基础,又被称为收付实现制基础,是指以会计期间现金收支的时点为会计确认的时点;二是应计制基础,又被称为权责发生制基础,是指以会计期间权利的形成和义务的发生作为确认收入和支出的标准,即以取得收款权利或付款责任的时间作为会计确认的时点。在实践中,通常会对这两种主要会计基础进行不同程度的修正,大致可以形成:完全现金制基础、修正现金制基础、完全应计制基础以及修正应计制基础。由于修正程度具有很大弹性,因而,从现金制到应计制通常具有一个可移动的区间。

(1)完全现金制

完全的现金制是指收入和费用的确认以是否实际收到和实际支出为标准。现金制基础对应现金资源流动观,主要计量范围是现金资源及其流动,采用这一会计基础,能够反映政府在会计期间内所筹集到现金的来源、用途以及在报告日的现金结余情况。目前奥地利、比利时、捷克、德国、希腊、匈牙利、爱尔兰、日本、卢森堡、荷兰、挪威、斯洛伐克、瑞士、土耳其这些国家的政府会计和报告系统中保留了完全的现金制基础,但今后难免不受国际政府会计改革趋势和国内改革压力的影响。

(2)修正现金制

修正的现金制是对完全现金制一定程度的调整,通常修正的内容是将会

---

① 关于会计基础的定义见国际会计师联合会著,财政部会计准则委员会组织翻译:《国际公共部门会计文告手册(2008)》,东北财经大学出版社 2009 年版。

计期末后一定期间内能够收到的应收款项也作为收入确认,将会计期末后一定期间内需要支付的应付款项也作为支出确认。修正现金制基础对应当期财务资源流动观,主要计量范围是现金资源以及报告日后能够在短期内收回的款项和必须偿付的款项,采用这一会计基础,能够反映政府在报告期内现金的流动、报告日后延长期内必须予以偿还的负债、当期现金的结余以及可以用来偿还那些负债的应收款项的情况。法国、丹麦、韩国、墨西哥、波兰、葡萄牙、西班牙这些国家政府会计与报告系统中仍然坚持使用现金制,但对养老金、利息等业务应用了应计制进行核算,实际上是对现金制不同程度的修正。

(3)完全应计制

完全应计制是指收入和费用的确认以权利已经形成和义务已经发生为标准,而不论款项是否收到、费用是否支出。完全应计制基础对应经济资源流动观,其计量范围是政府总体经济资源及其流动,采用这一会计基础,能够全面地反映出政府的资产、负债、收入、费用以及净资产等财务状况以及财务业绩情况。美国、英国、新西兰、澳大利亚、加拿大、芬兰、瑞典这些国家已在政府会计与报告系统中全面引入了较为完全意义上的应计制核算基础,也因此成为政府会计改革的急先锋和其他国家效仿的对象。

(4)修正应计制

修正应计制是在完全应计制基础上一定程度的调整,通常修正的内容包括不确认实物资产,固定资产不计提折旧,费用改为支出会计要素等内容。修正应计制基础对应总的财务资源流动观,计量范围是所有的财务资源及其流动,采用这一会计基础,能够反映出政府的负债、可用于偿还那些负债的财务资源以及报告期内收入和支出金额及来源的情况。以冰岛、意大利为代表的国家在政府会计与报告系统中推行应计制核算基础,但对长期资产不实行资本化和计提折旧的做法就是应用修正应计制的体现。

3. 按照推行政府会计改革的路径来划分

在政府会计与预算系统中引入应计制核算基础是各个国家政府会计改革中的核心步骤,尽管各个国家在改革中均遵循了循序渐进、分步推进的原则,但每个国家采纳的范围和程度有所不同,这不仅反映了国家对待政府会计改革的态度,进一步说是体现了政府对改革推进的路径设计和选择,根据这个标准可以将政府会计模式分为三类:

(1)激进派

英国、新西兰、澳大利亚这些国家,在相对较短的时间内实现了在政府会计和预算两大系统中都向完全应计制核算基础全面的转变,并提供基于应计制的政府财务报告和预算报告,采用了较为激进的态度推行政府会计改革。

（2）务实派

权衡两大系统统一应用应计制会计基础的收益与成本,目前美国联邦政府、州与地方政府采用了折中的态度:在政府会计系统中采用应计制会计基础,在政府预算体系内应用现金制会计基础。

（3）谨慎派

法国和意大利等国家没有迅速融入国际政府会计改革的洪流中,而是以审慎态度,经过周密的计划和准备,推行了修正的应计制政府会计与修正的现金制政府预算改革。

4. 根据公共受托责任的等级来划分

根据政府公共受托责任的等级不同将政府会计模式分成两类:强调行政部门内的等级受托责任以及行政部门对立法部门的行政受托责任的政府会计模式（称为 X 模式）,强调政府整体对选民和公众的受托责任的政府会计模式（称为 Y 模式）,两种模式的特点如表 2-1 所示:

表 2-1　按照受托责任等级划分的政府会计模式

比较维度	模式 X	模式 Y
预算与会计的关系	会计附属于预算	会计对预算施加重大影响
强调受托责任的类型	等级制度的受托责任,行政部门对立法部门的受托责任	政府对选民和公众的受托责任
关键的财务计量	义务和现金流动	在应计制基础上的资产（权利）和负债（义务）
报告侧重点	预算执行情况	政府财务状况
会计信息主要使用者	立法机构	立法机构、社会公众和其他利益相关者
会计基础	（完全或修正的）现金制	（完全或修正的）应计制

资料来源:张国生:《政府会计的竞争模式及我国的现实选择——兼论预算与会计的协调》,载《上海立信会计学院学报》2006 年第 1 期。

5. 按照政府会计与政府预算之间的关系来划分

大多数政府会计研究者采用了这个标准来对各国政府会计模式进行分类的方法。美国政府会计研究者陈立齐教授（Chan,2001）根据此标准将政府会计模式总结为美国模式、英国模式和德法模式三大类:

（1）美国模式

这种模式以美国为代表,其主要特征是会计系统与预算体系密不可分,但会计系统又试图与预算体系保持独立。政府会计体系具体构成采用了"双轨制"形式:政府财务会计系统以应计制为核算基础,而政府预算会计体系保持现金制核算基础。政府会计报告倾向于满足实际或潜在外部使用者的需求,重点反映政府整体对社会公众的公共受托责任履行情况。

(2)英国模式

这种模式在英国、新西兰、澳大利亚、加拿大这些国家得到不同程度的应用,主要特征是会计系统已经基本上摆脱了预算体系,保持各自范围内的独立性。政府会计系统和预算体系均已实现了向应计制基础的转换,政府会计准则有向企业会计准则靠近的趋势。

(3)德法模式

这种模式以德国和法国为代表,在大部分欧洲大陆国家普遍实行,其主要特征是预算体系占主导地位,而会计系统实际上只是预算体系的附属物。改革前的政府预算体系和政府会计系统均采用修正的现金制为基础,前者记录预算拨款的用途,后者的主要目标是行政控制。政府会计报告主要是满足议会理解政府预算执行情况及其结果信息的需要,重点体现政府内部受托责任的履行情况。

分类标准的差异仅仅代表研究视角的不同,并不能据此对每种方法作出优劣的价值判断,本书对政府会计模式分类标准的选择同样是基于文章的研究目标。本书的研究目的是在全面、客观、深刻地认识国外政府会计模式的特征和本质规律的前提下,提取可供借鉴的科学和合理因素。因此,以政府会计和政府预算的关系来分类研究国外不同的政府会计模式更符合本书的研究需要:从研究的广度上看,这种方法能够相对全面地忠实记录和反映主要国家政府会计实践的大致全貌,便于从整体性角度把握主要方面内容;从研究的深度上看,在广度基础上开展对国外不同政府会计模式发展脉络的回顾和梳理,能够在其演化过程的解读中找到形成的深层逻辑,从而提炼和总结为能够指导会计实践的一般规律,而这些升华为理论的一般规律正是可以提供借鉴参考的核心要素。

三、政府会计模式变迁

关于制度以及制度变迁的详细内容见本书第三章论述,这里先直接引用。

制度经济学认为制度是一种社会博弈规则,是人们所创造的用以规范人们相互交往的行为的框架。制度包括正式制度和非正式制度,包括正式制度和非正式制度的替代、转换与交易的过程就是制度变迁。

如前所述,本书从理论上定义的政府会计模式是由政府会计管理体制、政府会计规范体系和政府会计体系具体构成按照一定的逻辑组成,反映政府会计实践活动基本特征和内在本质的完整系统。这个完整系统是对政府会计实践活动的抽象和概括,它来源于实践并在不断修正的基础上指导实践,通过提供一系列规则界定实践主体的行为选择空间,约束主体间的相互关系,减少实践中不确定性,降低交易费用,从而规范实践主体的行为和行为过程。因此,从性质上和功能上说符合制度经济学制度的定义。

综上分析,可以将本书定义的政府会计模式理解为制度经济学理论的制度范畴,因此依照制度的理论进路去推理,政府会计模式的替代、转换过程就是制度变迁的过程。从本质上说,政府会计模式变迁反映的是一国不同历史时期政府会计实践活动涉及各个方面内容的演变过程。

第二节 国内外研究现状及其评述 ▶▶

纵观当前对政府会计相关理论问题的研究发现,作为一个跨学科的研究领域,政府会计逐渐吸引了大量分属不同学科研究者的兴趣:作为研究主力的会计学界着眼于微观层面,关注政府会计体系具体构成的组成要素;财政学界研究者多从建立公共财政管理体系的目标出发,来探究如何开展政府预算与会计改革。近些年来,随着新公共管理改革的兴起,政府会计也逐渐走入公共管理研究者的视野,并且主要作为政府绩效评价与管理相联系的技术手段加以讨论;经济学研究者借助经济学理论特别是制度经济学(例如制度理论、代理理论等)为分析工具,从宏观层面对政府会计涉及的问题进行理论阐释。

如前所述,本书的研究目的是在全面、客观、深刻地认识国外政府会计模式的特征和本质规律的前提下,提取可供借鉴的科学和合理因素。以政府会计和政府预算的关系为标准,将国外政府会计模式分为美国模式、英国模式和法国模式三种类型,不论从研究深度还是研究广度上都更能符合本书的研究需要,下文均以这三种模式为主体展开分析。

根据研究需要,本书主要就政府会计模式的相关研究作简要回顾,并在评述的基础上引出全书的写作思路框架。

一、国外文献综述

对于美国、英国和法国政府会计模式的相关理论,不同类型的国外研究者,从不同的视角开展了深入的分析,形成了内容广泛、方法多样的研究成果,得出的结论对实践具有较高的现实针对性。

(一)单个国家政府会计模式的研究

对本书比较的三个国家政府会计模式的单独研究中,主要分成四类:一类是各个国家政府会计管理机构,例如财政主管部门或者准则制定机构,这些机构主要通过发布政府会计法规或者准则来对政府会计实务进行指导,同时也通过及时总结实务中出现的问题发布实务方面的指南或者公告进行规范;第二类是国际性的组织或者机构,例如国际公共部门会计准则委员会(IP-SASB)、经济合作与开发组织(OECD)、国际货币基金组织(IMF)、世界银行(WB)以及学术组织如国际政府会计比较研究组织(CIGAR)等。这类组织或者机构多从宏观角度关注不同国家政府会计理论和实务的发展;第三类是政府会计学术研究者,他们主要以理论分析为主导,针对政府会计管理机构推行的改革措施或者发布的政府会计规范进行理论上的讨论,并提出对实务工作的建议;第四类研究者来自政府会计实务界,这些实务工作者通常是从实践入手,归纳实务中存在的问题,在分析可能原因的基础上提出改进的建议和措施。

1.美国的政府会计模式

近百年政府会计改革的经验,使得美国成功地积累了一套内容丰富、结构相对完整的政府会计规范体系。美国政府会计准则委员会(GASB)和联邦会计准则顾问委员会(FASAB)分别制定和发布的规范美国州和地方政府以及联邦政府会计的会计规范,内容复杂深入但结构清晰,对实务工作起到了良好的指导作用。这些会计规范也激起学术界广泛的研究兴趣,极大地丰富和发展了美国的政府会计理论。Ingram(1981)研究了美国州政府会计信息披露与投票人行为之间的关系。Allen和Sanders(1994)分析了GASB的成立对美国州和地方政府财务信息披露的作用。Chan(2000)从历史的角度总结了20世纪美国政府会计改革的历程。Cortes(2000)具体对比了GASB和FASAB制定的有关公共部门资本资产会计准则的差异。Chan(2001)将美国预算与会计分成四个部分:联邦预算、州和地方政府预算、联邦会计、州和地方政府会计,详细介绍改革的情况。Giroux和McLelland(2003)深入地方政府治理结构来实证地检验对政府会计信息披露的影响。关于政府财务报告的研究相对丰富,特别是对GASB发布第34号准则提出的政府整体的财务报告讨论,如Copley(1997)。Allan(2001)分析了美国政府会计准则以及公共受托责任如何在政府财务报告中得到体现。Christopher(2003)运用时间序列模型对美国20世纪预算决策理论进行实证分析。Meagan和Merl(2005)研究了美国州政府以绩效为基础预算的目标、实施情况和存在的问题。国际公共部门会计准则委员会(IPSASB)(2006)研究了美国联邦、州和地方政府应计制会计改革的背景、实施情况、存在的问题。美国国会预算办公室(Congressional Budget Office)(2007)详细比较了美国预算报告和政府财务报告的差异。

2.英国的政府会计模式

英国的资源预算与会计改革是伴随着英国中央政府和地方政府的公共管理改革的各项措施推进的,因此,大多数研究者都以具体的改革措施为切入点,采用多种方法来分析改革措施对英国政府会计体系的影响。Jones 和 Pendlebury(1988)综合分析了英国政府会计、审计和财务报告体系的内容。Hardcastle(1990)从财务受托责任角度探讨了英国中央政府的财务报告。Pendlebury、Jones 和 Karbhari(1992)研究了英国政府建立的执行机构改革的运作和影响情况。Mahmoud 和 Hugh(1993)从治理和财务受托责任两个角度分析了英国公共部门的财务改革。Bromwich 和 Lapsley(1997)分析了在英国"下一步"法案的背景下,对中央政府管理和管理会计方面的启示。Seal(1999)从制度经济学的角度分析了英国地方政府推行的强制性竞争投标制度的会计影响。Ellwood(2000)回顾了英国中央政府、地方政府和医疗卫生机构开始于 20 世纪 80 年代的财务会计改革的历程,论述了改革的过程和背景。Hepworth(2001)介绍了在新公共管理运动的背景下,英国资源会计与预算的改革情况。Likierman(2002)讨论了英国资源预算与会计框架的基础和改革的简要过程。IPSASB 国别研究报告第 5 号(2002)研究了制定英国中央政府会计准则框架的有关内容。Seal(2003)从现代化和分权的角度探讨了英国地方政府预算的情况。Jones 和 Pendlebury(2004)讨论了英国地方政府财务报告。Goddard(2005)分析了新公共管理改革对英国地方政府的会计影响。Connolly 和 Hyndman(2006)探讨了英国公共部门应计制会计实施的优势和缺点。Chow、Humphrey 和 Moll(2007)从宏观目标、实践中的问题以及今后研究的方向三个方面来论述发展英国政府整体财务报告的必要性和可能性。

3.法国的政府会计模式

与美国和英国相比,尽管法国的政府会计①发展进程相对缓慢,但这并不

———————

① 由于大多数法国政府会计研究的资料都是法文版,作者并不掌握这种语言。因此,本书根据研究内容涉及的主要方面,选取了一些公开发表在具有国际影响力的国外期刊上的英文文献,还包括法国政府公布在其网站上的英文资料,希望能够尽可能地反映法国政府会计有关研究的真实面貌。

妨碍对其进行理论研究。Nioche 和 Pesqueux(1997)研究了法国的会计、经济和管理之间的关系。Lande(1999)研究了法国地方政府综合财务报告主体的问题。Gillet 和 Heiles(2000)阐述了法国市政会计改革的困难,以此分析了具体的改革措施和取得的效果,最后指出了仍需进一步改革的方向。Lande(2000)论述了法国政府宏观和微观会计的关系。Cherauchez(2001)着重介绍了法国预算系统的特征,以及法国实现预算过程现代化的改革措施。IPSASB国别研究报告第 4 号(2001)以地方政府为对象,研究了法国将公共部门的服务委托给私人部门进行提供的有关内容。Lande(2002)从分析法国中央政府会计存在的问题入手,详细介绍了改革的具体内容。IPSASB 国别研究报告第 6 号(2003)从公共部门会计现状、向应计制的过渡、目前取得的成绩及今后的发展方向三个方面概括了法国政府会计系统现代化的进程。Lande 和 Rousseau(2004)研究了法国地方政府应用综合财务报告的机遇和挑战。Cole和 Jones(2005)讨论了 20 世纪 80 年代以来法国公共行政和新公共管理改革的发展状况。Rouban(2007)分析了法国公共管理改革进展缓慢的原因。

(二)两个及两个以上国家政府会计模式的比较研究

在对单个国家政府会计模式深入研究的基础上,研究者们将目光转向对多个国家政府会计理论和实践的比较研究中,并取得了比较丰硕的成果。Stanton、Hughes 和 Stanton(1998)就美国和澳大利亚政府会计准则的异同进行了比较。Albert-Roulhac(1998)对比分析了从 1970 年到 1995 年英国和法国加入欧盟后对本国预算方法和程序的影响。Chan(1999)就美国联邦预算范围和中国政府预算范围进行了比较。Coombs 和 Tayib(1999)以英国和马来西亚为案例,研究了不同经济状况下地方政府财务报告实践的异同。Boex、Martinez-Vazquez 和 McNab(2000)通过英国、美国、澳大利亚、奥地利、德国、新西兰六国的多年度预算技术比较,来总结这种技术对发展中国家和转型经济国家的经验和教训。Jesen(2002)就美国、英国、新西兰、澳大利亚四个国家如何进行政府社会保险义务披露的会计实践进行对比分析。Giroux 和 Jones(2002)应用模型实证的对比分析了美国和英国地方政府审计时间上的差异。Brusca 和 Condor(2002)从目标、会计确认与计量、财务报告组成、财务报告内容和信息的传递五个方面,对比了包括美国、英国和法国的 10 个国家地方政府会计的异同。Benito、Brusca 和 Montesinos(2004)向包括美国、英国和法国在内的 30 个国家发送了调查问卷,分析了在国际范围内分析不同国家采用 IFAC 准则的程度,以及这些国家国民账户统一的程度。Klaus Lüder 和 Rowan Jones(2005)汇编了《欧洲预算与政府会计改革》,集中分析和对比了欧洲的芬兰、法国、德国、意大利、荷兰、西班牙、瑞典、瑞士、英国和欧洲共同体委员会应计制政府预算和会计改革情况。Josep(2006)对比分析了新公共管理改革的背景下,英国、新西兰、澳大利亚实施的应计制预算情况。Bastida 和 Benito(2007)以 OECD《预算透明度良好实践》为标准,对包括英国和法国在内的 41 个国家的预算透明度情况进行了实证检验。

二、国内文献综述

国内学术研究者多是从当前我国政府会计模式中存在的问题分析入手,在介绍和比较美国、英国和法国政府会计模式某一个或者几个方面特征的基础上,提出有针对性的改进措施。由于国内学者对国外政府会计模式的介绍主要来源于各自掌握资料的翻译和评价,因此从总体来看,研究并不十分充分,研究内容有限,主要包括以下几个方面:

(一)国外单个国家政府会计模式的介绍

单个国家政府会计模式的介绍一般选择单个国家政府会计模式中的部分内容进行专门性的阐述。

1.美国的政府会计模式

"非营利组织会计问题研究"课题组(2001)分别介绍了美国政府会计准则制定机构——美国政府会计准则委员会(GASB)以及美国联邦政府会计咨询委员会(FASAB)发布的政府会计准则的具体内容,并总结了对我国的借鉴之处。舒惠好和王鹏(2002)总结了财政部会计司 2002 年 4 月主办的由美国专家主讲的政府及非营利组织会计讲座内容,简要介绍了美国联邦、州和地方政府以及非营利组织会计的主要内容,以及政府机构的内部控制和审计准则的制定机构概况。黄世忠、刘用铨和王平(2004)通过分析美国审计署对美国联邦政府 2002 和 2003 年度财务报告的审计情况,透视了美国联邦政府会计存在的难点热点问题。邹舸和裘益政(2005)通过回顾美国联邦政府会计改革的动因和历程,提出推进我国新政府会计体系发展方向的具体建议。杨薇钰和李元(2006)分析了美国联邦政府会计概念框架的主要特征及其影响因素。李元(2007)介绍了美国联邦政府管理成本会计实务中的概念冲突及其准则协调。

2.英国的政府会计模式

王祺扬(2004)介绍了英国资源会计及预算制度的主要内容。财政部政府会计考察团(2006)实地考察了英国的政府会计管理与改革有关内容。陈璐璐(2007)从英国中央政府会计改革的基本历程、会计法律体系、中央政府会计规范的制定、地方政府会计管理情况和政府财务报告几个方面总结了英国政府会计管理的特点，并提出若干对我国政府会计改革的启示。英国资源会计与预算制度在实施后的效果也同样受到重视，乔治·琼斯和王祺扬（2006）就质疑了英国中央政府实施的资源会计及预算制度的有效性。

3.法国的政府会计模式

李学柔（1999）介绍了法国公共财务制度积累的丰富经验，以此分析审计法院的重要作用。周红（2001）分析了法国公共会计体系的框架，公共会计的制度演变过程以及公共会计体制的效率以及配套措施，并探讨了对中国的借鉴意义。徐吉明（2001）还从法国公共会计制度角度分析了法国的司法性审计。上海市财政局考察团（2002）主要介绍了法国在公共会计和财政监察制度等方面的法律规定和具体做法。曾德生（2006）分析了法国公共会计制度的体系、运行规则和保障后，提出加强我国的财政监督建设的建议。

（二）国外单个国家与我国政府会计模式的比较

以国外政府会计模式为参照的蓝本，结合我国当前政府会计现状的中外对比研究内容主要包括以下方面：

1.政府会计模式

宋衍蘅和陈晓（2002）根据政府会计与预算的关系不同，提出了英美和德法两种政府会计模式，对比分析了两种模式的差异以及原因，最后提出我国政府会计改革的设想。"政府预算和会计应计制"课题组（2002）对国际应计制预算和会计改革进行了系统的比较，针对目前政府预算会计存在的问题，提出符合我国国情的改革措施。陈立齐（2004）通过详细介绍美国政府会计准则，提出对中国有借鉴价值的建议。王晨明（2006）以德国教授 Lüder 提出的政府会计改革应变模型（contingency model）为分析框架，深入分析了当前我国政府会计环境中的要素，在此基础上提出对我国政府会计模式和改革进程有益的具体设想。

2.政府会计概念框架

北京市预算会计研究会"政府会计"课题组（2006）主要从政府会计目标、核算对象、适用范围、确认基础、主体等政府会计概念框架的八个方面对比西方国家和我国做法的差异，提出我国改革的政策建议。

3.政府会计规范体系

赵建勇（1999）以中美对比为研究对象，从会计规范体系的构成、目标、主体、基础和要素及会计报告等角度分析了两个国家之间的不同，分析了差异形成的原因，提出我国改革的方向。李迪（2008）对中国和美国政府会计规范的制定目标、内容体系、制定机构和制定模式等方面进行了比较,指出中国和美国政府会计规范之间存在的差异,并提出我国政府会计规范中存在的问题及需要改进之处。

4. 政府财务报告

赵建勇(2001)对比国际会计师联合会(IFAC)和 GASB 提出的政府财务报告模式,从目标、主体、核算基础等方面分析并提出对我国预算会计改革的建议。李蕾和曹雨露(2004)分析了美国州和地方政府财务报告改革过程后,提出完善我国政府财务报告体系的措施。石英华(2006)分析了美国、英国、法国等五国政府财务信息披露情况,总结了我国可资借鉴的经验。孙志媛(2006)比较分析了美国政府财务报告和我国现行预算会计体系中的预算会计报表。王庆东和常丽(2007)通过比较美国、英国和法国政府财务报告的不同特征,提出我国政府财务报告的改革建议。

5. 政府会计主体

叶龙和冯兆大(2006)借鉴 GASB 双主体模式的理论,提出我国的政府会计主体应从组织性质和资金来源用途两个角度来设计。

6. 政府会计核算基础

刘谊和廖莹毅(2004)比较了 OECD 国家应计制政府会计改革的实践,提出我国政府会计应计制核算基础改革的建议。

7. 财政透明度与政府会计

王雍君(2003)、程晓佳(2004)、戚艳霞(2005)等以 IMF 提出的财政透明度手册为对比依据,分析我国政府会计改革的差距。

8. 其他

武俊(2000)对比介绍美国政府会计与审计的发展及规范过程,以及其职业认证制度的进展情况。刘曼(2004)具体对比了中国预算会计与美国政府会计资产要素的内容。

(三)国外多个国家与我国政府会计模式的比较

财政部会计司考察团(2004)通过实地考察,深入分析了英国、法国政府和非营利组织会计准则的制定、实施和监管的基本情况,以及非营利组织的界定、非营利组织资产和收入的确认,以及政府会计中的资产计价、收入确认等具体会计核算问题。陈立齐和李建发(2004)对比分析了中国、英国和美国的政府会计准则制定机构、制定程序以及准则的主要内容。财政部会计司(2005)在《政府会计研究报告》中以专题的形式,从国家的背景,中央政府、地方政府两个层面详细介绍了美国、英国、法国政府会计及改革的概况,并从多维度总结了这些国家改革经验对我国的借鉴意义。李元和杨薇钰（2005）从政府会计概念框架的综合有效性出发，对美国和澳大利亚两国联邦政府会计概念框架进行了比较分析。

三、国内外研究现状述评

（一）国内外研究存在的问题

通过上述对国内外文献的梳理，显现出目前的政府会计模式研究还存在以下方面的问题：

1. 研究内容方面

多数研究特别是国内的研究，关注政府会计模式的单个或几个要素，这种零散的分析未能从系统的角度将政府会计模式看作一个由诸多要素有机构成的完整系统来进行研究，无法系统地研究政府会计各个要素之间的逻辑关系，因而也不能结合各个要素的作用以及要素之间的关系对政府会计模式的影响进行分析来探寻政府会计模式的特征和运行规律。

2. 研究深度方面

多数研究着重介绍发达国家政府会计改革的经验和做法，而对特定历史时期和地区的，具有特定背景的政治、经济、法律、文化等制约政府会计模式发展的制度背景因素没有给予重视。

在借鉴国外先进经验的过程中，需要思考两个基本的问题：第一，我们能否借鉴；第二，我们能够借鉴什么。对第一个问题的回答实际上需要我们对制约和影响一个国家政府会计模式形成和发展的制度背景的深入思考。通过制度背景的分析，特别是特定历史时期的大跨度分析，去探究单一国家独特的政府会计模式究竟是如何形成及演变的规律，这样才能跳出仅仅关注当前零散的单个的因素限制，转而关注更为重要的作为一个整体的政府会计模式形成的历史轨迹，经过这样的梳理过程才能够得到能否借鉴的结论。

只有在回答了第一个问题的基础上，我们才能够结合我国特殊的制度背景，再来分析国外政府会计模式中我国能够借鉴的合理部分到底有哪些。那种直接照搬国外的做法，而对国外政府会计模式形成的制度背景未能给予足够的考虑的做法是简单非理性的。

3. 研究视角方面

从总体上说，国内外关于政府会计模式的研究多集中于新公共管理和公共财政学的角度，其他学科领域的相对较少。政府会计模式形成和发展的方向受到一国政治、经济、文化等制度环境的约束，政府会计模式形成和发展的内容正是各项具体制度安排变化的累积结果,也就是说,政府会计模式体现了很强的制度依赖性。新制度经济学制度变迁理论为政府会计模式的动态比较研究提供了理论上的支持,特别是制度变迁理论中贯穿的历史分析法为政府会计模式的比较研究提供了强有力的分析工具。制度变迁理论一方面强调制度环境即制度背景的重要作用,另一方面更突出了制度变迁过程中作为主体的人的作用,这为我们发现影响一个国家政府会计模式演变的真正原因提供了强有力的分析工具。此外,公共行政学官僚行为理论为我们更加深刻地刻画政治市场主体的政治家和官僚的行为选择提供了理论依据。

(二)本书的研究思路

针对上述问题,本书认为,应该从动态的视角对美国、英国和法国这三种类型的政府会计模式进行比较和分析,这样才能揭示各种模式深层次的发展逻辑,从而找到借鉴的一般规律。因此,本书首先依照制度变迁理论的分析思路,构建了一个政府会计模式变迁的理论分析框架。结合这个理论分析框架,从时间维度纵向深入地对这三个国家政府会计模式变迁的历史过程进行回顾和整理,从中寻找可资借鉴的经验。其次,比照国外政府会计模式变迁的演变进程,从空间维度横向地审视我国政府会计模式的形成和发展特征。最后,根据时空双维度比较总结的借鉴经验,提出优化和完善我国特色的政府会计模式的具体构想。

第三章
理论基础与分析框架

▶▶▶

对基本概念的定义和理解是任何理论分析的起点。作为全书的理论基础部分,本章首先逐一深入分析新制度经济学的制度以及制度变迁理论、新公共管理理论和公共选择与政治家及官僚行为理论,在此基础上搭建政府会计模式变迁的理论分析框架,为后文的国际比较奠定基础。

第一节 | 制度与制度变迁 ▶▶

新制度经济学的制度理论开创了从制度的独特视角来考察历史和发展,将人的行为与其所遵循的规则联系起来分析,以求揭示规则对人的行为的影响,进而揭示规则对社会发展的影响,是理解社会发展的重要理论工具。从制度的角度来解读政府会计模式的发展演变过程,能够揭示其变迁的深层逻辑和规律。本节将以新制度经济学的制度定义分析为基点,阐释制度变迁的逻辑过程,为构筑全书的分析框架奠定理论基础。

一、制度的定义与构成

（一）制度的定义

不同时期的制度经济学家赋予制度不同的含义。早期的制度主义者,如凡勃伦从心理学出发,认为制度是大多数人所共有的"固定的思维习惯、行为准则,权利与财富的原则"。[①] 康芒斯则沿用人们的习惯思维方式,认为制度就是集体行动控制个人行动,更确切地说,是"集体行动抑制、解放和扩张个体

---

① 凡勃伦:《有闲阶级论——关于制度的经济研究》,商务印书馆 1983 年版。

行动"。① 其实质是把制度理解为组织及组织机构的运行规则,诸如行业协会、技术协会、大学、政府机构、司法机构等组织就是一种制度。

新制度经济学者侧重从行为规则的角度来定义制度,如舒尔茨认为制度是一种行为规则,这些规则涉及社会政治及经济诸领域。② 诺斯认为,"制度是社会的博弈规则,更规范地说,它们是为决定人们的相互关系而人为设定的一些规则。制度构造了人们在政治、经济或社会方面发生交换的激励结构"。③ 与诺斯一样,拉坦也将制度定义为一套行为规则,它们被用于支配特定的行为模式与相互关系。④

以青木昌彦为代表的学者从博弈论角度出发定义制度。他认为,"制度是关于博弈如何进行的共有信念的自我维持系统。制度的本质是对均衡博弈路径显著和固定特征的一种浓缩性表征,该表征被相关域几乎所有参与人所感知,认为是与他们策略决策相关的"。⑤

上述对制度定义的不同理解本身不涉及对错的价值判断,其实是源于研究者的目的不同。由于本书的研究目的在于透过政府会计实践主体及其活动演变过程来探究政府会计模式变迁的内在机制,在关于制度的四种定义中,诺斯从实践活动主体行为规则的角度来分析制度比较符合本书的需要。因此,本书采用了诺斯的制度观点。

另外,需要说明的是,诺斯定义的制度是社会博弈的规则,是人们创造的用以约束人们相互交往行为的框架。而组织是由一定目标所组成,用以解决一定问题的人群。如果说制度是社会游戏的规则,那么组织就是游戏的玩家。因此诺斯定义的"制度"中不包括组织,本书的研究也是基于这个观点。

(二)制度的构成

新制度经济学认为,制度主要由国家规定的正式制度、由社会认可的非正

---

① 道格拉斯·C.诺斯著,陈郁等译:《经济史中的结构与变迁》,上海三联书店、上海人民出版社 1994 年版。

② 参见:T.W.舒尔茨(1968):《制度与人的经济价值的不断提高》,载 R.科斯、A.阿尔钦、D.诺斯等著:《财产权利与制度变迁:产权学派与新制度派译文集》,上海三联书店、上海人民出版社 1994 年版。

③ 道格拉斯·C.诺斯著,杭行译:《制度、制度变迁与经济绩效》,格致出版社、上海三联出版社、上海人民出版社 2008 年版。

④ 转引自 R.科斯、A.阿尔钦、D.诺斯:《财产权利与制度变迁:产权学派与新制度派译文集》,上海三联书店、上海人民出版社 1994 年版。

⑤ [日]青木昌彦:《比较制度分析》,上海远东出版社 2001 年版。

式制度和实施机制三个基本要素构成。①

1. 正式制度

正式制度是指人们有意识建立起来的并以正式方式加以确定的各种制度安排,包括政治规则、经济规则和契约,以及由这一系列规则构成的一种等级结构,从宪法到成文法和不成文法,到特殊的细则,最后到个别契约等,它们共同约束着人们的行为。诺斯认为,在正式制度中,政治制度通常决定经济制度,并且政治制度并非按照效率原则发展,因为它受到政治、军事、社会、历史和意识形态的制约。②

正式制度具有以下方面的特点:(1)强制性。正式制度界定人们的行为,明确以奖赏和处罚的形式规定哪些行为可以做,哪些不可以做。正式制度往往辅之以系统、权威性的规则实施机构,这类机构都具有社会授权并通过强制手段维护社会规则。对社会成员来说,正式制度是一种外在的约束,无论是否接受都不能免除这种约束。(2)协调利益差别。人们对社会财富占有导致的利益关系不均等可能造成社会冲突,妨碍社会稳定。为了维护社会公正、公平和稳定,需要建立具有可操作性的规则以便规范人们的行为,协调人们之间的利益关系。

2. 非正式制度

非正式制度是指人们在长期的社会生活中逐步形成的习惯、习俗、伦理道德、文化传统、价值观念及意识形态等对人们行为产生非正式约束的规则,这些规则是对人们的行为不成文的限制,是与法律等正式制度相对的概念。一般来说,非正式制度包括对正式制度的扩展、细化和限制,社会公认的行为规则和内部实施的行为规则。与正式制度相比,非正式制度的变革和转换相对缓慢和艰难,另外,由于非正式制度与其所依存的文化氛围有关,其可移植性较差。

非正式制度有以下几个方面的特点:(1)具有经验性。非正制度是人类社会生活中长期积累并代代相传的共同遵守的行为规范。作为一种内在于人的精神世界的规则,非正式制度被人们作为共同的行为准则加以贯彻和维护,因此,一经形成难以变化。(2)本质是道德约束。非正式制度的形成是内在于人的认知活动全过程,是人的认知活动的载体和结果,因此,人的观念形态和精

---

① 制度构成要素参考卢现祥:《西方新制度经济学》,中国发展出版社 2003 年版。

② 道格拉斯·C.诺斯著,陈郁等译:《经济史中的结构与变迁》,上海人民出版社 1992 年版。

神世界即是非正式制度的内容。(3)实施过程的自觉性。非正式制度调节和协调人类行为及其相互关系不是依靠国家权力的强制性,而是依靠人类自身的自觉。这种自觉性来源于人们相互间的信任和忠诚,来自人们对利益共同体的归属感,最根本的是人们对自身社会存在方式的肯定和认可。(4)内容的边界性。非正式制度以一个特定的文化共同体为边界,其有效性和约束力也仅限于此。当非正式制度之间产生冲突或人们之间存在利益冲突时,仅仅依赖非正式制度是难以解决这些问题的。这时就需要正式制度的规范。

3.实施机制

由于社会交易的日益复杂化,交易主体的有限理性和机会主义行为倾向,以及交易双方的信息不对称,迫切需要制度发挥实际的作用来规范交易主体的行为。这些制度不论是正式的还是非正式的,在其形成之后只有得到实施才能保证发挥实效。制度的实施就是启动制度的社会调整功能,将制度落实到社会现实中去。因此,判断一个国家的制度是否有效,除了看这个国家的正式制度与非正式制度是否完善以外,更主要的是看这个国家制度的实施机制是否健全。离开了实施机制,那么任何制度尤其是正式制度就形同虚设。实施机制既包括建立实施机构或组织,也包括建立实施机构的组织规则和规范实施行为的行为规则。一般情况下,正式制度的实施机制,通常指一个预先设定、经国家认可和社会认同的权威机构或组织通过监督执行或对违反规则的行为执行惩罚来强制进行,如法院;而非正式制度的实施机制通常依靠自律,而不需第三方的监督执行。

(三)制度的类型

制度具体可包括宪法秩序、制度安排和规范性行为准则三种类型①:

1.宪法秩序

宪法秩序是规定和确立集体选择条件的基本规则,它包括确立生产、交换和分配基础的一整套政治、社会和法律的基本规则,它的约束力具有普遍性,是制定其他规则的规则。

2.制度安排

制度安排是指约束特定行为模式和关系的一套行为规则。它是在宪法秩序下界定交换条件的一系列具体的操作规则,包括成文法、习惯法、合同法和自愿性契约等。

---

① 制度的类型见:道格拉斯·C.诺斯著,陈郁等译:《经济史中的结构与变迁》,上海人民出版社 1992 年版。

3.规范性行为准则

规范性行为准则来源于人们对现实的理解(如意识形态)。一致的意识形态能够替代规范性规则和服从程序,从而降低交易费用。

在分析制度变迁的影响因素时,需要根据具体制度类型的特点分别分析:宪法秩序和规范性行为准则一旦形成,在相当长时间内不易发生显著变化,因而划归为外生变量;而制度安排在现有的宪法框架内,在制度的收益与成本发生变化的情况下,相对容易发生变化,因此被认为是内生变量。

(四)制度的功能

制度的功能是指制度的功用和效能,从不同角度看,制度具有不同的功能,这里主要包括以下五个方面[①]:

1.规范人们的行为

人类的任何活动都是有目的的活动,个人(团体)的活动也是如此。制度作为人类设计的关于人的行为规范,规制了人们的行为界限,提供了人们的活动秩序,使得社会各种活动得以有条不紊的进行。一方面通过制度预期,有利于减少和消除未来的不确定性,维护社会的稳定性,另一方面也提高了人们的行动效率。

2.分析人们的行为

制度本身也是一种规范结构,人们可以从制度中了解哪些可为、哪些不可为,遵守制度有何益处、违背制度将受到何种处罚,从而选择自己的行为方式,这是由制度具有一定的活动空间所决定的。人们的行为虽然是理性的,但人们的偏好各不相同,又由于人们认知能力的有限性,使得人们对客观事物的认识、理解和判断能力有所不同,因而在同一制度下的行为选择也不尽相同,甚至大相径庭。据此,我们可以通过制度分析人们行为的倾向及其原因,来考察制度的有效性,进而完善制度规则,更有力、有效地规范人们的行为,促进社会的进步。

3.节约交易费用

林毅夫教授指出:"制度最基本的功能是节约,即让一个或更多的经济人增进自身的福利而不使他人的福利减少,或让经济人在他们的预算约束下达到更高的目标水平"。[②] 制度的节约功能是通过规范人们的行为、提供一定的秩序实现的。在此基础上,制度还具有增值功能。增值表现为收益大于成本

---

① 制度的功能分析参考卢现祥:《西方新制度经济学》,中国发展出版社2003年版。

② 林毅夫:《再论制度、技术与中国农业发展》,北京大学出版社2000年版。

的差额。一项制度的创新,可能节约了交易费用,但也可能增加交易费用,这就存在一个制度收益与制度成本的比较问题。一般认为,交易成本是获得市场信息、进行谈判和签订交易契约、对契约实施中的监督以及必要时的调解和仲裁费用。但交易成本不等于制度成本,因为交易仅仅适用于市场制度,并只是制度的一部分,制度作为某种规则,表现为某种共同信息,因此制度成本可以理解为形成某种共同信息的成本,"在一般的制度分析中,应该使用'制度成本'这个术语;而在对市场制度的分析中,则可以在'交易成本'与'制度成本'之间混用"。①

4. 传递客观信息

"制度是人类社会中的共同信息。只有经过社会化的过程,个人才能获得这些信息,并把社会的公共信息内化为个人的行为规则。……人类个体通过共同信息而使合作关系得以形成,并把个人组成社会,以有组织的整体来更为有效地适应稀缺的环境世界"。② 因此,制度也是传递信息的工具,一个好的制度应该是能够传递客观信息的制度,是一个能够优化信息处理的制度。同时,制度作为一种公共信息,具有公共产品性质,具有非排他性和非竞争性,制度的供应方不会获得制度所带来的全部收益,制度的消费方不一定付费,因而还具有外部性功能,即制度的使用可以是免费的。正因为如此,所制定的制度才能更快地普及,成为真正的公共信息,成为人所共知并进行选择的行为规则。

5. 克服个人机会主义

制度作为一种共同信息,又是一定团体内各个成员的行为规则,这些规则的建立,将使该团体获得集体行动收益。这是因为:个人理性与集体理性并非总是一致的,个人为了追求其个人利益将采取有利于其个人、有损于集体的行动,出现搭便车、磨洋工、道德风险等机会主义行为,产生个人利益与集体利益的冲突。一方面,由于委托代理关系的存在,受托人总是比委托人掌握更丰富、更完整的信息,必然存在信息不对称,那么上述问题也是不可避免的。另一方面,委托代理关系的存在,又是以一定的制度为基础的。"为了减轻这些问题的影响,产生了一系列制度安排以实现监督、强制执行等功能。等级、合同和法律都是这方面的制度安排。"③

---

① 李建德:《经济制度演进大纲》,中国财政经济出版社 2000 年版。
② 李建德:《经济制度演进大纲》,中国财政经济出版社 2000 年版。
③ 林毅夫:《关于制度变迁的经济学理论:诱致性变迁与强制性变迁》,载《财产权利与制度变迁——产权学派与新制度学派译文集》,上海三联书店、上海人民出版社 2000 年版。

二、制度变迁的逻辑过程

制度不是给定不变的,而是随着环境变化而发生变迁的。诺斯的制度变迁①理论认为,制度变迁②是指制度的替代、转换与交易过程,是制度创立、变更及随着时间变化而被打破的方式。这个过程可以理解为在影响制度环境因素的推动下,行动集团从意识到存在外部潜在利润,到采取行动改变现有制度安排最终获取利润的一个完整变化过程。

（一）制度变迁的要素

在制度变迁过程中,制度环境的变化使得制度变迁主体预见到可能存在的潜在收益是引发制度变迁的原因③,行动集团是推动制度变迁的主体④,而制度安排则是制度变迁的对象。因此,制度变迁的构成⑤主要包括制度环境、行动集团和制度安排三个要素⑥:

1.制度环境

任何制度变迁都置身于一定的制度环境之下。制度环境,是指一系列

---

① 本书讨论的制度变迁理论主要基于新制度经济学家诺斯的有关观点,除此之外,新政治经济学公共选择学派从利益集团冲突、权力体系对比、经济与政治之间的关系角度研究了制度变迁的过程,但这不在本书的分析范围内。

② 制度变迁要素及步骤有关内容参见:道格拉斯.C.诺斯:《制度变迁与美国经济增长》,上海三联书店、上海人民出版社 1994 年版。

③ 准确地说,诺斯是从制度变迁主体的行为动机或追求来解释引发制度变迁的原因,即由于相对产品及要素价格、市场规模变动、技术进步等使得行动主体预见到可能存在的潜在利益,最终采取行动推动制度变迁。诺斯的观点应该说强调的是行动主体的能动作用。本书认为,相对产品及要素价格、市场规模变动、技术进步等这些影响制度变迁供求的因素,从宏观层面说可归纳为制度环境变化的结果。因此,本书对诺斯制度变迁动因的分析作些许修正和概括。

④ 关于制定变迁的主体也有两种观点:哈耶克认为制度变迁是一个自然演进的过程,因而制度变迁是无主体的,人本身也受某些制度因素决定,与制度一起变迁;诺斯认为制度变迁由人的意志决定,是人们设计、选择的结果,因此人是制度变迁的主体。客观地说,这两种观点都有一定的道理,但也存在局限性。实际上,制度变迁既有主体又不完全取决于主体的偏好,主体所作出的选择还取决于客观因素。

⑤ 道格拉斯·C.诺斯:《制度变迁与美国经济增长》,上海三联书店、上海人民出版社 1994 年版。

⑥ 此外,还包括制度装置,它是指行动集团所利用的文件或手段,旨在获取外在于现有制度安排的新制度安排结构中的收益。

用来建立生产、交换与分配基础的政治、社会和法律基础规则,是一国的基本制度规定,它决定、影响其他制度安排。在制度环境中,宪法和法律结构至关重要。

2. 行动集团

制度变迁的行动集团包括主要行动集团(primary action group)和次要行动集团(secondary action group)。其中,主要行动集团是一个决策单位,其决策支配了制度安排创新①的进程。这一单位可能是单个人或个人组成的团体。这些集团发现存在一些在现有制度安排下没有的新的收益,只要采取行动改变现有安排结构就能够获得这些新的收益;次要行动集团也是一个决策单位,它是因制度安排中的某些变更而确立的,目的是帮助主要行动集团最终获取收益。次要行动集团作出一些能导致收益获取的策略性决定,但它不能拥有全部追加的收益。

新制度经济学认为,主要行动集团的成员是一个熊彼特意义上的"企业家"②,这些"企业家"具有远见卓识和过硬的能力,追求个人物质利益最大化,同时更看重声望和荣誉等精神层面的效用最大化。特别是其为了表现个人的"出类拔萃"而竭力争取事业成功的心理,支配着他们的创新活动。当他们发现制度变迁的预期收益大于制度变迁的成本时,便会竭力推动制度变迁的进程,在这个过程中也实现了企业家的创新活动。

3. 制度安排

制度安排是指支配经济单位之间可能合作与竞争方式的一种安排。这种安排一方面提供了一种结构,使得行动集团的成员能够获得一些在现有制度安排下无法获得的收益,同时也提供了一种能影响法律或产权变迁的机制,来改变行动集团合法竞争的方式。制度安排可能是正式的,也可能是非正式的;可能是暂时的,也可能是长久的。新制度经济学家常用的"制度安排"这一概念,最接近"制度"一词常用的含义,但它毕竟不能等同于制度。

制度安排根据主体可以分为三个层次:(1)主要由个人独自推进的制度安

---

① 制度变迁与制度创新是本质相同略有区别的两个概念:制度变迁和制度创新都意味着新制度的创立,但前者突出制度本身的变化,后者突出创新主体的行为。如果将政府会计实践主体的活动也看作演化过程本身,则制度演化与主体行为便统一了,因此本书中制度变迁与制度创新两个概念在使用时是同义的。

② 道格拉斯·C.诺斯:《制度变迁与美国经济增长》,上海三联书店、上海人民出版社1994年版。

排;(2)成员自愿联合形成的制度安排;(3)政府主导推进的制度安排。一项制度安排确定在哪个层次主要由每种层次制度安排中的收益和成本比较情况以及每种制度安排中受影响团体的相对权力来决定。

从制度变迁的过程来看,制度环境决定着制度安排的性质、范围和进程,但制度安排也反作用于制度环境,随着各项制度安排的推进,制度环境也缓慢地变化,量变的积累最终达到质的变化。

(二)制度变迁的步骤

制度变迁的过程大致需要经过以下四个步骤:

第一,由于制度环境发生了变化,若干个人或团体预期到现有制度安排中没有的正的潜在制度收益,从而形成推动制度变迁的主要行动集团。该集团一旦觉察到制度变迁的预期收益大于制度变迁的成本,就会竭力推动制度变迁,扮演着制度变迁的主力军角色。缺乏主要行动集团的国家和地区,制度变迁就会变得缓慢。

第二,主要行动集团提出制度变迁的具体方案,并根据制度变迁的原则对方案进行评估和选择,推动乃至实施制度变迁。

第三,形成推动制度变迁的次要行动集团。他们是起次要作用的集团,用于帮助主要行动团体获取经济利益而进行一些制度安排。

第四,两个行动集团共同努力去实现制度变迁,并就可能获得的创新收入进行分配。

(三)制度变迁的方式

根据制度变迁主体类型,可以进一步将制度变迁划分为诱致性制度变迁与强制性制度变迁两种方式。[①]

1.诱致性制度变迁

诱致性制度变迁是指由单个行为主体(个人或利益集团)在给定的约束条件下,为确立预期能导致自身利益最大化的制度安排和权利界定而自发组织实施的自下而上的制度创新,是个人或群体在响应由制度不均衡所引致的获利机会时所进行的自发性变迁。它遵循着一致性同意原则和经济原则。其特点可概括为:(1)盈利性,即只有当制度变迁的预期收益大于预期成本时,有关主体才会推进制度变迁。(2)自发性,即变迁过程是有关主体(主要行动集团)

---

① 林毅夫:《关于制度变迁的经济学理论:诱致性制度变迁与强制性制度变迁》,引自科斯等著:《财产权利与制度变迁——产权学派与新制度经济学派译文集》,上海三联出版社1991年版。

对制度不均衡的一种自发性反应,这种自发性反应的诱因就是外部利润的存在。自发性就是在外力不干预的情况下,各个经济行为主体根据自己的偏好,独立进行计算和权衡,而作出的最大化选择和自利行为,其对立面是强制性。(3)渐进性,诱致性制度变迁是一种自下而上,从局部到整体的制度变迁过程,就正式制度变迁而言,它需要在行动团体内就制度方案达成一致同意,是一个需要较长时间的谈判过程;就非正式制度变迁而言,由于历史积淀,因此会相对更缓慢一些。

2.强制性制度变迁

强制性制度变迁是指政府借助行政、经济、法律手段,自上而下组织实施的制度创新,它以排他性的产权结构和集权型决策体制为制度条件,较适合于适应面较广的制度变迁。强制性制度变迁具有如下特点:(1)政府主体是决定制度供给的方向、速度、形式和战略安排的主导力量,这是因为在政府主体与非政府主体参与制度安排的社会博弈中,政府主体在政治力量与资源配置权力上都处于优势地位;(2)新的制度安排将通过行政系统这个等级结构(各级党政系统)贯彻实施;(3)由政府安排的制度与社会对制度创新的需求越相适应,这一制度安排的社会阻力越小,越易推进;(4)制度安排实行较严格的"许可证"制度,如果非政府主体未经政府批准,是不能从事有关的制度创新的。但这一现象通常不会出现,从克服"政策失败"的角度出发,在一定阶段,政府将极力要求非政府主体参与到制度创新过程中。

第二节 | 新公共管理　▶▶

20 世纪 80 年代以来兴起的新公共管理改革,广泛而深刻地改变了世界大多数国家政府管理的实践活动。作为政府管理活动的基本组成部分,政府行政管理和政府预算管理实现了从传统向现代模式的重要转变,在这个转变过程中,政府会计作为微观层面的构成要件作出了回应性的调整和改变。因此,在新公共管理这个宏观背景下分析政府会计模式的发展演变过程,能够揭示政府会计模式变迁的深层原因。本节首先分析新公共管理的主要内容,其次论述新公共管理导致政府行政模式和政府预算管理模式发生怎样的变化,为后文分析政府会计模式变迁的动因提供理论支持。

一、新公共管理的主要内容

脱胎于传统行政管理的新公共管理,是一种全新的理论范式和实践模式。对新公共管理内涵的理解,不同的学者有不同的看法。这里选取有代表性的观点。

新公共管理的概念最早由胡德(Hood)在1991年提出,他认为"新公共管理"的实质是将广泛应用于企业部门的商业管理方法和模式引入政府部门,从而提高政府的行政效率。进一步的,他从管理过程的角度将"新公共管理"的内涵具体归纳为七个方面:(1)公共政策领域中的专业化管理;(2)明确的绩效标准和测量;(3)格外重视产出和控制;(4)公共部门内由聚合趋向分化;(5)公共部门向更具竞争性的方向发展;(6)对私营部门管理方式的重视;(7)强调资源利用具有更大的强制性和节约性。[①]

欧文·E.休斯教授将"新公共管理"总结为:(1)代表一种与传统的公共行政不同的重大变化,较为引人注意的是新公共管理注重结果的实现和管理者个人的责任;(2)明确表示了脱离古典官僚制的意图,欲使组织、人事、任期和条件更有灵活性;(3)明确规定组织和人事目标,以便根据绩效指标对工作任务的完成情况进行测量,对计划议案进行系统评估,追求政府管理的"三E"(经济、效率和效能);(4)资源管理人员更有可能带着政治色彩致力于政府工作,不必坚持政治上的中立或无党派立场;(5)运用市场方法管理公共事务,使政府职能更有可能受到市场检验;(6)通过民营化、市场检验和签订合同等方式减少政府职能的趋势。[②]

经济合作与发展组织(OECD)1999年度公共管理发展报告《转变中的治理》将新公共管理的特征归纳为:(1)转移权威,提供灵活性;(2)保证绩效、控制和责任制;(3)发展竞争和选择;(4)提供相应的服务;(5)改善人力资源管理;(6)优化信息技术;(7)改善管制质量;(8)加强中央指导职能。

新公共管理的主要内容包括:(1)重新确立政府与市场关系。在宏观政府政策层面,通过大规模的经济自由化和国有企业私有化改革,将一些具有公共

---

① Hood, Christopher, A Public Management for All Seasons? *Public Administration*, 1991, 69(1), 转引自[澳]欧文·E. 休斯著, 彭和平等译:《公共管理导论》, 中国人民大学出版社 2005 年版。

② [澳]欧文·E. 休斯著, 彭和平等译:《. 公共管理导论》, 中国人民大学出版社 2005年版。

服务职能的国有企业有偿甚至无偿转让给私人,缩减政府职能来减轻和摆脱政府的资金压力和财政包袱。(2)政府职能优化。实行公共产品和服务的市场化,缓解政府巨大的财政压力和弥补政府作为唯一公共产品供给者的能力不足。(3)引进私营部门成功的管理技术手段。例如,通过合同出租制,把政府所从事的服务和业务推向市场;对公共组织及其雇员进行绩效评估;采取全面的目标管理与质量管理;改变传统官僚体制的终身雇佣制,转而引入私营部门的合同聘用制;在对公共机构的控制方面,不再简单依靠官僚制的行政命令方式,而是将私人部门的项目预算等方法引入其中;在激励方式上,力图通过明确公职人员的个人责任和目标,将奖惩与个人绩效有机结合起来。(4)建立服务型政府。将私营部门的"顾客为中心"的理念应用到政府与公民之间的关系上,将公民视为在商品市场中进行消费的"顾客",政府的主要责任就是为这些"顾客"提供选择并且通过所提供的服务来对"顾客"所表达的个人偏好作出及时回应。(5)强调绩效导向管理。主张放松严格、刻板的规章规制,要在明确描述目标的基础上对绩效制定明确的标准并准确评估,从而对公共服务部门的服务改进提出指导性建议。同时要注重节约和合理利用资源,包括在削减成本的同时将有限资源配置给那些能够最有助于实现战略目标的计划,让政府对公众的需求更负责任。

二、新公共管理与政府行政管理模式

政府行政管理是政府利用既定的公共资源进行公共决策并付诸实施,实现自身职能的管理过程。从历史发展的动态角度分析,政府行政管理经历了以下两个阶段,依次形成了基于理性官僚制的传统政府行政管理模式和基于新公共管理影响的现代政府行政管理模式:

(一)传统政府行政管理模式

形成于20世纪前期并支撑了近整个20世纪的传统政府行政管理模式在当时被认为是有效的政府管理模式。传统政府行政管理的基本思想是:行政部门处于政治领导的正式控制之下,并建立在官僚制的严格等级制基础上,政府公职由常任的、专业的和无个性特征的公务员担任,这些公务员只受到公共利益的激励,在政治上中立,不偏不倚为任何政党服务,其主要的工作是执行政治官员决定的政策。传统政府行政管理模式是建立在威尔逊(Woodrow Wilson)、古德诺(Frank J. Goodnow)的"政治与行政两分法"理论和韦伯(Marx Weber)的官僚制理论基础上的。

官僚制的核心特征是在政府组织内部创造了一种非人格化的、严格的等

级制度,同时组织内部的公职人员(公务员)都具有极高的技术性和专业性。其具体特征如表 3-1 总结:

表 3-1 官僚制的结构、程序及其行为特征

结构	程序	行为
1.管辖权、职位和任务的专业化,即根据组织要完成的目标进行劳动分工和权威分配	非人格化	高度效率化
2.通过层级化的权威协调专业化职位的活动,并整合其管辖权威;在最理性的官僚组织中,组织由单一权威领导	行事主义	权威化
3.存在一种职业阶梯结构,个人成员通过不同专业和层级逐步晋升,晋升的依据是功绩和年资	规则限制	持续性扩张
4.永业的官僚结构。不论成员的进入或退出流动,官僚结构维持不变。社会依赖于官僚制功能的发挥,如果官僚制遭到破坏,社会便会出现混乱	高度纪律化	
5.官僚制一般都是大型组织		

资料来源:根据[美]戴维·H.罗森布鲁姆、罗伯特·S.克拉夫丘克所著《公共行政学:管理、政治和法律的途径》(中国人民大学出版社 2002 年版)第 154~157 页内容整理。

传统政府行政管理模式的特征主要体现在以下方面:

1.“管制型”政府

政府职能是政府依法对国家政治、经济、社会事务进行管理时应承担的职责和所具有的功能和作用。在传统政府行政管理模式下,政府的职能包括政治、经济和社会管理和服务等所有方面。基于公共产品的特征,政府应该为社会提供公共产品以及服务,而且一旦政府介入某一政策领域,它就直接通过官僚组织执行政策,生产政府提供的商品和服务。因此,将这种模式下的政府称为“管制型”政府。

2.官僚制政府组织管理

在传统政府行政管理模式下,政府应按照韦伯等级制的官僚制原则来组织,依托官僚制组织的技术优势——精确、速度、细节分明、档案知识、连续性、裁量权、统一性、严格服从、减少摩擦和降低个人成本——实现理性的非人格化和专业化管理,保障服务的公平和效率。在政治与行政二分法的指导下,政府组织内部政治领导者负责国家和政府的政策和战略问题,行政人员(公务员)负责执行他人的命令并不对结果承担个人责任。行政人员(公务员)在执行命令过程中必须严格遵守综合工作手册中规定的最佳工作方式和工作程序。[1]

---

① [澳]欧文·E.休斯著,彭和平等译:《公共管理导论》,中国人民大学出版社 2005 年版。

3.非人格化的政府人事管理

官僚制政府假定,公务员是以公共利益为目标的大公无私"行政人"。在官僚制下,行政长官与公务员分工严格不同,公务员是直接对行政长官负责,通过行政长官间接对议会和人民负责。强调公务员绝对的、垂直的服从执行的命令而不对结果负责,有助于整齐划一、按部就班。公务员的各种行为都以事先建立的严格规则和等级制度来进行规范。为了保证公务员队伍的稳定性和对优秀人才的吸引力,公务员聘用实行无过错终身制,并形成了按照在职的资历来决定工资、晋升的激励机制。另外,由于公共行政活动的特殊性,形成了公务员保持政治上的中立性,平等地为任何政党的政治领导人提供服务的政治文化氛围。

4.僵化的政府运行秩序和规则

在传统行政管理模式下,政府行政管理有一整套自身制定的规则和程序,用来规范组织及成员的行为,确保整个组织管理工作的一致性和明确性。这些规则与程序根据合理合法的原则制定,具有稳定性,确保官僚制组织的合理性、合法性、稳定性和连续性。

总之,在传统政府行政管理模式下,强调政府垄断、严格的等级制、中央集权和直接的命令控制机制,政府以权力为中心,重视服务的规则和程序,是管制型政府。

以理性官僚制为主要特征的传统政府行政管理模式作为一种理性的和有效率的政府体制,得到了充分的发展。一方面,它满足了工业大生产和行政管理复杂化的需要,在精确性、快捷性、可预期性等方面是其他社会组织形式不可相比的;另一方面,它以非人格化、制度化的特征而得到了科学理性时代的文化认同,因而是适应时代发展要求的产物。反过来,它又通过秩序井然的公共行政规章制度和职业化的公务员队伍,对社会公共事务进行有计划、有程序的管理,在保证社会秩序有序化方面显示了不可替代的作用。

(二)现代政府行政管理模式

20世纪70年代以来,随着西方各国相继步入信息时代和后工业社会,以理性官僚制为主要特征的传统政府行政管理模式的一些先天性缺陷以及与时代发展不相适应的方面逐渐地被人们所意识到。传统政府行政管理模式受到了来自理论和实践两个方面的批评,认为它是一种基于"工业时代"特征而对政治、经济和社会体制所作出的概括和总结。随着工业化社会向后工业社会或信息社会的转变,它变得逐渐失效或过时,成了一种僵化的和无效率的政府体制模式。官僚制政府因以下方面的原因而面临重重危机:巨大的官僚制对不同的需求反应会日益变得毫无区别;对预定为受益者的人所引起的成本会越来越高;无法根据需求分配供给;无法采取行动阻止一种用途阻碍其他用途,使公益物品受侵蚀;日益变得易于犯错,不可控制,公共行动剧烈地偏离于有关公共目的和目标的言辞;最后导致补救性的行动是恶化而不是缓解问题。① 这种官僚制行政模式严重滞后于经济要求,出现了官僚主义、浪费、腐败等难题,阻碍了经济发展,也造成了政府的信任危机。

20 世纪 80 年代以来,西方国家相继开展了新公共管理改革,通过引入市场竞争机制,运用商业管理主要的理论、方法和技术对政府部门进行了全方位的改造,有效地改善了政府管理。其改造的对象涉及政府行政管理体制的各个层面,目的是实现政府行政管理体制的高效、灵活的调整和优化。在新公共管理的影响下,西方各个国家开展了范围不同、手段各异的行政管理体制改革,形成了现代意义上的政府行政管理模式,其主要特征集中在以下几个方面:

1.“服务型”政府

新公共管理认为传统模式下政府职能范围过大,政府不但管了太多不该管、管不了也管不好的事情,而且强调政府的干预模式限制了市场机制和社会力量作用的发挥。因此,重新定位政府与市场以及政府与社会的职能关系,实现政府功能定位的市场化,主张政府的职能是进行宏观方面的“掌舵”,而具体的“划桨”职能可以交给市场和社会力量完成。其实质是通过减少政府干预和充分发挥市场和社会力量在承担和提供政府职能上的作用而达到政府职能卸载和优化的目的。通过采用政府对经济、社会和产业壁垒等方面放松管制改革,国有企业私有化改革,以及以合同出租、公私合作、用者付费制、凭单制度②为主的公共服务市场化改革,把政府服务购买者与服务提供者的职责分开,引进市场竞争机制,优化政府内部职能结构,政府集中做好规则制定、合同

---

① ［美］文森特·奥斯特罗姆著,毛寿龙译:《美国公共行政的思想危机》,上海三联书店 1999 年版。

② 合同出租(contracting-out)是政府把原先某些垄断的公共服务生产权向私营企业、非政府组织等机构转让。公私合作(public-private partnership)是以政府特许或说服、宣传表彰、政策优惠等手段吸引中标的私营部门参与基础建设或提供某项公共服务。在政府的规制下,私营部门有投资收益权,即通过向消费者收费的价格机制收回成本,以实现投资回报。用者付费制度(user fees)是指个人、企业和其他非政府组织,在实际消费政府提供的服务和设施时,依其消费量的大小交纳费用,不消费不付费,多消费多付费。凭单制度(voucher)是持政府部门消费优惠券(凭单)的个体在政府指定的公共服务供给组织中消费,然后政府再用现金兑换各组织接收的凭单的一种制度。

管理和行业监管,通过公共采购来寻求能够提供最佳价值的服务提供者,以提高公共服务的质量和效率。同时,授权社区以相应管理权限,扩大公民参与,接受公民监督,强调国家与社会、政府与公民之间的合作和互动,增强政府对公民的法治性、透明性、责任性和回应性,实现由管理到服务,由统治到治理的转变,建设服务型和责任型政府。

2.灵活的政府组织机构

新公共管理认为,随着环境的动荡和变化,官僚制组织在稳定环境下的组织优势逐渐丧失。官僚制组织形式专注于各种规章制度和繁文缛节,造成了决策缓慢、效率低下的后果,压抑了民主和创造性的发挥,同时缺乏弹性与灵活性。因此,主张以市场机制取代官僚制,在行政体制内改革以增强行政系统的活力。具体的措施包括:

(1)地方分权

在政府权力的划分方面:实行中央政府对地方政府的分权和权力下放改革,实现中央和地方间权力配置优化、分权与集权适度化,既保证国家整体利益得以维护,又充分调动地方政府的积极性。另外,在放权的同时,还不同程度地强化了中央政府对地方政府的严格有效的监督,加强了中央政府的宏观调控。在监督手段和方法上运用了法律、财政、司法等多种手段,以合法性监督、间接监督和事后监督为主。在政府组织内部,也实现了管理者向被管理者分权,组织内部层级的分权,增加了灵活性和自主性,形成合理的权力分配机制。

(2)组织结构优化

在政府机构设置方面:①实现部门组织结构多样化。建立临时性的充满活力的机构完成一些日常事务和专门性的特别任务,在权力上根据地缘管理下放权力,使权力具有灵活性和多样性;②压缩层级,减少中间管理层次,准确地传递信息;③在公共部门内部设立以绩效为基础的执行机构,并在中央各部制定的政策和资源框架文件约束下,履行政策执行和服务提供职能;④完善绩效评估及监督制度,在设立执行机构的同时也注重绩效评估的制度建设。

3.弹性的政府人事管理

新公共管理认为,传统行政管理模式的终身制和按资历、年限逐级晋升的人事制度过度僵化,推崇弹性人力资源管理,开展以绩效为导向的人事管理改革,从而提高公务员的主动性、积极性和创造性,有利于提高行政效率。具体的措施包括:(1)打破原有的公务员终身制度,建立以合同制为基础的聘用制度,减轻政府负担并增强了公务员制度的弹性;(2)对在岗人员,建立以绩效为中心的工资制度,通过设立严格的绩效标准对公务员进行考核,将考核结果与工作、职务晋升、奖励等利益直接挂钩,从而实现有效激励、提高工作效率的目标;(3)取消对公务员的过多规制,通过授权给公务员更大的自主权,允许管理者在"普遍适用的框架"和一套"明确而具体的产出和结果要求"之间,自主设计"公共物品供给体制";(4)注重公务员的培训。

4.高效的政府管理手段

新公共管理认为公共部门和私营部门管理具有相通性,因此可以将私营部门广泛应用的管理方法和技术引入公共部门,例如推行绩效管理、全面质量管理,重视战略规划和战略管理,引入合同制,由重视规则和程序管理到产出和结果导向管理等。

总之,在现代政府行政管理模式下,强调公共服务的开放性、灵活扁平的组织结构、分权的非集中化管理和间接的市场契约机制,政府以顾客或公民权利为中心,更关注服务的需求和结果,是服务型政府。

三、新公共管理与政府预算管理模式

政府预算管理是政府依据法律规定对预算资金的筹集、分配、使用所进行的组织、协调和监督等管理活动。在不同的历史和经济发展时期,大体上形成了传统的投入及管理导向政府预算管理模式和基于新公共管理影响的产出(结果)导向现代政府预算管理模式两种类型:

(一)传统政府预算管理模式

形成于工业经济社会的传统政府预算管理模式根据预算强调的内容不同,可具体细分为投入导向和管理导向预算管理模式两种类型。

1.投入导向预算管理模式

投入导向预算管理模式是传统的政府预算管理模式。在这种模式下,预算的申报、审批与对预算执行过程的监督均以"投入"为核心展开;资源申请者只要呈报所需投入的数量和用途,就可以从预算系统中提取资源,至于使用这些预算资源取得了什么结果,并不是特别关注的问题。投入导向预算管理模式有以下几个特征:(1)预算中反映的是投入而不是结果或者产出信息;(2)预算采用现金制基础核算;(3)按照资源投入的条目(item)对预算收支分类;(4)强调事前的合规性(compliance)控制,预算申请者不能够改变预算用途。在这种预算管理模式下,由于明确规定了投入(支出)用途,便于对支出过程实施监管,同时有利于与过去年度进行比较,从而有利于对预算资金支出进行控制。但这种模式也存在以下缺点:(1)无法准确说明支出的合理性和正当性;

(2)忽视预算执行结果的关注;(3)详细的支出项目造成管理上的复杂性;(4)导致中央控制者在投入管理方面过度集权,使各个支出机构在资金运作和管理中缺乏必要的自主性和灵活性;(5)不对资源使用产生的结果进行计量和评估,也不把计量和评估的结果与各支出机构联系。在这种模式下主要运用的预算编制方式是线性预算法。

2.管理导向预算管理模式

管理导向预算管理模式是投入导向预算管理模式的发展。在这种模式下,预算的申报、审批与对预算执行过程的监督强调对预算过程的控制和管理。管理导向预算管理模式有以下几个特征:(1)预算中反映成本和绩效的信息;(2)预算采用应计制基础核算;(3)按照政府职能对预算收支分类;(4)强调过程控制,预算申请者在一定范围内可以改变预算用途。在这种模式下主要采用绩效预算法、计划/规划预算法和零基预算法三种预算编制方法①:

(1)绩效预算法

在绩效预算下,将政府活动划分为公共职能(或公共功能)、规划、活动和成本等因素。每项职能都对应于一项政府的公共政策目标,细化的政策目标对应每项规划,每项规划的落实对应若干个活动,所有规划、活动的投入和成本以应计制为基础计量和核算;建立绩效和成本标准,以此作为参照系,与实际取得的绩效和成本进行比较。

由于绩效预算法下的政府的职能、规划和活动与其组织结构之间并不存在体制上的对应关系,而实现某一目标的某项规划往往是多个部委、多级政府协同办理,功能结构与政府组织结构之间没有联系,会增加实际操作的复杂性,并且容易使责任划分不明。另外,绩效预算最大的困难在于公共活动的绩效难以量化,难以形成公认的标准。正因为绩效预算本身固有的复杂性以及按照应计制计量成本和工作量,这种方法不利于合规性和成本控制。

(2)计划/规划预算法

计划/规划预算的基本思想是运用系统分析的方法来建立目标体系和解决方案。首先,在计划阶段建立战略性目标以及确定相关的备选方案;其次,在规划阶段运用各种手段审查和比较计划阶段确认的各种备选方案的成本和收益,然后,将跨年度的规划分解到一系列的活动中,并加以评价和比较;最后,在预算编制阶段,再把这些规划和活动量化为年度预算。

计划/规划预算制度将各种支出方案与政府目标联系在一起,并且综合考

---

① 李建发主编:《政府及非盈利组织会计》,东北财经大学出版社2002年版。

虑每一种方案的一年产出(收益)—成本和多年产出—成本,有助于提高政府资源的配置效率。同时,计划/规划预算试图将各个规划并入预算决策的整体设计中,通过使规划独立于政府组织机构的方式,克服规划被不同部委、不同级次的政府分割管理的缺陷。但从另一个角度看,这种做法也模糊了政府组织机构各组成机关自身的法定职能,必然遭到他们的抵制和消极对待。同时,与绩效预算一样,计划/规划预算没有明确的行为主体,也容易导致职责不清。

(3)零基预算法

在零基预算法下,要求在计划/规划预算法的基础上,每年对每个项目都从零开始评估。其主要优点在于形成了一个高级管理信息系统,有利于改进计划和预算工作,加强对各项活动的辨别和评估,从而节省开支,实现对政府资源的最优化配置。但是零基预算也有明显的缺陷:预算项目的排序没有统一、科学的标准,随意性很大;支出机构可能会完全出于自身利益制定项目,以避免经费被削减;各项活动的评估需要采用成本—收益分析方法,需要有足够的掌握预算分析技术的专门人员。事实上,不可能每年进行一次完全推倒重来的预算编制,零基预算只适合于调整少量的新设的规划。

(二)现代政府预算管理模式

20世纪80年代西方国家兴起的新公共管理改革的重要特征之一,是强调政府对产出的严格控制,重视结果而非过程,以绩效管理为主要目标。这就要求政府预算管理采取相应措施进行改革,在放松预算投入控制的同时,明确要求政府承担产出和结果的绩效受托责任。由此形成了现代意义上以产出(结果)为导向的政府预算管理模式。

在产出(结果)导向预算管理模式下,主要关注预算资源使用的"产出"或"成果",即政府提供公共服务和公共产品的数量和质量。政府各部门和支出机构必须以(产出和成果导向的)绩效为申请预算并获得资金的正当理由,使得预算管理重点从传统的财务合规性转移到注重经济效益和政策目标,从而有效地提高预算资金的使用效益,提升政府部门的施政绩效。这种模式具有以下方面的特征:(1)依据项目执行的情况及其取得的结果评价政府管理人员的绩效;(2)对政府支出机构建立以绩效为核心的产出或成果评价指标体系,确立需要努力达到的绩效标准,从而借助实际绩效与目标绩效的比较,测定各支出机构绩效标准的实际完成情况;(3)预算采用应计制基础上的政府会计和成本计量系统,对政府部门的成本产出和成果进行较为准确的衡量;(4)政府支出机构对预算资源有较大的自主管理权。在这种预算管理模式下,主要采用的预算编制方法是产出预算法。

第三节 | 公共选择与政治家及官僚行为 ▶▶

政治家和官僚是政府内部的活动主体,在政府会计模式变迁中将发挥怎样的作用,是本书关注的重点内容之一。公共选择理论为这两类主体研究提供了理论支持,本节首先简要介绍公共选择理论的基本内容,其次分别阐述在政治市场中政治家和官僚的行为具有哪些特征,为后文分析政府会计模式变迁的主体奠定分析基础。

一、公共选择理论

公共选择理论是 20 世纪 50 年代由公共选择学派建立和发展起来的西方经济理论之一,其主题是在"经济人"的基本假设下,将政治过程看作一个政治市场,分析非市场的集体决策过程,研究政治学的问题。

公共选择理论将人类社会划分为两个市场:一个是经济市场,另一个是政治市场。在经济市场上人们作出的是私人选择,而在政治市场上,人们作出的是公共选择。在政治市场上活动的主体是选民、利益集团和政治家、官僚。其中,选民和利益集团是政治市场上的消费者或购买者,他们通过投票机制进行公共选择,政治家和官僚是政治市场上的供给者,他们之间交易的是公共物品。公共选择理论就是专门研究政治市场的理论。

公共选择理论对政治市场作核心和基础的分析如下[①]:

(1)选民是理性的"经济人",他们总是希望选出代表自己利益的政治家(或政党),从而改善自己的状况,但投票是要付出成本的,特别是信息的搜集成本,因此,选民是否投票取决于成本收益分析。

(2)具有共同利益的投票人结成特殊利益集团也是理想的"经济人",他们通过游说缺乏信息的选民支持自己,或者通过游说政治家、官员等批准有利于自身的政策议案来操纵政治市场,实现自身利益,因此,利益集团是政治市场上的重要力量。[②]

(3)政治家也是理性"经济人",政治家从事政治活动旨在追求自身利益的最大化,对他而言,他更渴望上台执政或竞选连任,因此,获得选票的最大化是其目标。

---

① [美]詹姆斯·M.布坎南、里查德·A.马斯格雷夫,类承曜译:《公共财政与公共选择——两种截然对立的国家观》,中国财政经济出版社 2000 年版。

② 根据本书的研究需要,选民和利益集团并不纳入行动集团的分析当中。

（4）由行政首长任命的官僚同样也是理性的"经济人"，作为公共政策和公共项目的执行人，其目标是追求自身效用最大化，其效用函数变量包括薪金、所在机构或职员的规模、社会名望、额外所得、权力和地位等。而这些变量的大小直接和预算拨款规模呈正相关的关系。通常情况下，由于政治家和官僚之间是双边垄断的关系，因此，官僚没有自动节约行政成本的动力，这不但可能导致公共资源的浪费，而且可能导致其利用自身的信息优势而牟取私利。

二、公共选择理论与政治家行为

公共选择理论分析的政治市场中，政治家是重要的主体之一，下文将进一步介绍政治家的定义、政治家的行为目标等内容。

（一）政治家的定义

政治家是在长期政治实践中涌现出来的，具有一定政治远见和政治才干、掌握政党或国家领导权力的从政者，如议员、总统等。政治家是国家政治势力的代表，掌握着国家核心的权力，制定事关国家全局的政治政策，组织和协调国家政治系统。在现代政治体系中，政治家与官僚最大的不同就在于政治家是通过政治市场中选举的结果，受到任期的限制，而官僚则是政治家的雇员或代理人，往往是终身制的。

（二）政治家的行为目标

政治家的行为是利己主义的，但也不排除利他主义因素的存在。概括来说，政治家的行为目标主要有三种：第一种是选票最大化，即政治家为了当选或连任要争取尽可能多的选票。为争取选票，他们必须和大多数选民在立场上保持一致，制定或实行一个反映大多数人愿望的政策。就此而言，唐斯（Downs）认为他们只是为了赢得选举而制定政策，而不是为了制定政策而赢得选举。第二种是追求某种理想，即政治家为了制定与实行政策、实现理想而参与政治、赢得选举，因而在他们的纲领中，公共政策的内容是政治家认为公众应该得到的。第三种是追求自身利益最大化，即政治家追求的是权力、地位、金钱和名望。当然，更多的政治家的目标介于三者之间，他们的主要目的不仅是争取选票，同时也关心公众利益，同情穷者，注重声望，聚敛财富。

三、公共选择理论与官僚行为

公共选择理论分析的政治市场中，官僚是与政治家同属政府内部的另一个重要的主体，了解官僚的含义、官僚的行为动机对政府会计模式研究也有着重要的意义。

（一）官僚的含义

官僚一词最早出现在18世纪的法国，最初指所有的政府官员。在西方文官制度建立后，它一般指非经政治选举，经考试进入政府、不受政府更迭影响的政府官员。本书认为，官僚即指政府公务员。这部分人通常掌握相当多的信息，有些信息甚至连政治家也不一定了解。政府的公务员一般以终身制方式任用，对选民而不是对公众直接负责任，因此，在经济比较稳定的国家，其位置是相对稳定的。与政治家相比，官僚具有三种优势：一是任期优势，官僚的任期很多时候长于政治家；二是专业知识优势，这是官僚长期在一个部门任职以及专业化分工的必然结果；三是信息优势，官僚处于信息有利的一方。

（二）官僚的行为动机

官僚的行为动机是指在公共行政领域中，引发、推动和维持官僚行为朝向特定目标的内在心理状态和动力。20世纪50—80年代流行的公共选择理论，对官僚的行为进行了广泛深入的研究，形成了不同的结论。公共选择学派代表布坎南指出假设政府官员是"自利的、理性的效用最大化者"。按照这种假设，"个人是根据他们所受到的约束，为追求效用极大化而行动的，并且如果要对所有实际行为做出分析，就必须对效用函数进行专门论证。个人被构造为寻求自己私利的人，这种私利就其狭义而言是由预测和预期的纯财富状况衡量的"。①

公共选择学派另外一个代表尼斯坎南则将这一基本假设进行了深化，提出官僚的效用最大化会导致他们追求预算最大化。他认为，官僚的效用函数中包括以下因素：薪金、津贴、声誉、权力、恩惠、产出、进行改变的容易度、管理官僚机构的容易度。除了最后两个因素之外，其次因素都是预算的正的单调函数。因此，预算规模越大，官僚们的效用就越大。所以，官僚从事政府活动的行为动机是最大化他们的预算。尼斯坎南认为，官僚的预算最大化行为对预算结果有着重大影响，这会导致公共物品过度供给、政府生产无效率以及公共部门规模膨胀。②

官僚行为理论家唐斯认为"官僚作为个体，在效率、诚实、努力工作、精确

---

① ［美］詹姆斯·M.布坎南：《自由、市场与国家——80年代的政治经济学》，上海三联书店1989年版。

② 1974年，米格和毕朗哥对尼斯坎南的这一观点提出不同意见。他们认为，官僚们最关心的是管理的自由裁量，从而只有自由裁量的预算——收入超过最低成本的部分——才是官僚真正想最大化的。1991年，尼斯坎南修正了官员预算最大化的假设，接受了米格和毕朗哥所提出的自由裁量最大化的假设，认为政府预算决策的目标是追求预算的自由裁量最大化。但是考虑到预算的自由裁量依赖于总预算，所以理论的基本框架并没有变。

性、公共精神等方面比非官僚既不是更好，也不是更坏，他们通常也不一定比非官僚更令人钦佩"。① 官僚同样是追求自身利益最大化的理性"经济人"。官僚的最基本动机是追求效用最大化，不管何种类型的官员都具有以下一般动机：(1)权力，包括官僚组织内部或外部的权力；(2)金钱收入；(3)声望；(4)便利；(5)安全，即未来丧失权力、收入、声望或便利的概率较低；(6)个人忠诚，指官员对自己的工作群体、作为整体的官僚组织，包括官僚组织的更大型组织（政府，如果他在政府官僚组织中工作）或者国家的个人忠诚；(7)精通工作的自豪感；(8)为公共利益服务的渴望；(9)对特定行动计划的承诺。

由于官僚动机的多样性与复杂性，官僚的主要行为模式是追求自身利益的最大化，这种自利性行为在有效的监督与约束下，往往能够保持在相对合理的限度之内，不至于对公共利益造成侵害。但是，如果缺乏外在有效的制度约束与监控，官僚的这种自利行为常常就会超越一定的限度，尤其是官僚的政策行为往往就会发生失控。

第四节　政府会计模式变迁的理论分析框架　▶▶

借鉴新制度经济学制度与制度变迁理论，结合新公共管理理论和公共选择与政治家及官僚行为理论，本书搭建了一个政府会计模式变迁的理论分析框架：首先，当制度环境发生了某种改变，这种改变有可能引发政府会计模式发生变迁；政府内部若干个人或集团发现了制度环境改变可能带来的潜在收益，于是形成行动集团继而采取行动推动政府会计模式发生变革，改变现有的政府会计具体的制度安排，最终获得收益。政府会计模式变迁的理论分析框架结构如图3-1所示。

本书第四至第六章将采用这一理论框架进行分析。本节首先对这一理论分析框架中涉及的各个要素进行讨论。

一、政府会计模式变迁的制度环境

如前所述，制度环境是一个国家中用来建立生产、交换与分配基础的政治、社会和法律基础规则的一系列基本制度规定，它决定和影响着其他制度安排。政府会计作为规范政府会计实践主体及其活动的一项制度安排，必然受到

---

① ［美］安东尼·唐斯，郭小聪等译：《官僚制内幕》，中国人民大学出版社2006年版。

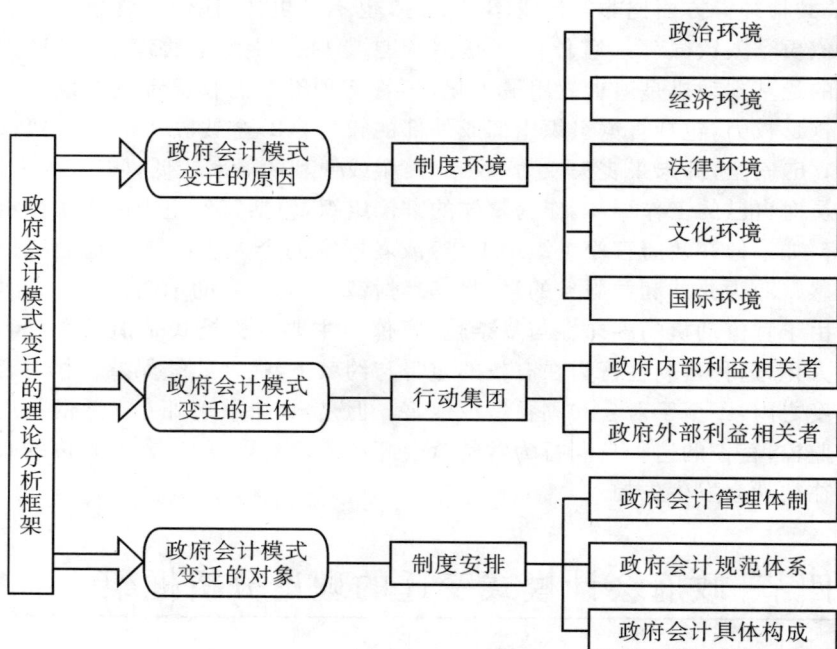

图 3-1 政府会计模式变迁的理论分析框架图

制度环境的制约和影响。这些作为基本制度规定的制度环境要素主要包括政治、经济、法律、文化四个方面。其中，政治、经济、法律通常以正式规范的形式对社会实践主体活动形成硬约束，而文化则以非正式规范的形式构成"软约束"。此外，从严格意义上说，国际环境是外化于一国的制度环境的，考虑到当今世界任何一个国家都不可避免地受到全球化带来的国际影响，本书也将这个因素纳入分析框架中力求分析问题的完整性。以下分别论述制度环境的构成要素。

（一）政治环境

政治环境是指一个国家的政治主体从事社会政治活动形成的各项制度总和，具体包括国家体制、政治体制、政党制度、国家组织结构、政府行政管理模式等。政府预算在一国的政治经济社会发展中发挥着至关重要的作用，并具有以下方面的特征：（1）法定性。政府预算是一经权力机关通过，需要在未来预算执行中必须遵行的政府法定收支计划。（2）政治性。政府预算资源分配所体现的实际上是某个时期内一个国家政府的公共政策选择及其相应的政策成本。（3）技术性。政府行使各项职能和开展各项管理活动必须在法定预算限定范围内进行。政府预算的法定性、政治性和技术性特征决定了作为政府预算管理和控制的重要工具——政府会计的形成和发展。因此,在制度环境的诸多要素中,政治环境对政府会计模式的变迁有着决定性的影响。

以下就政治环境中与政府会计模式最直接相关的具体要素展开分析:

1. 政制体制

政治体制是指一个国家的政权组织形式,具体表现为国家权力的横向配置关系。以中央国家权力机构之间的关系为划分依据,现代国家政治体制主要可以划分为议会内阁制、总统制、半总统制、社会主义议会共和制和委员会制五种。[①]

国家政治体制反映的是一个国家政治权力在不同的权力机构之间分配的格局,在代议制民主国家中,通常是国家立法机构、行政机构和司法机构不同的权力配置。这些权力机构拥有权力的差异首先决定了政府会计模式变迁中一般是由立法机构或行政机构充当主要行动集团,司法机构形成次要行动集团。这些行动集团的权力范围决定其对政府会计的管理主导权不同。例如,议会制国家中作为立法机构的议会通常是推动政府会计模式变迁的主导力量。议会在国家中以其相对独立地位和较大的管理权限,有动机对政府的行为以及政府整体的财政状况和运行情况进行全方位的监督,这种关注对政府会计信息提出更高的要求,继而推动了政府会计模式的变迁;基于同样的逻辑,在总统制国家中通常是总统及其行政机构成为政府会计模式变迁的主要行动集团,而国家中议会由于作用相对较弱并且权力较小,对政府会计信息的需求就相对较少,如仅限于审核政府预算的执行情况,因此形成次要行动集团。对于半总统制国家来说,由于其兼具议会制和总统制的双重特点,其主导政府会计模式变迁的行动主体也会在立法机构和行政机构之间权衡。

2. 国家组织结构

国家组织结构是指一个国家中央权力机构与地方权力机构的构成方式。具体分为单一制和联邦制两种。[②]

国家组织结构的差异反映了联邦(中央)政府与地方政府之间不同的权力范围,导致联邦(中央)政府和地方政府对政府会计管理模式的不同。在单一

---

① 这五种政治体制的具体特征可参考彭有祥:《西方主要国家政治制度与经济模式》,云南大学出版社 2007 年版。

② 这两种国家组织形式的具体特征可参考彭有祥:《西方主要国家政治制度与经济模式》,云南大学出版社 2007 年版。

制下,中央政府对地方政府进行集权控制,中央政府拥有政府会计管理的主导权,中央政府与地方政府拥有统一的政府会计规范,建立统一的政府会计体系;在联邦制下,联邦政府与地方政府在各自权力范围内保持独立性,使得联邦政府和地方政府拥有各自范围内政府会计管理的主导权,建立不同的政府会计规范,形成彼此不同的政府会计体系。

3.政府行政管理模式

如本章第二节所述,从历史发展的动态角度分析,政府行政管理可分为基于理性官僚制的传统政府行政管理模式和基于新公共管理影响的现代政府行政管理模式。政府行政管理模式从传统向现代的转变对政府会计提出了更高的要求,具体体现在以下四个方面:

(1)政府职能转变

在现代政府行政管理模式下,政府与市场以及社会的职能关系得到重新定位,政府的职能主要是进行宏观管理,而具体的职能交由市场和社会力量承担。政府职能这种转变引发政府活动范围发生了很大改变,这些变化对政府会计的空间范畴提出了严峻挑战,需要政府会计体系作出相应的调整,对政府履行转变后职能过程中耗费的资源、取得的成效加以确认、计量、记录和报告,以如实反映各级政府和部门履行政府职责和实现政府职能的情况,监督、评价政府工作,为政府宏观经济管理提供完整的会计信息。

(2)政府组织管理优化

在现代政府行政管理模式下,通过权力下放实现了不同层级政府和政府内部的管理优化,大大增强了政府组织管理的灵活性。政府组织权力配置的变化以及政府组织结构多样化,要求政府会计根据主体范围的调整提供相应的会计信息,不但为评价不同层级不同类型政府组织受托责任的履行情况提供支持,而且要求在管理分权化程度提高的同时还要保证政府整体目标得以实现。

(3)政府人事管理灵活

在现代政府行政管理模式下,弹性的人力资源管理取代了传统僵化的人事管理,政府内部形成了绩效导向的灵活的公务员管理模式,提高了政府的行政效率。这种变化要求政府会计提供的信息不仅反映政府对外的财务受托责任,也要重视政府内部的管理受托责任,重视会计信息的相关性,强调决策有用。

(4)政府管理手段革新

在现代政府行政管理模式下,政府广泛采用绩效管理、人力资源管理、成本效率分析和全面质量管理等企业经管部门成功运用的手段与经验,形成了绩效导向的观念和重视风险的意识。政府管理手段的更新要求政府会计能够为评价政府绩效提供更加翔实和客观的资料,同时也结合预算成为控制风险、管理收支最基本的工具。

上述要求对政府会计核算和报告的具体内容提出了更高的目标。在政府会计提供信息内容方面,不仅要求全面、完整地反映政府拥有的经济资源和承担的债务,还应反映公共资源优化配置和合理使用情况,以及反映政府公共部门的绩效状况;在政府会计提供信息质量方面,要求在客观、真实的基础上具有更高的透明度、准确性和可比性;在提供政府会计信息的结构和层次方面,一方面要求提供反映地方政府和部门之间详细、具体、可比的信息,另一方面要求提供政府整体综合、概括的信息。

（二）经济环境

经济环境是一个国家社会经济发展中面临的各种经济条件、经济特征、经济联系等客观因素总和,具体包括经济发展水平、经济体制、政府财政管理体制、政府预算管理模式等。著名会计史学家迈克尔·查特菲尔德曾说过"会计的发展是反应性的","会计主要是应一定时期的商业需要而发展的,并与经济的发展密切相关"。可见,在制度环境的诸多要素中,经济环境对政府会计模式的变迁产生最直接和最重要的影响。经济环境不仅直接影响政府会计模式,而且还通过对政治环境、法律环境、文化环境因素的作用间接影响着政府会计模式。以下就经济环境中相关的具体要素展开分析。

1.经济发展水平与经济体制

经济发展水平体现出一个国家所处的经济发展阶段。在经济发展不同的阶段,国家通过制定和实施相应的经济政策实现经济和社会发展的目标。经济体制是一个国家对经济的管理制度及运行方式的总和,具体包括所有制结构、经济决策体系、经济利益关系、经济调节体系和经济组织体系等内容。在不考虑意识形态的前提下,根据资源配置的方式,可将国家间经济体制大体划分为计划经济体制、市场经济体制和混合经济体制三种类型。国家的经济发展水平对应不同的经济体制,因此同一国家的经济体制会随着国家经济发展的状况进行改变,只是这种改变是缓慢的、长期积累的结果。

在不同的经济体制下有着不同的所有制及其所有制形式,决定了政府对经济政策的制定和执行加以干预的程度有所不同,因而产生了不同的政府会计信息需求,继而决定了有不同的政府会计模式。在计划经济体制下,政府通过计划手段促进经济发展,政府作为主要的信息使用者,要求政府会计通过记录和反映政府预算执行情况和结果为执行国家计划服务。在市场经济体制下,政府通过引入市场竞争机制促进经济发展的方式,客观上产生了其他的政府会计信息需求主体,政府会计因此也需要为其他经济主体实现其组织目标服务,为其进行经济决策提供有用的信息。

2.政府财政管理体制

政府财政管理体制指用来规范中央和地方各级政府之间财政关系的基本制度,具体包括政府间职责划分(即事权划分)、政府间财政收入支出划分(财权划分)和政府间财政转移支付三个部分。

(1)政府间职责划分

政府间职责划分是财政管理体制的逻辑起点,政府职责范围是划分政府间财政收入支出的出发点,是财政收支划分的重要前提。在市场经济条件下,与提供公共产品相关的政府财政职能主要有三项:资源配置职能、收入分配职能、经济稳定和发展职能。一般来说,收入分配职能、经济稳定和发展职能主要由中央政府履行,资源配置职能由中央、地方共同承担,但主要由地方政府履行。依据通行规则及公共产品性质,对政府间职责划分具体遵循以下一般原则:①中央政府:负责体现国家整体利益的公共支出项目、全国性公共产品和必须在全国范围统筹安排的事务,其经费由中央财政提供;参与具有跨地区"外部效应"的社会事务和公共项目与工程;负责中央政府调节地区间和居民间的收入分配,如社会保障、社会福利项目等。②地方政府:具体负责实施的社会事务和地方性公共产品。中央政府和地方政府权责简单分类说明如表3-2所示。

表 3-2　中央政府与地方政府事权或责任划分基本框架

中央政府	州(省)政府	地方(省)政府
三级医疗保健(控制传染病、研究)	二级医疗保健(医院、治疗)	初级医疗保健
大学教育	大学和中等教育	初等和中等教育
道路和高速公路(城市间)	道路和高速公路(城市间)	道路和高速公路(城市间)
公共交通(城市间)	公共交通(城市间)	公共交通(城市间)
	空气和水污染	空气和水污染
自然资源管理	自然资源管理	土地使用管理和区域划分
防务	警察保安	警察保安
		住房
		固体废物处理、供水、排污和防火
		文化政策
		促进旅游

资料来源:马骏:《论转移支付》,中国财政经济出版社1998年版。

（2）政府间财政收入支出划分

政府间税收收入划分，从集权与分权的角度分类大致有分散型、集中型、适度集中相对分散型三种类型。[①] 而政府间财政支出划分，主要依据政府间职能划分。政府间财政支出责任的划分包括中央政府与地方政府之间的财政支出责任划分，以及地方上下级政府间的财政支出责任划分两个层次。

在各国的实践中，国防、外交、国际贸易、中央银行、全国性的立法和司法等方面的支出均由中央政府负责。而交通、教育、卫生、环保、警察、消防、公园、社会福利等的大部分（或至少一部分）为地方政府的职责，由地方财政安排支出。不同国家之间的区别只是在于中央政府在多大程度上介入上述地方政府的功能，并通常与财政分权程度（以地方税收占全国税收的比例来衡量）有关。财政分权程度高的国家，中央政府在这些项目上支出的比重较低。而在财政分权程度低的国家，中央政府在这些项目上支出的比重较高，其形式包括中央直接投资、各种拨款等。

（3）政府间财政转移支付

政府间财政转移支付，是指财力和资金在各级政府间的无偿转移。它是在政府间第一次财政分配即分税的基础上，按政府间纵向和横向的财政经济能力差异与均等化目标的要求所进行的第二次分配。政府间转移支付按是否指定资金的用途，可归结为两种基本形式：一种是无条件转移支付，或称一般性转移支付、无条件拨款；另一种是有条件转移支付，或称有条件补助、专项拨款。另外，有的国家还有一种分类转移支付，又被称为分类拨款。由于不同的转移支付形式会产生不同的经济效应和具有不同的政策意义，因此世界上大多数国家都采用了不止一种的转移支付形式。

政府财政管理体制反映了一个国家政府财政收入的主要来源和财政支出的主要方向，通过政府职责划分实现政府事权和财权的良好结合。政府会计的根本任务就是通过客观真实地记录政府财政预算资金的流向和结果，来反映政府财政管理体制的全貌，便于监督政府的整体财政管理工作，并为评价政府公共政策的执行情况和结果提供必要的信息支持。因此，国家财政管理体制的变革必然直接导致政府会计模式变迁。

3.政府预算管理模式

政府预算管理是国家编制、执行、决算以及实施预算监督的制度依据和法

---

① 这三种类型的具体特征见王雍军：《发达国家政府财政管理制度》，时事出版社2001年版。

律依据,是财政管理的主导环节。其主要内容包括:确定预算管理主体和级次,预算收支的划分原则和方法,预算管理权限的划分,预算调节制度和方法。一般来说,政府预算的整个程序依次包括预算编制、预算批复、预算执行、预算评估与审计几个关键的阶段和步骤。在预算编制阶段,由行政机构负责准备和编制预算草案(计划),并提交立法机构审批;在预算批复阶段,由立法机构审批预算,使年度预算草案成为一部法律;在预算执行阶段,由财政部门和其他核心部门对预算过程进行监控,确保预算执行结果与预算初衷相符;最后,在预算评估和审计阶段,由审计部门对预算执行过程与结果进行审计,并向立法机构提出审计报告。

在不同的历史和经济发展时期,大体上形成了传统的投入和管理导向政府预算管理模式和基于新公共管理影响的产出(结果)导向现代政府预算管理模式两种类型。政府预算管理从传统到现代模式的转变,是新公共管理带来的必然结果。由于政府预算与政府会计的天然联系,决定了政府预算管理模式的变革必然直接引起政府会计具体内容发生变革。政府预算管理从投入导向到管理导向再到产出和结果导向的变革,突出了对更完整、更可靠的成本和绩效信息的需求,这必然要求政府会计体系能够将费用分摊到相应的产出和结果之上,同时给予绩效信息和财务信息同样的完整性和可靠性,以此将预算和政策意图转换为财政管理和控制的信息,从而引起政府会计模式的变迁。

(三)法律环境

法律环境主要是指法律体系,是指一个国家法律和行政法规以及由此所产生的社会制度的总和。以法律形式的渊源为标准,世界范围内法律体系可以分为两大类:普通法系和大陆法系。①

1.普通法系

普通法系发端于英国中世纪后期,是以英格兰普通法、衡平法及制定法为历史渊源,在统一地方习惯法的过程中形成的判例法。普通法系的主要特征是以判例法为主要渊源,法的主要作用被认为是解决诉讼。普通法系中法律条文只提供了一个法定框架,其具体内容通常以大量的法律判例为补充,也就是说真正起作用的不是法律条文,而是经过法院判例予以解释的法律规则。法官在审理案件过程中必须"遵循先例",即从过去同类判例中抽象出一般原则,然后再将该原则适用于眼前的案件。在这一过程中,法官往往就参与了创

---

① 郭道扬:《论两大法系的会计法律制度体系》,载《会计研究》2002 年第 8 期。

制法律的过程,所以有人说英美法系国家是"法官造法"。因此,普通法系的目的是为具体案例提供答案,而非制定面向未来的一般规则。普通法系的国家法律对经济活动约束比较笼统、灵活,经济活动得以在比较宽松的条件下进行。

2.大陆法系

大陆法系作为一个法系起源于 13 世纪的欧洲大陆,以罗马法和日耳曼法为其历史渊源,经过文艺复兴时代欧洲各大陆国家的努力才逐渐形成,是欧洲政治、经济、文化发展史的一个组成部分。大陆法系的典型立法特点是强调成文法的作用,在结构上具有完整性和系统性的特征。大陆法系各国把全国法律分为公法和私法两大部分,其中公法分为宪法、行政法、刑法、诉讼法和国际公法,私法分为民法、商法等。从法律结构上说,大陆法系国家的法规体系中,既包括由立法机构制定的包含详细的规则和解释的法律,也包括由行政机关制定的详尽且包罗万象的条例,这些规则或条例形式完整、内容全面、条款比较原则。法官在审理案件的过程中多是根据成文法律规定的一般原则来判定具体事件和行为,而不以过去的判例为判断的依据,即不承认判例具有与法律同等的效力。实施大陆法系的国家政府往往借助于法律手段对经济生活进行全面干预,整个社会的经济活动都处于国家详尽而完备的法律管制之下。

法律体系的不同特征导致规范政府会计实践活动的法律法规体系具有不同的特点,从而影响政府会计体系的灵活性。普通法系对政府会计法规体系的影响体现在以下几个方面:(1)普通法系国家中法律手段在调控经济中的作用较小,政府会计规范体系并非都是通过法律的形式予以规范。(2)普通法系国家中一般不通过立法对政府会计原则作具体规定,即使某些法律涉及对政府会计的要求,也只是原则性的规定。(3)普通法系国家中政府会计体系强调真实和公允、实质重于形式原则,法规体系对应提供政府会计信息的规定比较笼统。大陆法系对政府会计法规体系的影响体现在以下几个方面:(1)大陆法系下法律手段在调控经济中的作用较大,政府会计规范体系倾向于通过法律的形式予以规范,一般要求强制执行。(2)大陆法系国家由于成文法的传统,由法律和行政法规形式形成的政府会计规范,均有详细而具体的规定。(3)大陆法系国家政府会计体系强调稳健、合法原则,法规体系对应提供政府会计信息的规定比较详细和具体。

(四)文化环境

文化环境是指对政府会计模式的形成和发展具有制约和影响作用的各种文化因素的总和,包括思想观念、价值取向、思维方式、行为准则以及语言文字、风俗习惯等。文化环境具有整合为一、连绵不断、变迁积累、渗透于社会各个领域的特点,为政府会计实践提供了智力支持、文化条件和精神动力。因此,在制度环境的诸多要素中,文化环境对政府会计模式变迁具有持久和广泛的影响。

对文化方面的研究比较著名的是荷兰学者霍夫斯蒂德(Hofstede)提出的国家社会文化研究框架①和英国教授格雷(J. Gray)提出的会计亚文化理论框架。② 虽然这两个理论是针对企业组织提出的,但对政府组织同样具有广泛的适用性。

1. 国家文化

霍夫斯蒂德从个人主义/集体主义、权力距离大小、对不确定性规避程度、阳刚与阴柔和长远取向与短期取向③五个维度归纳基于国家文化的社会价值标准,并根据这些标准来分析不同国家文化的特征。

---

① 转引自[美]克里斯托弗·诺比、罗伯特·帕克,潘琰主译:《比较国际会计》,东北财经大学出版社 2002 年版。

② 转引自[美]克里斯托弗·诺比、罗伯特·帕克,潘琰主译:《比较国际会计》,东北财经大学出版社 2002 年版。

③ 这五个方面的含义是:(1)个人主义/集体主义,指社会成员个人与集体的关系,或对个人利益和集体利益之间的选择。倾向个人主义的社会将个人利益置于集团利益之上,行为也较不接受集团约束;倾向集团主义的社会,其成员通常比较忠于集体利益,服从集体约束,其个人利益及成就常体现于集体利益及其成就之中。霍夫斯蒂德认为,个人主义国家更倾向于松散的社会组织结构,集体主义国家则倾向于紧密的社会组织结构。(2)权力距离大小,指社会成员对社会或组织中的等级制度或权力分配的容忍、接受程度。权力距离大的社会对等级制度或权力分配不公所造成的不平等现象容忍程度高,因此比较服从权威;权力距离小的社会比较追求平等公正,权力均衡,互相尊重,对社会或组织的要求及参与程度高。霍夫斯蒂德认为,权力距离大的社会中人们倾向于一种等级制度秩序,而权力距离小的社会中人们倾向于寻求权力公平。(3)对不确定性规避程度,指社会成员面对风险、新生事物或不明朗情况下会采取的态度,是坦然相对、泰然处之,或是惶恐不安、如临大敌。对不确定性规避程度大的社会,比较保守,不愿意冒风险,较可能排斥新生事物,不大容忍离经叛道的个人行为及观念;对不确定性规避程度小的社会,维持一种宽松的环境,接纳各种新生事物,容忍各种叛离行为及观念,更关注实务而不是原则。(4)阳刚与阴柔,指社会成员对个人成就和生活态度的看法。在阳刚社会中,人们倾向追求个人财富及事业成就,赞赏决断能力,崇拜英雄;而阴柔社会则比较注重生活质量、重视人际关系,较同情及愿意帮助弱者,注意保护环境。(5)长远取向与短期取向,指社会成员对未来社会发展目标的态度以及由此采取行动的导向。长远取向国家倾向于制订长期发展计划来实现长期发展目标,其价值特性表现在有勤俭节约的美德,能够忍耐,善于储蓄;短期取向国家主要着眼于当前的计划来实现其发展目标,其价值特性表现为容易急功近利。

由国家文化取向决定的会计文化取向有以下几个方面特征：（1）个人主义文化决定一个国家中会计职业界比较发达，自治程度较高，政府对会计准则制定和会计实务管理等事务的介入较少；相反，集体主义文化决定一个国家中政府的统一会计规则比较完善且有很高的权威性，实务中较少需要职业判断，会计职业界相对较弱。（2）对不确定性规避程度高的社会一般表现出较弱的保守主义倾向和较弱的保密倾向，在会计处理中人们对未来不确定事项的处理比较谨慎，对利润的计量一般比较保守，信息披露中揭示的信息较少。（3）权力距离大的国家往往选择用的会计制度，而权力距离小的国家则通常选择一种通过"公认"的突进改革模式来规范会计实务模式。（4）阳刚社会中，会计计量倾向于公正性，财务揭示倾向于公开性；而阴柔社会中，会计计量倾向于保守性，财务揭示倾向于保密性。当然，需要强调的是，会计实务受文化取向的影响是多方面共同作用的结果，并非某个因素单方面起作用。

2.会计亚文化

英国教授格瑞认为，霍夫斯蒂德提出的以文化为基础的社会价值标准通过人们的思想行为渗透到各种组织和职业中，不但影响组织和职业文化，也影响到社会上各种制度的建立和运作。他将社会价值标准和直接影响一国会计制度与会计惯例发展相联系的文化称为会计亚文化（accounting sub-culture），据此提出影响一国会计规范模式的四组"会计价值观的维度"，它们是：职业化与法律控制、统一性与灵活性、稳健主义与乐观主义以及保密性与透明度。①

---

① 这四个维度的含义如下：（1）职业化与法律控制，是指在会计实务中是坚持发挥职业判断能力并保持职业自律，还是遵守法律法规、减少会计人员独立判断的空间。职业化强的国家倾向于减少政府干预、由会计职业团体或其他独立机构制定会计准则，会计的规范较原则性，强调会计人员自我管制能力；而法律管制强的国家则倾向于政府用法律法令规范会计制度和实务。（2）统一性与灵活性，是指会计规范体系是否应当详细规定每一细节，并用法令强制统一实施。重视统一性的国家倾向于用法律手段统一实施会计实务，会计主体因地制宜进行会计处理的余地较少；而着重灵活性的国家倾向于特殊情况特殊处理，不同的情况具有较灵活的会计实务。（3）稳健主义与乐观主义，是指在面临未来的不确定性时，是采用稳健的方式还是激进的方式去计量会计要素。稳健的会计亚文化倾向于以谨慎的方法进行计量，以应付未来事项的不确定性；而乐观的会计亚文化则乐于采取激进、冒险的方法。（4）保密性与透明度，是指会计信息只向与公司管理活动和融资活动密切相关的人士披露，还是采取公开、透明的方式，向更多人士披露。保密性的会计亚文化倾向于保守机密，把企业信息控制在应该知晓的范围内，而不愿意向公众披露信息；而透明性的会计亚文化则乐于公开会计资料，展示经营业绩。

从会计体系的内容方面进一步分析,在一个崇尚个体主义的国家,强调个性发展,民众对不确定、不明确因素反应较弱,善于接受新生事物和有差异的因素,会计职业的社会地位较高,受人尊重。其会计模式呈现以下特点:①在会计处理方法上,强调真实反映和会计人员的专业判断,对待未来事件的不确定性的处理比较谨慎,并不断创新,保守程度较低;②在会计信息披露上,倾向于透明、公开,强调会计信息的公允性和决策相关性;③在会计职业上,会计人员的专业水平相对较高,会计职业的社会地位也较高,具有较强的权威性。而在一个崇尚民族利益、集体利益高于一切的国家,强调社会价值的实现,人们对不确定、不明确因素反应较强烈,习惯于按规范行事,讲究中庸之道,习惯于循规蹈矩,不易接受新生事物,思想观念偏重于传统、保守,会计在人们心目中的地位不高,缺乏权威性。其会计模式表现出以下特点:①在会计方法上,强调统一性,会计人员习惯于遵循明文规定,提倡个人专业判断和灵活处理,少于采取比较保守的谨慎态度,严格遵循历史成本原则;②在会计信息披露上,偏向于适当揭示,不够透明和公开,强调保密,财务报告中揭示的信息少;③在会计职业上,民间会计团体的规模和力量都很小,会计职业的社会地位相对较低,会计人员的权威性不足。

(五)国际环境

国际环境是指一个国家与世界各国及地区之间的政治、经济、文化等方面的关系,以及其他国与国之间的关系。其中,20 世纪 80 年代以来的经济全球化是当今世界发展的潮流和主题。

经济学意义上的"全球化"一词最早是由美国经济学家泰奥多尔·莱维特(Theodore Levitt)1985 年提出,他认为全球化是指"商品、服务、资本和技术在世界生产、消费和投资领域中的扩散"。安东尼·麦格鲁认为:"全球化明确地表现在广度和深度两个方面。前者指的是覆盖全球的空间范围,后者指国家之间、社会之间日益加深的相互作用、相互关联和相互依赖程度。① 经济全球化的实质是国际分工的深化和生产的全球一体化程度的提高以及由各国市场开放带来的市场经济体制全球化。随着全球市场的逐步开放,各国间经济的依赖性和融合度都进一步增强。

经济全球化的结果之一是国家能够通过国际资本市场开展融资行为,如在国际资本市场发行政府债券、政府间贷款、使用世界银行和国际货币基金组

---

① John H. Dunning and Khalil A. Hamdani(eds.),*The New Globalism and Developing Countries*,United Nations University Press,Tokyo,1997,p. 13.

织等国际金融组织贷款等,由此产生了债权国对债务国财务状况和偿债能力的信息需求。然而各国政府会计采用的核算基础和确认标准缺乏可比性,导致这些政府会计信息的外部使用者对其财务信息的质量提出质疑。在这种背景下,一些国际组织包括国家间和区域间合作组织从不同的角度出发,开始研究并倡导如何在国际范围内实现政府会计信息的真实和可比,从而推动了政府会计模式的变迁。以下是对政府会计产生影响的几个组织[①]:

1. 欧盟(European Union,EU)

欧盟[②]通过条约和指令的形式在成员国之间推行国际协调,其中对政府会计产生影响的包括:

(1)欧盟指令

欧盟通过正式发布指令要求对成员国形成法律约束,虽然法令要求各个成员国强制实行,但是实施方法的选择权仍掌握在成员国手中。欧盟指令中第4号、第7号和第8号指令与会计直接相关,虽然是以企业组织为对象制定,但同样对政府组织产生一定的影响。第4号指令发布于1978年,是欧盟范围内最宽泛、最综合的会计规则。其主要内容是建立了一套全面而广泛的基本会计准则,具体包括资产负债表格式规则和损益会计处理、披露要求、计价规则、真实和公允等信息披露要求。指令适用于除银行和其他金融机构或保险公司以外的所有股份有限公司和有限责任公司,包括公共企业和私人企业。第7号指令发布于1983年,内容主要是有关合并财务报表的问题。由于该指令通过时,合并财务报表在欧盟大多数国家只是例外而不是规则,所以这个指令的条款受到了持续的争议。为了将第7号指令并入各成员国的公司法,成员国被给予很宽的范围和许多选择项。第8号指令发布于1984年,内容主要是执行法定审计时所要求的职业授权资格的各个方面。指令仅规定了审计师的最低资格,而没有涉及欧盟成员国之间审计师资格的相互确认问题,也不包括在欧盟国家中开业的特权。

(2)《马斯特里赫特条约》(*Maastricht Treaty*,简称《马约》)

---

① 本书分析的这几个组织基本情况介绍引自网站:http://news. xinhuanet. com/ziliao/2003—01/27/content_733578. htm.

② 欧洲联盟,简称欧盟,是由欧洲共同体(European Communities)发展而来的一个集政治实体和经济实体于一身、在世界上具有重要影响的区域一体化组织。1993年成立,总部设在比利时首都布鲁塞尔。截至2007年,拥有27个成员国,是当今世界上经济实力最强、一体化程度最高的国家联合体。

作为欧洲经济一体化的产物,1991年欧盟成员国各方共同签署了《马约》。为实现国家间统一货币,要求各成员国政府遵守健全可靠的财政准则。标准之一是政府赤字要低于国内生产总值的3%,当某个成员国达不到这一标准时,就启动所谓的"超额赤字程序"(EDP),可能对该成员国进行制裁。标准之二是与第一条相关联,就是政府债务必须低于国内生产总值的60%。

另外,《马约》对成员国预算和财务管理方面提出了具体要求,从成员国提供统计数据、防止舞弊的措施和有关财务控制规则及外部审计四个方面作出详细的规定。在欧盟与经合组织合办的援助中东欧国家改善治理以及管理的项目(Support for Improvement in Governance and Management in Central and European Countries,SIGMA)中,具体从公共支出、财务控制、政府采购和外部审计四个基本方面来评价一个国家的预算和财务管理水平。其中,在会计核算和报告方面的要求是:从国家角度看,预算和会计应有一套共同的分类以利于政策分析和促进责任的划分;会计惯例和程序不应与欧盟基金的支付相关准则冲突;财政报告必须及时、全面、可靠,并确认与预算的偏差;建立评估支出政策和项目的有效性和效率的程序。

2. 经济合作与发展组织(Organization for Economic Cooperation and Development,OECD)

经济合作与发展组织,简称经合组织①,坚信一个国家要保持经济稳定和社会团结必须有良好而健全的公共治理。良好而健全的公共治理能够起到以下方面的作用:(1)建立平等和公平对待公众的社会环境;(2)营造透明的氛围,以限制垄断行为、增进效率、鼓励创新;(3)保证社会投资的稳定性和可预测性;(4)促使不同的政策目标包括短期和长期利益相互协调;(5)通过明确的责任分工,避免个人或集团误用权力。良好而健全的公共治理应该具备以下几个属性:(1)透明度。即应过程公开,系统地报告目标的实现情况。(2)明确受托责任。即应公开行动、决策及决策制定过程,以接受公共机关、国会以及

---

① 经济合作与发展组织,是由欧洲经济合作组织(Organization for European Economic Cooperation,简称OEEC)发展而来的一个政府间经济合作组织。1961年成立,总部设在法国首都巴黎。现有成员国31个,成员遍及亚太、北美和欧洲。其设立的目标是为成员国提供一个讨论各国发展和完善经济、社会政策的交流平台,通过健全而客观的政策分析、守秘对话和公共官员间同行的压力来促进国际合作,以改进各国的公共政策。它提供的政策处方在许多国家得到检验,提高了可信度并被广泛接受。由于成员国之间具有高度的同质性,遵守共同的经济、民主原则,使得经合组织具有超越国家政府,与各级政策制定者进行联系和召集所有对政策制定有影响的人的能力。

民间的深入检查。(3)反应敏捷。即应具有足够的能力和灵活性应对变动的国内和国际环境。(4)面向未来。即有能力预测未来,根据未来的成本和预期变化制定相关政策。(5)守法、公平和正直。即应公平地推行透明的法律、法规和制度,使其成为公共部门支持道德行为、严厉惩治腐败文化的一部分。为实现良好而健全的公共治理,经合组织提出应构筑健全而透明的预算和会计制度,并为成员国从增强财政透明度、提高国家财政部门独立性、重新分配预算资源、建立中长期预算框架、引入绩效预算和推行应计制会计基础等这些方面提出了具体的建议。

3. 国际会计师联合会(International Federation of Accountants,IFAC)

国际会计师联合会①下属的国际公共部门会计准则委员会(International Public Sector Accounting Standards Board,IPSASB)是其一个常设技术委员会,具体负责制定一系列规范性的公共部门会计制度,并将它们推广到各国政府机构、区域政府机构、地方政府机构及相应的政府主体。到目前为止,已制定的这些制度主要包括:(1)32项具体的国际公共部门会计准则(International Public Sector Accounting Standards,IPSASs),31项基于应计制会计基础,1项基于现金制会计基础——《现金制会计基础下的财务报告》。(2)14份专题研究报告,内容涉及公共部门会计的诸多关键性的基础议题,包括财务报告的目标、会计核算基础、报告主体、财务报表要素、要素的定义和确认等。(3)7份应时报告和1份信息报告《美国通向应计制会计之路》,内容主要是对已开展公共部门会计改革的西方主要国家经验的简要介绍。就其本质而言,这些报告一般是描述性的,它们旨在对当前的国际公共部门会计实务进行比较,以及总结这些议题的概念性问题。它们不仅构建了国际公共部门会计准则体系的基本框架,为具体的准则制定工作打下了坚实的理论基础,而且为世界各国推进政府会计改革提供了理论指导。

国际公共部门会计准则委员会发布的准则和报告具体内容见本书附录一。

---

① 国际会计师联合会成立于1977年,现有来自91个国家的128个成员组织,代表200多万会计师。除下属的国际公共部门会计准则委员会之外,还有国际审计实务委员会(International Auditing Practice Committee,IAPC)。该委员会负责制定国际审计准则(*International Standards on Auditing*,ISAs),缩小各国会计、审计实务差异,增进财务信息的可比性;通过发展会计教育、建立职业道德规范、颁布管理会计指南等活动在广泛意义上对会计进行协调,为财务会计和报告的协调创造必要的环境条件。

4. 国际货币基金组织(International Monetary Fund,IMF)

国际货币基金组织[①]认为,要维护全球财政货币政策稳定必须建立良好的财政管理体制,为此相继发布了《政府财政统计手册》、《财政透明度手册》两份文件对各国实务进行指导。尽管这两份文件对其成员国没有强制约束力,但由于它们对各国的财政透明度建设具有极强的指导作用,因而也势必会对各国的政府会计产生较大影响。

(1)《政府财政统计手册》

《政府财政统计手册》1996 年发布,并在 2001 年进行了重新修订。其核心要求包括:(1)采用应计制基础来统计记录其广义政府部门(非市场性非营利机构和政府单位,有时还要扩大到政府控制的实体——公共企业)的一切非金融资产交易、金融资产和负债交易以及其他经济流量;(2)对所有的存量和流量项目都采用当期市场价值进行计量;(3)呈报资产负债表、政府运营表、其他经济流量表和现金流量表,而且还要建立一个应计制基础的分析框架,以特定的形式把这四种财务报表有机地统一起来,以反映政府的财政状况。尽管政府财政统计的关注焦点在于宏观层面的经济数据,但这些数据的产生和获得肯定离不开微观层面的政府会计的支持。因此必然要求相应的政府会计能够提供其所要求的信息。这促使世界各国在会计主体、会计核算基础、会计要素以及报表内容和格式等方面逐步推进和深化其国内的政府会计改革。

(2)《财政透明度手册》

国际货币基金组织认为,提高财政透明度是改善各国财政管理的一个关键方面。为此,它于 1998 年先后发布了《财政透明度良好做法守则——原则宣言》及其解释性文件《财政透明度手册》,并在 2001 年对这两份文件进行了重新修订,确立了财政透明度的基本原则及其主要内容。其核心要求包括:(1)各国政府应当在清楚界定政府范围的基础上公布其结构、职能、内部责任以及与其他经济部门的关系;(2)以财政报告和预算报告的形式向公众全面、及时地提供包括预算、资产、负债以及各级政府的合并财务状况等方面的财政信息;(3)适当公开其预算编制和执行过程,并通过内部控制、独立(国家)审计等确保公开信息(数据)的真实性。因此,为了达到财政透明度的要求,各国需要建立起一种以应计制为基础的、能够充分反映政府财务状况、运营绩效、现

---

① 国际货币基金组织是 1945 年成立的一个政府间国际金融组织,总部设在美国华盛顿。现有成员国 184 个,其设立的目标是促进全球金融合作,加强金融稳定,推动国际贸易,协助成员国实现可持续发展。

金流量以及预算情况的新型政府会计模式。

二、政府会计模式变迁的行动集团

政府会计存在广泛的利益相关者,这些利益相关者是分析政府会计模式变迁的行动主体的基础。由于不同利益相关者的地位和决策力不同,决定其在政府会计模式变迁过程中发挥的作用有所不同。下面首先分析政府会计有哪些利益相关者,在此基础上来判断推动政府会计模式变迁的主要和次要行动集团归属。

(一)政府会计利益相关者

政府会计利益相关者是与政府会计有利益关系的,并且有能力影响政府会计的个人或团体。各个利益相关者对政府会计体系中依据其提供的资源而存在各自相异的利益诉求。由于这些利益相关者的地位不同,获得利益的方式不同,因而对政府会计的影响方式也有所差异。根据这些利益相关者与政府隶属的关系,可以分为政府内部和政府外部两种类型。

1.政府内部利益相关者

政府内部利益相关者缘于这些行为主体与政府预算的关系。政府会计作为政府财务管理中的信息系统,既是政府预算编制的基础,又是政府预算管理部门控制预算进度、达成预算目标的控制手段。建立在现代民主政治制度基础上的政府预算,政府的行政机构作为形成政府预算的直接主体,是主要的政府内部利益相关者。行政机构一方面要准备和编制预算,提出预算申请,提交立法机构审批;另一方面,行政机构内部也需要反映部门业绩情况的信息。更加具体地说,在大多数国家,行政机构中的财政部是与政府预算和会计直接相关的拥有权力的部门。财政部会同其他有关部门根据会计法律和国家的宏观经济政策导向,制定会计准则和制度,通过财政部门管理的行政管理渠道来组织实施,采用行政手段和市场手段并用的方式对实施结果进行定期检查,以实现预定的政策效果和达到预期的经济发展目标。

2.政府外部利益相关者

政府外部利益相关者主要包括立法和司法机构,会计职业组织,学术界,政府的投资者和债权人及中介机构,其他政府、国际组织和资源提供者以及社会公众及其他。[①]

---

① 关于政府内部和外部利益相关者的分析参考了美国联邦政府会计准则咨询委员会、政府会计准则委员会和国际会计师联合会关于政府会计信息使用者的规定。

（1）立法和司法机构

在政府预算形成过程中，议会或国会等立法机构需要审批行政机构提出的预算，并使年度预算成为一项法律。因此，立法机构重点关注政府会计、财务管理和报告问题。为了达到总体监督的目的，立法机构除了需要关于机构财务状况和绩效的更多更好的信息，以及部分经费，参与和支持国会决策和监督的信息外，还需要能够帮助国会决策和监督的信息，例如提高政府财务报告的可信度，改善监控政府财务状况和绩效方面的大量信息。在政府预算形成过程中，司法机构负责政府预算监督工作，但这项工作通常都委托给国家的审计机构来实行。

（2）会计职业组织

在企业会计实践中，会计惯例与职业会计师的职业判断起主要作用，从某种程度上说，这会形成一种路径依赖，认为会计师在政府会计实践活动中也将继续发挥主要作用。然而，政府组织的特殊性，加上会计职业组织缺乏独立性与权威支持的特点，决定了会计职业组织在政府会计中发挥的作用有限。

（3）学术界

学术界包括高校和各种科研团体。学术界的理论研究对政府会计实践有比较大的影响。用制度经济学的表述，学术界理论研究的积累决定了知识存量的多少，从而决定了制度变迁的需求。学术界可以以正式成员或者是顾问的身份参与政府会计管理机构，对政府会计实践产生直接的影响；还可以通过参与政府会计有关法律法规的研讨工作，如参与准则征求意见稿或者制度实行稿的讨论，改革试点地区经验的调研工作，召开和参加有关的学术会议，或者是以学术论文、专著、研究报告等多种形式开展的大量相关问题理论研究，从而对政府会计实践产生间接的影响。

（4）政府的投资者和债权人及中介机构

政府的投资者和债权人及中介机构的利益需求体现在，政府服务提供商、政府债券购买者需要反映政府财务状况和偿债能力以及持续发展能力的信息，来决定是否向政府提供资源；而债券评级机构和财务分析机构等中介机构，主要利用政府年度财务报告和经济背景数据，例如预期的税收收入作为债券评级的依据。

（5）其他政府、国际组织和资源提供者

其他政府、国际组织和资源提供者由于其提供的资金一般用于特定项目，因此他们需要政府遵循协议条款以及与特定项目相关的业绩评价方面的信息；关注不同政府财务报表的可比性，以及政府财务报表是否予以充分揭示。

（6）社会公众及其他

这里的社会公众包括纳税人、投票人、政府提供服务的对象。在当代民主社会中，社会公众承担纳税义务的同时应享有对应的权利：对公共支出的知情权、发言权和监督权。社会公众作为纳税人，有权接触并使用政府掌握的财务信息，包括评估税收和债务负担的信息，从而降低信息分析的成本。

（二）政府会计模式变迁的行动集团

尽管政府会计存在内部和外部众多的利益相关者，但这些利益相关者所处的地位和决策力有所不同，为分析决定政府会计模式变迁的行动主体提供了判断的依据。

1. 主要行动集团

政府会计模式变迁过程中，行动集团在变迁中作为行为主体发挥着主动的作用，这种主动作用通过其个人的行为影响集体行为，集体行为又构成了制度变迁的动力或者阻力。（1）一般来说，在一个有效制度稀缺的制度背景下，如果不考虑政权变更的因素，政府立法机构或行政机构，具体来说是立法或行政机构的政治家，由于掌握国家的核心权力，往往构成制度变迁的主要行动集团，通过其个人行为影响集体行为，成为推动制度变迁的重要力量。这里的政治家是指具有熊彼特创新意识的个人，他随时想推动制度变迁以获取外部利润。这种外部利润不仅包括经济收益，还包含更大的政治支持和社会威望。在现有制度下无法获得这种外部利润，于是外部利润内部化——只有改变制度。政府重要公共制度的变迁必然涉及政治家对巨大政治资源的调动。当政治家试图设计制度和解决各个既得利益集团之间的冲突时，他们必然会不断思考制度供给表。速水佑次郎和拉坦进一步肯定了政治家的作用，他们指出，导致制度变迁供给方面的变化的集体行动涉及既得利益集团之间的斗争。既得利益集团之间的权力结构或平衡决定着制度变迁的供给。此时，假如政治家考量从事制度变迁的私人收益大于私人成本，那么他们就会运用政治技巧，为制度变迁开辟道路。（2）在政府会计模式变迁过程中，由于会计职业组织具有较大的灵活性与适应性，能够较好地发挥其专业知识优势，迅速发现和解决实务中存在的问题，及时和有效地针对经济环境变化和随之出现的新问题作出反应，也会成为主要行动集团推动政府会计模式变迁。

2. 次要行动集团

在现代民主社会中，政府行政机构对国家意志的实施发挥着重要的作用，其最关键的政治功能是在各种具体的情况下实施法律、法规、规章和政策。因此，在政府会计各利益相关者主体中，行政机构内部官僚（公务员）的首要职责是执行中央政府的政策,在执行过程中也发挥一定的能动作用。一方面以其专业性知识和技能参与政策执行,另一方面对中央政府制定的指导性政策进行详细的分解从而便于有效地实施。此外,官僚(公务员)还被赋予一定的自由裁量权。国家权力的分配格局决定了官僚(公务员)执行政府制定政策的职能,因此,在政府会计模式变迁过程中,官僚①(公务员)往往要为以政治家为主的行动集团提供支持,成为帮助制度变迁实现的次要行动集团主体之一。此外,学术界,政府的投资者和债权人及中介机构,其他政府、国际组织和资源提供者这些政府外部的利益相关者在一定条件下也可能成为帮助政府会计模式变迁发生的次要行动集团。社会公众由于尚不具备足够的理论知识或者并不愿花费大量的时间成本,一般不会转化为次要行动集团。

三、政府会计模式变迁的制度安排

本书认为,政府会计模式变迁的制度安排具体由政府会计管理体制、政府会计规范体系和政府会计体系具体构成三大要素构成,以下将进行具体分析。

（一）政府会计管理体制

政府会计管理体制是国家对全社会的政府会计工作和从事政府会计的人员等进行组织管理的方式及相应制度的总和,是政府会计工作得以正常运行的组织保证。政府会计管理体制主要解决政府会计管理主体及其方式和政府会计管理对象的问题,即政府会计组织管理和政府会计人员管理两个方面。

1.政府会计组织管理,包括政府会计管理组织形式、管理权限划分和管理机构设置等内容。主要体现在制定会计规范体系的主导权归属方面。不同的国家,政府和会计职业团体在会计规范的制订与执行过程中所起作用的大小和方式有所不同:(1)政府主导政府会计规范体系制定权,是指政府享有政府会计准则或制度制定的绝对权力,政府部门集政府会计准则制订与批准权于一身。政府制定会计原则的优点在于政府能够以其较强的权威性并能够低成本地推行政府会计准则或制度,其缺点在于效率低,而且一旦出现制订不当的情形,纠正比较困难。(2)职业组织主导政府会计规范体系制定权,是指政府

---

① 樊纲(1996)进一步指出,这些官僚(公务员)与其他人一样,企图通过利用现存制度实现自己的利益最大化,至少不是单纯的社会福利最大化。应当包括:巩固自己的职位并力求获得晋升;更高的薪金;较小的工作负担等;另外还会追求各种特权和更多的附加福利,如健康保险、养老金,以及奢侈的办公室、旅游式的出差等。

会计准则制定机构直接由会计师协会控制。政府会计实践中会计惯例与会计师的职业判断起主要作用,从某种程度上说,这会形成一种路径依赖,使得会计师在政府会计准则制订方面继续发挥主要作用。从文化和意识形态方面来看,强调民主自治、反对政府干预的国家,一定程度上会削弱政府在政府会计准则制订中的影响。职业组织制定会计原则的优点在于它具有较大的灵活性与适应性,能够较好地发挥会计职业团体的专业知识优势,提供更高质量的会计准则,其缺点则在于缺乏独立性与权威支持。

2.政府会计人员管理,主要包括对政府会计从业人员进行业务规范和权益维护的管理制度的总和,包括组织和管理政府会计人员的业务培训,政府会计从业人员的专业技术资格认定和考核等。

(二)政府会计规范体系

政府会计规范体系[①]是政府会计机构和从事政府会计的人员开展政府会计工作应当遵循的行为标准的总和,具体包括各种政府会计法规、政府会计准则、政府会计制度以及其他规范等。

政府会计规范是对政府会计实践活动的一种行为规定,是政府会计行为的基本指南。任何一个国家的政府会计规范都不是单一的,而是许多政府会计规范的集合体。不同性质、不同层次的政府会计规范的总和,构成了政府会计规范体系。从内容来看,政府会计规范体系一般包括以下层次:(1)政府会计法规。政府会计规范的最高层次为政府会计法规,它主要是从立法上对政府会计活动包括政府会计组织、管理等方面作出原则性的规定。(2)政府会计准则和政府会计制度。政府会计规范的中心是政府会计准则和政府会计制度。其中,政府会计准则通常是根据经济业务的内容从政府会计记录、计量、报告等方面作出原则性规定,以使用指南或手册来规范账务处理和业务操作,从而指导政府会计人员的行为。而政府会计制度则主要是根据政府会计核算和报告涉及的主要内容进行详细具体的规定,并要求政府单位强制执行。(3)其他规范。

(三)政府会计体系具体构成

政府会计体系具体构成是由确认、计量、记录和报告政府会计实践活动的依据标准、内容范围和程序方法组成,反映政府会计信息生成、处理和报告完整过程的有机整体。根据核算和报告的内容不同,政府会计体系具体由政府

---

① 从严格意义上说,政府会计规范体系还应该包括各种未成文的会计惯例,考虑到其内容的复杂性和与本书内容的相关性不强,这里不作具体分析。

预算会计、政府财务会计和政府成本会计三个部分构成。[①]

1. 政府预算会计

政府预算会计是通过记录预算收入、预算支出并报告预算结余,提供政府预算的总量、结构、专用性以及进度等方面信息,反映政府预算执行情况及其结果的会计系统。政府预算会计最主要的功能和目标是对政府预算执行进行监督和控制。通过提供预算执行情况及结果的信息,首先,能够控制政府执行预算的过程,防止预算超支、挪用专款等道德风险行为,并且能为预算执行的事后监督提供必要的资料和信息;其次,能够为政府的财政预算管理提供相关信息支持,并且可以有效防范财政风险,以实现宏观经济管理目标;再次,能够为政府绩效考核提供重要的资料,有利于评价政府提供公共服务的质量和水平。

按照服务于政府预算级次的不同,政府预算会计可以分为:(1)政府(整体)层面预算会计。政府(整体)层面预算会计,主要是将政府作为一个整体,集中地记录、反映和控制政府层面预算执行情况及结果,它可用于立法机构等外部利益相关者对政府层面预算执行的监督和控制,促进政府对外部的受托责任。(2)政府部门(机构)层面预算会计。政府部门(机构)层面的预算会计,主要是分散地记录、反映和控制每个政府支出部门(机构)预算的执行情况,它可用于立法机构和政府(或政府的核心部门)对各政府支出部门(机构)预算的执行进行监督和控制,以促进政府的内部受托责任。政府预算会计具体分类简要比较如表3-3所示。

表 3-3　政府预算会计分类比较

政府预算会计分类	主体	会计报告	会计目标
政府(整体)预算会计	政府主体	年度预算会计报告	预算执行结果评价
政府部门(机构)预算会计	基金主体	中期预算会计报告	预算执行过程管理与监督

(1)会计主体

政府预算会计有基金和组织两类主体。

①基金主体

政府预算会计以"基金"为会计主体,能够将政府不同类型活动所产生的收入、支出、权利和义务等严格地区分开来。同样,基金会计还可以将复式预

[①]　政府预算会计和政府财务会计的分析参考路军伟:《基于公共受托责任的双轨制政府会计体系研究》,厦门大学博士论文,2007年。

算模式下的每一具体收支预算区分开来,严格控制预算资源的专用性。

②组织主体

在政府(整体)层面预算会计中,是将整个政府看作一个组织,以整个政府为独立的会计主体,集中地记录、反映和控制政府层面预算执行情况及结果。在政府部门(机构)层面预算会计中,可以将政府支出部门(机构)作为会计主体,反映各个部门的预算执行情况及其结果;也可以将政府部门内拨款或者预算授权作为会计主体,从而防止政府部门(机构)在不同拨款或其他预算授权之间任意转移资源,强化支出机构履行对每一拨款或其他预算授权的受托责任。

(2)会计基础

政府预算会计主要反映预算会计信息,其应用的会计基础有现金制、义务或责任制以及应计制三种。

①现金制

现金制预算基础下,主要以现金的实际收付为确认预算收入和支出的标准,其拨款限定了支付额度和每年承诺支出的额度,满足政府遵守预算和对预算支出进行控制的要求。

②义务或责任制

义务或责任制预算基础下,通常通过拨款来限定现金和承诺的数额,但对预算资金实际支付的时间不作限定,反映政府对预算资金总额进行控制的要求。

③应计制

应计制预算基础下,预算拨款以产生收入支出义务的时点为确认基础,而不考虑何时收付现金。

(3)预算会计报告

预算会计报告根据报告的对象可分为对内报告和对外报告两类。

①对内报告

政府整体预算会计报告:主要面向财政部门、国库部门等预算管理机构,以加强对政府预算执行过程的监督和控制,以及加强收支管理、现金管理和预防财政风险等。其报告应分别反映收入预算和支出预算的执行情况信息。由于政府预算会计旨在反映和控制政府预算,因此,政府预算会计报告应以对内部报告为主,而且报告频率应比较高,如按旬、月、季等时间跨度编报中期预算会计报告。事实上,在实践中对政府预算的监督和控制并非通过预算会计报告,在会计电算化系统处理下,计算机能够自动对超过额度的承诺等实施监督控制。

政府部门层面预算会计报告:主要面向各级管理者,优化预算资源在机构内部的配置,强化对承诺等环节的管理和控制。每一拨款或其他预算授权都根据预算会计等式设置了若干自相平衡的账户体系,因此,每一账户都可以满足不同目的。如从加强预算监督和管理的目的来说,"分拨——已实现资源"账户能够为指定和对外承诺提供信息依据;而"指定"、"未交付订单"账户等能为制定未来现金需求计划等提供依据。在会计电算化系统下,每个账户所登记的内容及其余额就是对内报告所要提供的内容,并不需要特别设计固定报表格式。

②对外报告

政府整体预算会计报告:主要面向立法机构、监督机构以及普通社会公众等,以便对政府预算的执行情况进行了解、评价并作出相关决策。由于政府层面对外报告旨在解脱政府在遵守预算上的受托责任,并为外部利益相关者了解、评价政府受托责任的履行情况,以及作出相关决策提供信息。因此,对外报告一般应采用年度报告。在政府层面,预算与实际的比较报表应是政府对外预算会计报告最核心的部分。

政府部门层面预算会计报告:主要面向各预算管理部门和立法机构,前者旨在促进对机构预算执行的监督和管理,以及加强现金管理和防范财政风险,后者旨在加强立法机构对机构预算执行的监督,并为预算调整等决策提供相关信息。由于政府部门层面对外报告旨在满足对政府部门预算执行的监督与管理,因此,从这个角度看,政府部门层面的预算会计报告应采用中期报告。在部门层面,既可以提供预算和实际的比较报表,也可以另外提供预算资源及其所处状态的报告。

此外,对外预算会计报告通常是政府综合年度财务报告的一个组成部分,因此,还应注意预算会计报告和财务会计报告的相互协调,使预算会计报告服从综合财务报告的结构和内容安排,以最有效的方式满足外部利益相关者的需求。

2.政府财务会计

政府财务会计是以货币为主要计量单位,对政府组织的经济交易和事项,通过确认、计量、记录和报告等基本会计程序反映政府财务状况、现金流量以及财务绩效信息的会计系统。政府财务会计是财务会计一般原理在政府组织中的应用,它不但能够通过发挥监督和控制职能,在一定程度上克服政府部门内部的机会主义行为,促进政府履行受托责任,而且能够发挥反映职能,满足公共财务管理等对相关定量信息的需求,便于客观合理地评价政府绩效。

（1）会计主体

政府财务会计有基金和组织两类主体。

①基金主体

出于对预算资源专用性的控制,政府财务会计以基金为会计主体,能对资源按限定用途使用进行有效控制,强化政府在不同来源资金上的受托责任。

②组织主体

在政府财务会计中,以整个政府作为会计主体,能够从整体上反映政府层面的财务状况和财务业绩情况,评价政府整体履责能力和财政可持续性。以政府部门为会计主体,通过每个政府部门会计核算和报告,反映部门所承担的职责履行情况。

（2）会计基础

政府财务会计主要提供政府财务信息,其应用的会计基础主要是现金制与应计制,具体包括完全现金制、修正现金制、完全应计制和修正应计制四种。关于会计基础的定义前文概念界定部分已述及,这里主要针对政府财务会计核算内容,列表作简要的对比（表3-4）。

表 3-4　现金制与应计制两种会计基础的比较

目标	现金制	应计制
与法定预算的符合性	是	是
与法律、合同要求包括开支限制的符合性	现金需求和限制	现金和经济资源需求和限制
资源、分配和财务资源的使用	现金资源	现金和财务资源
提供基金和现金需求	现金需求	现金和其他财务要求
为活动提供基金和偿付负债与责任的能力	来自现金	来自经济资源
财务状况及其变化	现金状况	财务和经济资源
根据服务成本确定的财务业绩	未报告信息	提供评估业绩的必要信息

（3）财务会计报告

依据财务报告的反映内容,政府财务会计报告可分为对内报告和对外报告两类。

①对内报告

对内政府财务会计报告对应财务会计对内反映职能,旨在满足政府内部管理和监督需要,以及满足公共部门财务管理需要,以促进政府的行为受托责任,包括合规性受托责任和绩效性受托责任。

对内财务会计报告包括:会计主体内部,会计人员对管理者的报告,以满足公共财务管理需要;在狭义政府内,政府部门/单位对政府(或政府核心部门,如财政部门等)的报告,以满足委托人对代理人评价和监督的需要,以及满足核心部门财政管理需要;下属单位对主管部门进行的报告,以满足委托人对代理人评价和监督的需要。

②对外报告

对外政府财务会计报告是政府财务报告的主体和核心。根据财务会计的一般原理,通常包括政府层面的资产负债表、财务业绩表、净资产/权益变动表、现金流量表,以及会计政策和财务报表附注等。

——资产负债表能够提供政府的资产总量和结构信息、负债的总量和结构信息,以及净资产信息,从而反映政府总体的财务状况,有利于外部利益相关者评价政府的履责能力、偿债能力;净资产/权益变动表能够说明政府总体财务状况是改善了还是恶化了,以便于评价政府履责能力的变化。

——财务业绩表能够提供政府的收入总额、来源项目信息,以及政府当期履责所发生的费用/支出以及构成信息;如果建立了成本核算制度,该表还可以提供各类成本信息;收入和费用的比较表明政府当期的财务业绩情况。这些信息能帮助外部利益相关者评价政府当期给纳税人带来的税收负担情况,评价政府当期收入能够弥补费用/支出的情况,以及评价政府的服务成本及"3E"(经济性、效率性和效果性)情况等。

——现金流量表可以提供政府各类活动的现金流入流出情况,以满足评价政府的现金需求和未来借款需要。

——会计政策表和会计报表附注能够有效地说明上述几张财务报表编制的规则,以及对有关情况进行更进一步的解释和说明。提升财务报表有用性的做法通常有这样几种:增加各种非财务信息;政府绩效评价和审计,政府财务会计可以为它们提供定量信息,在这种情况下,外部利益相关者实际上在间接地使用财务会计信息;财务会计信息与预算会计信息的比较;提供更加详细的信息,如在基金会计主体模式下,提供基金会计报表,或主要基金的会计报表,以更好地反映政府对特定资源项目的受托责任。

3.政府成本会计

政府成本会计是以政府成本管理和成本控制为目标,采用专门的成本核算方法,反映政府提供公共产品或服务的成本项目及内容信息的会计系统。

政府成本会计通常以成本项目为会计主体,主要采用修正的应计制和完全的应计制两种核算基础,提供满足政府内部需要的成本会计报告。

政府成本会计报告是根据政府日常成本核算资料及其他有关资料定期或不定期编制,用以反映政府运营成本和服务成本水平,考核和分析政府组织在一定时期内成本计划或绩效目标执行情况及结果的报告文件。由于政府成本报告主要是为政府组织内部管理服务,其作用主要表现为以下几个方面:(1)提供政府组织(部门)在一定时期内的运营成本和服务成本水平以及各项支出情况。(2)根据成本报表可以分析成本计划或绩效预算的执行情况、考核计划或预算的完成情况。(3)本期成本报表的成本资料是编制下期成本计划和绩效预算的重要参考资料。由于对内导向,政府成本会计报告的种类、格式和编制时间都要根据政府级次和不同政府部门业务活动差异和管理的具体要求而定。

一般而言,政府成本报告包括三个部分内容:①主要成本报表以及附注。主要成本报表将包括运营成本表、服务成本表、主要业务(服务)单位成本表和项目支出明细表。在报表附注中可以对报表中的重要数字进一步说明或提供成本降低额等有助于使用者理解报表信息的具体信息。②其他成本报表。其他成本报表的目的主要是服务于政府内部的成本控制。其他成本报表主要包括责任成本报告(如政府机构的责任成本报告)、人员费用考核表和业务费用考核表等。其他成本报表的编制将具有更大的灵活性、针对性和及时性,同时报告主体也会具有多样化的特征。③成本分析报告。

4. 三个组成部分的关系

政府会计体系分成政府预算会计、政府财务会计和政府成本会计,实际上是政府会计产生和发展的必然趋势和结果。在上几个世纪,政府会计的主要任务是反映国家的财政交易,强调对财政交易进行记录,以确保君主的财力。从 19 世纪开始,随着议会制度的完善,为加强对政府收入的控制,政府会计信息的使用者发生了变化,国王、政府的执行机构、立法机构和公众都需要会计信息。而当政府活动范围扩展,预算成为公共政策的工具时,政府会计的任务发生了变化,政府会计发展为反映预算执行的工具,其目的在于确保预算拨款的合规性。自 20 世纪 80 年代以来,一些 OECD 国家兴起了"新公共管理"运动,目的是增加会计信息的透明度,促进良好的公共治理,最终提高政府管理水平。因此,很多国家在预算和会计中采用了应计制会计核算基础,以充分揭示政府资产和负债的信息。此时,政府预算会计与政府财务会计在政府会计体系中都占有重要的位置,两者并驾齐驱,共同发展。新公共管理倡导的建立以绩效和结果为导向的政府管理模式,促使政府关注的重点不仅包括满足政府外部信息使用者的需要,同时也要兼顾政府内部管理者的管理和控制需要,于是,在这种背景下催生了政府成本会计。

政府会计体系具体构成三个部分区别归纳如表 3-5 所示。

表 3-5　政府会计体系具体构成内容的比较

项目	政府预算会计	政府财务会计	政府成本会计
目标	预算合规性、预算控制	政府受托责任	成本管理、成本控制
信息范围	预算收入、预算支出、预算结余	政府债权、债务、投资、国有资产管理、现金流量	政府运营成本、政府服务成本
信息使用者	政府预算执行机构、立法部门、公众等	债权人、投资者、立法机构、各级政府部门、公众等	政府内部
会计主体	基金、组织	基金、组织	成本项目、责任中心
核算基础	现金制、责任制、应计制	现金制、修正现金制、应计制、修正应计制	修正应计制、应计制
会计报告	预算会计报告	财务会计报告	成本会计报告

第四章
美国政府会计模式的变迁

▶▶▶

美国作为当今世界综合国力最强的国家,对世界范围内许多国家的经济和社会发展产生重要的影响。其政府会计模式及发展路径也一直是世界其他国家所效仿的对象,因此,本书首先以美国为案例,来分析其政府会计模式变迁的内在规律并讨论美国政府会计模式对我国政府会计模式建设的借鉴意义。首先,分别简要回顾美国联邦制国家组织形式下形成的联邦和州与地方政府会计模式发展的历史轨迹,其次,运用本书提出的政府会计模式变迁理论框架来分析美国政府会计模式从初步创立到发展的特征,最后,总结美国政府会计模式变迁的启示和可资借鉴之处。

第一节 | 美国联邦政府会计模式变迁的历史轨迹 ▶▶

本书将美国联邦政府会计模式变迁的历史进程划分为三个阶段:独立后至 20 世纪 20 年代的初步创立阶段,20 世纪 30 年代至 70 年代的形成阶段和 20 世纪 80 年代至今的发展阶段,下面将按照这三个阶段依次进行分析。

一、美国政府联邦会计模式的初步创立

政府会计与政府预算存在天然的联系,因此政府预算发展过程的梳理能够从中找到政府会计形成和演进的轨迹。

早在 1789 年美国政府颁布《宪法》时,就对政府预算和会计的管理作出了明确的规定:"国库资财不能被提取,除非根据法律确定的拨款,所有公共资财的收入和支出的定期报告和账目应该及时发布。"宪法将征税权和根据拨款法案进行开支的权力赋予国会,而总统及其行政机构则没有正式的角色和权力。

当时的财政部长主要充当政府出纳的角色,其核心职责是记录政府的现金余额、收入和支出,汇总部门支出预计并递交给国会,而不能修改或发表任何见解。因此,宪法的这一规定使得国会对政府会计管理在行政、立法和司法三者平等享有权利的同时处于首位。

1789年《宪法》通过的同年,国会还通过了《财政部法案》(The Treasury Act),规定财政部内设立审计师和会计师,并要求财政部向国会提交年度报告。在19世纪的后半叶,国会通过要求按季度分配年度拨款以及提交预算执行报告等方式,防范不合法规的支出和超额的支出。1894年,国会通过的《道克里法案》(Dockery Act),进一步要求财政部向国会提交年度收支综合表。财政部通过发布年度现金流量和余额表作为美国政府官方的财务报告,履行其报告义务。

美国南北战争的爆发和国会预算权力的分散,导致国会于1921年通过了具有里程碑意义的《预算与会计法案》(简称法案),它为美国政府预算和会计带来了许多根本性和实质性的变化:(1)第一次以法律的形式在国会制定拨款法案之前给总统一个在预算编制中发挥作用的正式职权,标志着总统获得了预算过程中的正式角色和地位。(2)建立了预算局①(Bureau of the Budget,BOB),帮助总统准备年度预算和制定政策,为总统提供技术和信息上的支持,在一定程度上改变了国会与总统之间预算权力的不均衡现象。(3)通过设立审计署(Government Accounting Office,GAO)来监督政府的开支行为,从而使行政与立法部门之间的权力博弈发生了结构性调整。国会对政府会计的管理由直接的控制转变为间接的监督。审计署集会计和审计职能于一身②,其会计职能体现在为行政管理机构规定会计原则与标准,提出有关财务的法律意见,并向国会提出报告;审计职能体现在代表国会独立行使监察权,负责调查所有与收入、支出和公共资金的使用有关的事务,确保政府资金依法使用,遇有违法者予以纠正或向国会报告。审计署独立于行政系统之外,其独立性主要是为了防止行政机构对它施加不正当的压力。审计署设审计长一人,由总统提名,经参议院同意任命,任期15年,只有通过国会两院联合决议方可免其职务。

---

① 预算局最初对国会负责,1939年从财政部移到总统行政办公室,成为总统的办事机构,罗斯福时代成为大政府的一个关键部门,重权在握。它虽然没有自己的钱,除了总统授予的权力外也没有其他权力,却处于决策的中心。在尼克松时代,预算局的权力范围得到进一步扩大,并更名为预算与管理办公室(OMB)。

② 在随后的70年,这种会计和审计职能集中于一个机构的局面一直备受争议。

从 1789 年《宪法》颁布到 1921 年《预算与会计法案》的通过,标志着美国联邦政府会计模式的初步形成。这一阶段政府会计模式有以下特征:(1)初步形成了政府会计管理框架:国会拥有管理主导权,财政部行使会计职能,负责具体的实务工作,审计署在国会的领导下行使监督职能,但身兼会计和审计二职使得其独立性受到质疑。(2)政府会计规范零散,主要由审计署制定和颁布的各项政府会计原则和标准组成。(3)政府会计体系单一,主要由预算会计系统构成,用于追溯预算执行各阶段的支出授权,包括从通过分摊和分配进行拨款,到最终支出的各个阶段。美国国会及其执行机构将这个系统用于在总量水平上评价联邦政府财务活动的经济意义,也用于在更为具体和细分的层次上来计划和控制政府的运营活动。政府会计系统局限在对预算运营的记录上,只有影响预算的交易才能得到记录。

二、美国联邦政府会计模式的形成

1929—1933 年世界性经济危机使得主张国家干预经济的凯恩斯主义应运而生。在凯恩斯主义指导下,罗斯福总统实施"新政"①,对美国经济的恢复和发展起到了一定的作用。在国家干预经济政策的指导下,1937 年布朗洛委员会②倡议由一个强势的预算帮助总统集中财政管理权。它承认有效的财政管理要有良好的会计制度来控制支出。由于忠诚地履行法律(包括拨款法)是总统的职责所在,委员会因此认为,会计也是一种管理职能。委员会因此倡议GAO 的会计和审计职能分离。它特别提议,"规定和监督联邦机构会计制度、形式和程序的授权应转移并授权给财政部长"。这样能使 GAO 专心于事后审计的职能,即在行政管理机构完成其任务后开始审计。随着联邦政府支出的日渐扩张,其运营在二战期间和战后扩展到世界的许多角落,GAO 发现不可能审核所有的凭单。1947 年,审计长、财政部长和预算局长达成协议,在一项改良政府会计的联合项目中合作:GAO 同意限制其在准则和指南制定方面的作用,提供技术援助,把会计制度运营权交给各部门。审计长埃尔默·B.

---

① "新政"的内容主要是:放弃传统不干预经济的主要做法,全面整顿金融业;通过《工业复兴法》,对工业加强管理;举办公共工程以增加就业等。

② 布朗洛委员会是指 1936 年由罗斯福总统提名全国最著名的 3 位公共行政专家——路易斯·布朗洛(Louis Brownlow)、查尔斯·E. 默里安(Charles E. Merriam)和卢瑟·古里克(Luther Gulick)——参加新成立的"总统行政管理委员会",这个委员会由布朗洛担任主席,因而也被称作"布朗洛委员会"。该委员会主要致力于开展各项改革来加强总统对行政机构的控制,提高行政效率。

斯代茨(Elmer B. Staats)在 20 世纪 60 年代恢复了该项目,并将其范围扩大到财务管理。

随着政府干预经济功能的增强和预算支出总量的不断上升,预算制度的效率成为政府重点关注的问题。1949 年,在第一届胡佛委员会①(The First Hoover Commission,1947—1949)的推动下,美国联邦政府开始采用绩效预算(performance budget,PB),通过对项目信息和资源信息的综合考虑,来评价政府部门工作的表现与管理成效。第一届胡佛委员会建议开始应用应计制会计,但当时由于没有提出较为成熟的建议而未被采纳。

1950 年《预算和会计程序法案》的通过,从法律的层面为改革联邦政府会计体系提供了依据。在审计署的指导下,一些政府部门开始建立新的会计体系,但未触及联邦政府整体层面的会计体系。1955 年,第二届胡佛委员会再次推荐应用应计制会计。在其推动下,1956 年通过了一项要求各个政府机构尽快应用应计制会计的法案。该法案颁布后,两个联邦部门随即提交了基于应计制基础编制的预算,但国会没有作出任何评论就否决了这两项预算,之后应计制会计基础就再没有得以实行。虽然 1967 年成立的总统预算概念委员会也支持应计制会计,但直到 1975 年,阿瑟·安达信会计师事务所(Arthur Andersen & Co.)发布了首份基于应计制的联邦政府合并财务报告,才引起了当时的财政部长实质性的关注,他提名设立咨询委员会,继续探讨研究安达信会计师事务所的建议。委员会制定了指南,在随后的 20 年,财政部每年改进并发布未经审计的合并财务报告样本。与此同时,财政部继续发布其原有的现金制年度报告,作为美国政府的官方报告。

从 20 世纪 30 年代罗斯福总统新政至 70 年代,联邦政府会计模式实现了从初具规模到正式形成的转变。这一阶段政府会计模式有以下特征:(1)政府会计管理框架的调整。在原有政府会计管理框架基础上,审计署专门从事审计职能,财政部负责制定各项会计规则和程序。(2)政府会计规范单一,根据1950 年《预算和会计程序法案》的规定,审计署颁布各部门必须遵守的会计规则和程序,而且要求部门的会计系统必须通过审计署的批准。(3)"双轨制"政府会计体系,具体由两部分组成:①传统的预算会计体系;②融入企业会计的

① 这一组织的正式名称是美国行政部门组织委员会,任务是寻求精简联邦政府部门和提高工作效率的途径。然而,该委员会却提出建议,要求大幅度增加总统行政办公厅的管理能力。该委员会 72% 的建议被采纳,包括 1949 年重组法及 1953 年成立的卫生、教育与福利部。

通行做法的财务会计体系。建立"财产"类账户,记录了在预算账户中没有得到反映的资产和负债。相应的财务报告也按照类似企业的会计准则列示"财务状况"和"运营结果"。

三、美国联邦政府会计模式的发展

20 世纪 80 年代以来,美国"石油危机"引发的经济危机,延续了 60 年代开始的联邦政府连年巨额财政赤字(如表 4-1 所示),财政税收难以支持持续经济增长所需的预算支出,也无法兑现政府的福利承诺,这使得国内各方面的矛盾迅速激化,公众对政府的公共管理水平严重不满。

表 4-1　1960—2000 年联邦政府赤字及债务

单位:10 亿美元

年份	收入	支出	盈余或赤字(—)	支出占 GDP 的百分比	公众持有的联邦债务	联邦债务占 GDP 的百分比
1960	92	92	0	18	237	56
1970	193	196	—3	19	283	38
1980	517	591	—74	22	712	33
1990	1 032	1 253	—221	—	2 412	56
2000	2 025	1 789	236	18	3 410	58

数据来源:转引自[美]陈立齐著,陈穗红、石英华译:《美国政府会计准则研究:对中国政府会计改革的启示》,中国财政经济出版社 2009 年版。

为此,美国进行了以建设高效率政府为目标的政府改革,加入了 20 世纪 80 年代西方主要工业化国家开展的引入私营部门和企业管理的理论和经验基础,旨在提高政府和公共部门管理的绩效水平的新公共管理改革的洪流。

国会在 1993 年通过了《政府绩效与结果法案》(*The Government Performance and Results Act*,GPRA),同时成立了由副总统戈尔领衔的"国家绩效评审委员会"(National Performance Review,NPR),将新公共管理改革推向高潮。改革的重要结果之一是推行绩效预算。[①] 新公共管理改革背景下的

① 实际上这里称为绩效预算并不够准确,早在 20 世纪 50 年代时就已在美国各层政府盛行并对美国政府产生了深远的影响,后来被计划项目预算所替代。据调查显示,州和地方政府却一直采用绩效预算。准确地说是新公共管理运行使绩效预算复归,当然被赋予了新的内涵。

绩效预算是通过将战略规划、绩效衡量、结果评估与公共预算过程有机融合，从而形成一种新的以绩效为基础、以使命为驱动、以结果为导向的公共预算模式与制度。① 新绩效预算实际上是一种多元预算模式，因为自上而下的过程使基层单位及管理者获得了实质性的预算权力，从而成为新的预算权力中心；强调权力分散与下放则使更多的主体涉入公共预算中来，如基层管理者、其他行政机构等；新绩效预算非常强调受托责任，主张公众参与，这又使公众、社会群团及传媒参与到预算中来，并成为新的预算权力中心。

从管理导向到产出或结果导向预算管理模式的转变，要求政府会计能够提供更多反映政府成本和绩效的信息。在这种要求下，1990 年国会出台了《首席财务官法案》（*Chief Financial Officers Act*，下文简称法案），揭开了政府会计全面改革的序幕。法案开启了三个重要方面的变革：

1. 设置首席财务官

根据法案的要求，联邦政府 24 个主要代理机构以及管理与预算办公室中设置首席财务官职位，来帮助提供领导力和凝聚力，不断推进市县财务管理信息系统的现代化，包括业绩系统计量、成本信息开发以及项目、预算和财务制度的合并等改革，这在政府管理领域是一个重要的里程碑。首席财务官下设有财务、会计等其他几个不同的职能部门，他们都是按照财务管理办公室规定的职能进行工作，同时负责对人员的培训。

2. 财务报表编制及审计

法案要求，从 1991 财政年度起，联邦政府部门根据公认会计原则（GAAP）每年编制部门财务会计报表与联邦政府的合并财务会计报表，并且报表必须经过审计。1994 年《政府管理改革法案》（*Government Management Reform Act*）进一步扩大了报告和审计的范围——包括政府最大的 24 个部门和代理机构的政府财务报告以及整个政府的财务报告，而且部门财务报告和准备金以及美国政府整体的财务报告都要经过审计。为了扩大影响，1996年《联邦财务管理改进法案》还要求联邦政府部门应该实施和确保财务管理系统在交易处理层面充分遵守联邦财务管理系统的要求、会计准则和政府标准通用分类账。

---

① 除联邦这一层级外，美国州和地方政府也进行了一系列以绩效为导向的预算改革，这些改革有的是早于联邦而进行，但更多的是与联邦同步或是在联邦之后。州和地方政府所进行的新绩效预算改革既是对 20 世纪 50 年代绩效预算遗产的继承，也是对联邦新绩效预算改革的不断拓展和完善。

3.成立联邦会计准则咨询委员会

美国实行三权分立,导致了联邦政府会计准则应由行政部门(财政部或管理与预算办公室,OMB)还是由立法部门(审计署,GAO)制定的长期争论不休。为消除分歧,1990年,美国财政部、管理和预算局、审计署达成协议,共同组建了联邦会计准则咨询委员会(FASAB),并规定FASAB制定的联邦会计准则,须得到财政部、管理和预算局、审计署同意后,才可公布实施,三者在准则制定过程中均享有一票否决权。为解决复杂多样的技术性问题,委员会同时采用了综合方法和增量方法。综合方法是讨论和制定联邦会计概念框架,增量方法是在概念框架下制定具体的会计准则。

从1993年起,FASAB陆续颁布了一套同时采用现金制和应计制基础的会计标准,也就是目前美国联邦政府所使用的联邦财务会计概念公告第1号和第2号,以及联邦财务会计准则公告第1号至第8号,但这套同时存在双重支出核算基础的新会计标准却给联邦政府部门的会计工作造成了许多混乱。

1998年,美国财政部依据这套新会计标准发布了第一套基于整个政府范围的财务报告,即1997年的联邦政府财务报告。但由于应计制基础尚未在联邦政府中得到广泛应用,除这套报告之外几乎没有什么其他的基于应计制基础的财务资料,使得这套报告中的各项金额缺乏足够的相关材料来验证其可靠性。不可避免的,美国审计署对这套联邦政府财务报告出具了拒绝表示意见。

直至1997年FASAB才开始对联邦政府的合并财务报表和主要政府机构个别报表采用应计制;要求政府支出确认采用修正的应计制,收入确认则采用修正的现金制,且仅限于报告主体具有明确可辨认、金额可合理估计、依法可要求偿付现金或其他资产权利时。

虽然自1998年之后每年都有越来越多的政府机构采纳美国联邦会计准则顾问委员会的准则,但可用于支持财政年度报表信息可靠性的相关资料仍不足以改变联邦审计长对财政年度报表的审计意见。随后年度发布的联邦政府财务报告无一例外地被审计署出具了拒绝表示意见。

在2003年度的审计报告中,审计署再次明确指出:美国联邦政府财务系统、基础簿记以及财务报告等方面存在的许多重大缺陷,妨碍了联邦政府对相当一部分重要资产、负债和成本进行准确报告的能力;影响了联邦政府准确地计量全部成本和特定项目的财务业绩以及有效地进行项目管理的能力;严重损害了联邦政府充分保护重要资产和恰当记录各种交易的能力。而在各个政府部门中,同样的原因使得各部门的财务系统通过正常程序所提供的信息根本不足以使财务报告通过审计署的审计,政府部门不得不花费上亿美元的代价,采用大量的特别程序,在财政年度结束数月后才能编制出能够让审计署满意的财务报告。

在 20 世纪 80 年代新公共管理影响下发展至今,美国联邦政府会计模式逐渐发展成熟。这一阶段政府会计模式有以下特征:(1)政府会计管理框架的完善,主要体现为建立了首席财务官负责制,联邦政府会计管理由首席财务官负责进行;成立了专门的会计准则制定机构,制定适用于联邦政府的会计准则。(2)政府会计规范体系的完善,建立了以概念框架为统领,具体会计准则为补充的准则体系。(3)政府会计体系具体构成的扩展,在政府预算会计和政府财务会计"双轨制"基础上,增加了政府成本会计的雏形。

第二节　美国州和地方政府会计模式变迁的历史轨迹　▶▶

与联邦政府会计模式发展的时期大致相同,本书对美国州和地方政府会计模式变迁的历史进程也划分为三个阶段:进步时代的初步创立阶段,20 世纪 30 年代至 70 年代初的形成阶段和 20 世纪 70 年代中期至今的发展阶段。以下依次进行分析。

一、美国州和地方政府会计模式的初步创立

19 世纪后半期,美国经济和社会发展十分迅速,然而工业化和城市化的消极后果也充分暴露出来,政治上的腐败、经济上的垄断、社会道德的沦丧带来一系列严重问题,引发了一场社会各阶层参与的"进步主义运动",这一期间被称为著名的"进步时代"。[①] 在进步时代改革的推动下,美国的政治经济制

---

① "进步时代"(Progressive Era)是美国历史上非常重要的一段时期。对于这一时期何时开始何时结束,历史学家有许多争议。但是,不少学者同意这一时期大致包括 19 世纪 90 年代到 20 世纪 20 年代的这段时间(例如 Buenker & Kantowicz,1988;Crunden,1984;Khan,1992;Flanagan,2007)。"概括地说,进步主义运动是美国进入工业时代之后的第一次大规模社会改革运动,是对工业社会的种种新的难题和挑战的社会性反响。"(张友伦、李剑鸣,1992)从本书的视角来看,工业化带来的城市化及其产生的各种新的社会需求和传统城市政府的落后性质,决定了城市政府改革成为进步时代政治改革的焦点之一。进步时代的美国政府会计制度改革主要发生在城市等地方政府会计而非联邦政府会计领域。

度都发生了诸多重大变革,其中城市政府改革成为进步时代政治改革的焦点之一。当时美国的城市政治体制的特点是:"政党投票构成了政治参与的主要途径,而对资源和特权的分配,构成了政府大多数活动的内容。"(McCormick,1977;Argersinger,1982)这种体制的结果是官商勾结,政治腐败横行,引发社会各界的强烈不满。州和地方政府会计改革,正是在这样的背景下发动的。[①]

政治改革家、会计职业界及商业盟友是改革的主要行动者。他们认为要结束官员腐败,实行更大程度的公众控制,满足城市居民日益增长的公共服务需求,需要建立良好的政府会计体系。为此,工商界行业协会发动了一场运动,要求政府经济和有效地运营,合理地借鉴商业经验和建立良好的会计制度。同时,加大对政府会计理论研究的力度。1878年发表的《公共会计》是美国最早的关于市政会计的论文。但这个小册子在当时似乎没有造成什么影响。但是,到19世纪末,根据进步主义政府会计改革领袖之一的哈佛·蔡斯的总结,已经有一批有关政府会计的著作出版。

纽约市政改革在这一阶段改革中最引人注目和最具影响力。在梅兹(纽约市审计长)基金会的资助下及克利夫兰的领导下,纽约市政研究局[②]开展了许多卓有成效的研究,在市政中引进了企业实践和会计程序,并出版了一系列有关城市运营方法的梅兹手册,包括《梅兹城市会计手册》。手册中首次把有关城市会计的基本特征和要求的论述整合在一起,并简要地讨论了具体的会计处理方法。

进步时代的改革催生了美国州和地方政府会计,这一阶段政府会计模式有以下特征:(1)市政部门的行政主管拥有对会计工作的管理权。(2)发布市政会计和报告的原则,指导市政会计实务。(3)建立基金会计模式核算政府会计实务。

二、美国州和地方政府会计模式的形成

1929年美国经济大萧条和全球经济衰退,收入不足导致政府面临着财政危机、无力偿还到期市政债券。1934年,在市政财务官员协会(MFOA)的资

---

① 进步时代美国地方政府会计改革内容详见马骏:《经济、社会变迁与国家治理转型:美国进步时代改革》,载《公共管理研究》2008年第1期。

② 1905年,纽约市推行改革的会计师与反对城市腐败的社会改革者们走到了一起,决定共同成立一个独立的公民代理机构,来探索城市政府改革的科学原则。次年他们成立了"城市改进局",并于1907年正式组建了"纽约市政研究局"。

助下,美国市政协会等九个组织联合成立了全国市政会计委员会(NCMA),制定并发布了若干政府会计原则公告,提倡通过统一术语和账户结构加强会计和预算的联系,强调预算和财务信息的协调一致,要求采用应计制会计,但未要求对一般固定资产计提折旧。

NCMA首先暂时保留了原来的市政会计和报告的大部分原则,并对此进行汇编;同时开始对市政会计深入研究,极力主张让独立的财务官员负责政府单位的会计和财务报告;在研究基础上发布了许多市政会计原则公告。

由于二战的爆发,NCMA被迫于1941年解散。1948年MFOA恢复了NCMA活动,并改名为全国政府会计委员会(NCGA)。NCGA修订了NCMA所发布的会计原则和公告,并进行审计程序研究,于1951年出版了《市政会计和审计》,1968年出版了广为人知的"蓝皮书"——《政府会计、审计和财务报告》(GAAFR)。GAAFR成为政府会计人员、审计人员和其他财政从业人员的"圣经",从此会计、审计和财务报告开始有了统一标准。

GAAFR虽然保留了原来的大部分会计原则,但更强调预算的重要性,要求会计制度对"普通政府的收入和支出提供预算控制",并要求每个政府单位"无论法律是否要求"均需编制年度预算。GAAFR规定政府会计仍然保持其基金会计模式,但调整了基金结构,并修订了应计制基础——企业基金、信托基金、资本项目基金、特种估价基金以及内部服务基金,建议采用应计制;而普通基金、特种收入基金和偿债基金,建议采用修正的应计制。

这次改革的主要成果是出版了GAAFR,规范了公认会计原则。这些会计原则强调遵守法律法规、预算及公共财务管理等有关条款的重要性。然而GAAFR对修正的应计制的界定相对模糊,修正幅度可大可小,不便于操作,且不利于会计信息的比较。

从20世纪30年代经济危机到20世纪70年代初,美国州和地方政府会计模式正式形成。[①] 这一阶段政府会计模式有以下特征:(1)成立了专门的准则制定机构——全国市政会计委员会(NCMA),发布政府会计原则和公告指导实践工作。(2)以原则和准则的方式,规范政府会计实务。(3)会计体系具体构成仍然主要采用基金会计模式,但调整了基金结构及相应的会计基础——企业基金、信托基金、资本项目基金、特种估价基金以及内部服务基金,

---

① 美国州和地方政府会计模式的形成和发展参考:Chan,J. L. ,Reforming American Government Accounting in the 20ᵗʰ Century, Liou,K. T. ,*Handbook of Public Management Practice and Reform*, New York:Marcel Dekker,Inc,2000:97~121.

建议采用应计制;而普通基金、特种收入基金和偿债基金,建议采用修正的应计制。

三、美国州和地方政府会计模式的发展

直到 20 世纪 70 年代中期之前,美国州和地方政府会计被预算实务所主导。预算系统以基金的形式组成,并进行基金类型的细分。20 世纪 70 年代,奉行凯恩斯功能财政思想、实施政府干预经济政策的美国,许多地方政府发生了预算支出膨胀、公共债务负担加剧等财政危机,暴露出会计体系存在缺陷。政府会计改革再次启动,其主要目标是如何反映政府对公共资源使用与管理的受托责任。根据会计管理主体不同将这一时期分为两个阶段进行分析。

(一)设立全国政府会计理事会阶段

1974 年,由代表联邦政府、州和地方政府、会计职业界、财务官员协会和学术界的 21 个兼职会员组成的全国政府会计理事会(NCGA)成立,它取代了全国政府会计委员会(NCMA),作为一个常设机构制定州和地方政府会计原则。

在 20 世纪 70 年代中期,纽约、芝加哥和克利夫兰等城市相继爆发了财政危机,这些危机暴露了政府会计实务的重大缺陷,引起了人们对市政财务管理和会计实务及基本会计原则的广泛思考和深入研究,面对这种情况,NCGA 采取了一项短期计划和一项长期计划应对危机。

短期计划是尽快重新检验并修订 GAAFR 会计原则,出台了 NCGA 第 1 号公告《政府会计和财务报告原则》。与 GAAFR 相比,该公告有如下显著变动:(1)当公认会计原则与法律条款冲突时,倾向于支持公认会计原则,并建议平常会计处理遵守法律、法规条款,年底再按公认会计原则(GAAP)编制财务报表;(2)要求编制中期财务报告,发布"通用财务报表";(3)明确要求提供预算比较信息;(4)将基金划分为三大类型:政府基金、权益基金和信托代理基金,从另一角度又将基金分为可支用基金和不可支用基金。权益基金遵守企业部门 GAAP,可支用基金采用修正的应计制,而不可支用基金采用应计制。

长期计划是在联邦机构的重大资助下,NCGA 加强会计理论研究,确定了政府财务信息的当前及潜在使用者的范围,并制定合理的政府会计概念框架。长期计划的相关研究是制定 NCGA 第 1 号公告的基础,并影响了 GASB 第 1 号概念公告的形成。NCGA 研究人员推荐州和地方政府会计的财务报告目标为受托责任和决策有用。此外,NCGA 还发布了养老金和租赁等会计准则。

（二）设立政府会计准则委员会阶段

作为州和地方政府会计准则制定机构，NCGA 从成立后立即开始研究和发布会计准则指导实务工作，但这些准则并没有被美国注册会计师协会（AICPA）认可成为美国公认会计原则，而且 NCGA 也缺少资源来改进它的工作。于是，州和地方政府从 1980 年就开始寻找设立另外一个准则制定组织。新设立的准则制定机构需要得到三方的认可：首先是获得政府的支持；其次是 AICPA，因其有权确认谁能制定 GAAP；最后是代表金融市场的债券等级评价机构（Bond Rating Agencies，BRA），因其要求财务报告由审计师根据 GAAP 来进行审计。

经过多年协商之后，财务会计基金会（Financial Accounting Foundation，FAF）在 1984 年成立政府会计准则委员会（GASB）。GASB 要求继续实施原来 NCGA 制定的会计准则，并继续对许多 NCGA 未完成项目及开始对用户需求项目等进行研究。1986 年，AICPA 承认 GASB 是州和地方政府会计准则的制定者。为了协助 FAF 和 GASB 推动州和地方政府会计准则的制定工作，FAF 另外设立了政府会计准则咨询委员会（GASAC）来负责 GASB 的议事日程、项目安排优先次序、出现问题、工作组的选择和组织等技术问题。GASAC 由政府会计部门、审计部门、财务分析师业界等近 30 人组成，广泛代表了财务报表编制者、外部审计和其他信息使用者等。

从 20 世纪 70 年代中期全国政府会计理事会的成立发展至今，美国州和地方政府会计一步步迈向成熟。这一阶段政府会计模式有以下特征：(1)专门成立了独立的准则制定机构，发布州和地方政府会计和财务报告准则，并进行政府会计管理。(2)建立了以概念框架为统领，具体会计准则为补充的准则体系，指导州和地方政府会计实务。(3)保留预算会计系统（即基金会计），财务部门人员负责预算编制并按照预算法规进行日常核算和报告；年末将现金基础的预算信息调整为应计制基础的会计信息，抵消内部交易事项，然后加入固定资产等长期资产和长期负债的信息，然后编制应计制基础的财务会计报表。

第三节 美国政府会计模式变迁的理论分析 ▶▶

本节主要根据本书第三章构建的政府会计模式变迁的理论分析框架，从理论角度对美国政府会计模式变迁的过程和特征进行分析和解读。

一、美国政府会计模式变迁的制度环境及其影响

回顾美国政府会计模式变迁的进程，主要受到政治、经济、法律和文化环境的制约和影响。下文主要从这四个方面来分析和解读制度环境的变化如何塑造了美国政府会计模式。

（一）美国政府会计模式变迁的政治环境

构成政治环境因素的政治体制、国家组织结构和政府行政管理模式，从不同的层面和角度对美国政府会计的形成和发展产生影响。

1. 总统制政治体制

美国的政权组织形式为总统制，同时根据 1789 年《宪法》的规定，实行立法、行政、司法三权分立。国会为最高立法机构，拥有立法权、财政权、批准任命权、调查权和弹劾权等重要权力；行政机构负责执行立法机构颁布的法令，总统是行政机构的核心，是国家元首、政府首脑兼武装部队总司令；联邦最高法院是最高司法机构，司法机构负责解释宪法、立法机构制定的法规。

宪法规定的三权分立政权制度对美国政府会计的形成发展有着深远的影响。权力制衡是贯穿始终的一个基本理念。由于三权分立和政府立法与行政部门间的制约，导致各个机构之间因为观点的差异以及维护各自在政府机构中特权的需要而存在各种矛盾和冲突。正是在这些矛盾和冲突的对抗和解决过程中，促进了政府会计模式的形成和发展。

这种权力分立导致美国政府内部长期存在两种权力纷争：（1）立法机构和行政机构之间的权力争夺。从 1789 年宪法实质上赋予国会更多的预算控制权，到 1921 年《预算与会计法案》以及 1950 年《预算和会计程序法案》影响下总统夺回预算管理权，再到 1993 年《政府绩效与结果法案》开启的新公共管理改革时期，国会和总统及行政机构之间一直上演着关于政府预算管理主导权的争夺之战。（2）同一政府中属行政部门的预算局和会计部门之间的权力争夺。预算局主任通常由行政首长（总统、州长、市长）直接任命，具有长远的战略目光和较高的政治敏感度，遵循有关预算法律、法规进行预算管理。而政府会计部门主计长或首席会计师被认为是官僚，遵循全国通用的会计准则进行会计和财务管理。

为了减少政治冲突造成功能瘫痪的后果，程序被设计和改变以便于在制定政策中达成一致。因而建立联盟成为美国政治体系和政府中解决冲突的良好方式。这一点也深刻地体现在美国政府预算与会计发展过程中。例如，美国政府会计准则制定机构的产生就是一个典型的例子。

2.联邦制国家组织结构

根据 1789 年《宪法》的规定,美国的国家结构实行联邦制,联邦政府与州和地方政府之间有明确的权力划分,保持相对独立。联邦政府主要负责外交、国防、法律制度、社会保障和各州间的商务,对各州政府无直接管辖权;州与地方政府主要负责提供面向社会公众的公共服务,如负责环保、道路养护和建设、大专院校管理等。地方政府享有高度的自治权,实行高度的地方自治;各州由当地政党控制,有相对独立的宪法,各州的借款筹资无须经联邦政府批准。

这种分权型的联邦制国家组织结构对美国联邦政府与州和地方政府的公共预算和会计有着决定性的影响。它从宪法的高度,规定了联邦政府与州和地方政府有各自管辖范围内的财政法律和制度,由此决定了联邦政府与州和地方政府由不同的会计管理机构,建立不同的会计规范,来指导各自范围内的会计实务工作。这一点后来也得到了证实:美国联邦政府与州和地方政府各自建立了不同的准则制定机构,建立两套不同的政府会计准则体系,来规范和指导各自范围内的政府会计实务工作。虽然联邦政府能够而且确实将预算、会计、财务报告和审计要求附加在对州和地方政府的补助和合同上。但是,它不能也不指导州和地方政府的总体会计工作。①

3.政府行政管理模式

美国从"服从性"组织文化和以规章为本的传统公共行政模式,转变为新公共管理影响下绩效导向的现代政府管理模式,对政府会计核算和报告的具体内容提出了更高的目标,引发政府会计模式的变革。在进步时代市政改革中萌发的美国州和地方政府会计,其主要目的是满足当时社会各界反对政治腐败的诉求,提供客观、真实和透明的信息,反映政府拥有的经济资源和承担的债务。在 20 世纪 80 年代后形成的现代政府行政管理模式下,政府会计还应反映公共资源优化配置和合理使用的情况,还要能够反映政府公共部门的绩效状况;不但要了解政府和部门之间的详细、具体的信息,更要能够掌握政府整体综合、概括的信息。

(二)美国政府会计模式变迁的经济环境

经济环境的变化是直接导致政府会计演变的因素,其中经济发展水平、政

---

① 例如,在 20 世纪 70 年代中期一系列市政财务危机爆发之后,联邦政府建立了一项财力分享计划,帮助州和地方政府改进其财务管理。该计划给予政府财务官协会(GFOA)100 万美元的赞助,用来完善州和地方政府的会计准则。但是,其影响没有延续到补助期之后。

府财政管理体制和政府预算管理模式的影响尤其显著。

1.经济发展水平与经济制度

从独立至今,美国经济得到飞速的发展,目前已成为当今世界经济发达的国家之一。经济发展水平体现出一个国家所处的经济发展阶段,在不同的经济发展阶段,需要政府会计行使的职能和发挥的作用有所不同,从而推动政府会计的演变。从1789年《宪法》颁布到美国南北战争时期,政府会计作为政府预算的附属和延伸功能,其核心职责是客观和详实地记录和报告政府预算资金的收支及使用情况,为国会监督政府财政资金的使用情况,从而为确保政府资金安全完整并依法使用提供必要的信息支持。从20世纪30年代罗斯福总统新政到70年代是美国国家干预经济政策发挥重要作用,促进经济恢复和快速发展的时期,在这一时期,政府会计逐渐独立于政府预算,从现金制到应计制会计基础的转变,发挥了控制支出的职能并帮助政府管理者提高了财政管理水平,提高公共资金使用的经济性、效率性和效果性。20世纪80年代以来至今,在新公共管理影响下,美国以建设高效率政府为目标的政府管理改革,要求政府会计能够提供更多成本和绩效方面的信息,为公众和其他信息使用者评价政府履行公共受托责任情况并作出决策提供帮助。

2.政府财政管理体制

美国联邦制国家组织结构,决定其实行联邦主义财政管理体制,即联邦政府、州和地方政府在各自范围内管理财政事务,并保持较高的独立性。联邦政府收入主要来源于税收,其中企业所得税和个人所得税占大部分,其他还包括销售税、遗产税、关税等。联邦政府支出主要包括军事和国防安全、以养老金和健康保险为主的社会保险支出。

除了联邦政府提供的补助外,州和地方政府收入主要来源于税收,此外还包括事业性收费、公共事业投资和托管收入。州和地方政府支出主要集中在教育、公共福利、高速公路等基础设施等方面。表4-2简要反映了州和地方政府财政收支组成及其变化情况。

表 4-2 1990—2003 年州和地方政府财务概览

单位:10 亿美元

年　份	1990 年	2000 年	2001 年	2002 年	2003 年
收入	1 032	1 942	1 891	1 808	2 047
来自联邦政府	137	292	324	361	389
来自州和地方	895	1 650	1 566	1 446	1 658

续表

年　份	1990 年	2000 年	2001 年	2002 年	2003 年
一般的净政府间收入	713	1 249	1 323	1 324	1 374
税收	503	872	914	905	939
财产税	156	249	264	279	297
销售税和总收入税	178	309	320	324	338
个人所得税	106	212	226	203	199
公司所得税	24	36	35	28	31
其他税收	39	66	69	71	74
收费和杂项	211	377	409	419	435
公共事业和酒商店	59	90	100	107	108
保险信托收入	124	311	143	15	176
直接支出	973	1 743	1 895	2 044	2 160
按照功能划分:					
一般直接支出	832	1 503	1 622	1 731	1 818
教育	288	522	564	595	621
高速公路	61	101	107	115	118
公共福利	107	233	257	280	306
医疗卫生	24	51	53	59	62
医院	50	76	81	87	93
治安防卫	31	57	60	64	67
消防	13	23	25	26	28
监狱	25	49	52	55	55
自然资源	12	20	22	22	23
卫生设施和污水排放	28	45	47	50	52
住宅和社区发展	15	27	27	32	35
公园和娱乐设施	14	25	28	30	32
财务管理	16	29	30	33	35
一般债务利息	50	70	74	75	77
公共事业和酒商店支出	78	115	134	144	149
保险信托支出	63	125	140	170	193

续表

年　　份	1990 年	2000 年	2001 年	2002 年	2003 年
按照特点和项目划分：					
日常运营	700	1 289	1 405	1 497	1 579
资本支出	123	217	233	257	263
援助和补助	27	31	33	33	35
债务利息（一般债务和公共事业）	59	80	84	87	89
保险金和赔付	63	125	140	170	193

数据来源：转引自〔美〕陈立齐著，陈穗红、石英华译：《美国政府会计准则研究：对中国政府会计改革的启示》，中国财政经济出版社 2009 年版。

按照美国法律的规定，州和地方政府必须遵守平衡预算法，并且禁止长期出现大额赤字。因此法律允许州和地方政府通过发行债券筹集重大资本支出的资金。发行的政府债券分为短期和长期两类，其中长期债券中的普通支付责任债券（general obligation bonds）以税收来偿付债务和利息，收入债券则依赖政府企业某项特定的收入来偿付债务和利息。表 4-3 反映州和地方发行政府债券的简要情况。

表 4-3　1980—2002 年州和地方政府新发行的市政长期债券概览

单位：10 亿美元

年　　份	总　　额	普通责任债券	收入债券
1980	46	14	32
1985	202	40	163
1990	126	40	86
1995	156	60	96
1997	214	72	142
1998	280	93	187
1999	219	70	149
2000	194	65	129
2001	284	101	182
2002	356	126	230

数据来源：转引自〔美〕陈立齐著，陈穗红、石英华译：《美国政府会计准则研究：对中国政府会计改革的启示》，中国财政经济出版社 2009 年版。

随着美国经济的不断发展,在不同的历史时期,政府不断调整与市场的关系,采用不同的方式对经济进行干预。从自由放任到罗斯福总统时期国家对经济的强有力干预政策,再到20世纪80年代后鼓励自由竞争的经济政策,其结果是经济得到了飞速的发展,政府规模不断扩大,但也带来了联邦政府、州和地方政府财政支出不断增长的结果。政府支出增加的原因以及这些公共资金是否得到良好的使用,取得了怎样的政策效果,需要政府会计提供信息支持。因此,财政收支水平的变化情况直接产生了对政府会计的变革的动力。

另外,与企业发行债券相同,州和地方政府发行债券也要求州和地方政府接受信用评级机构评估。评估以是否遵循美国公认会计原则(GAAP)和是否经过独立审计鉴证为依据,来判断借款政府的信用等级。因此借款政府不仅要提供与特定债券发行相关的文件,还要定期提供预算和年度财务报告。由于较低的债券信用评级可能导致较高的利率,美国州和地方政府有着强烈的经济动机去遵循公认会计原则,并且接受民间注册会计师的独立审计。满足债券评级机构的需要成为推动州和地方政府会计变革的因素之一。

3.政府预算管理模式

美国政府预算管理从传统投入型向现代结果型模式的转变,直接导致政府会计变迁。政府预算管理导向的转变,需要政府会计提供信息内容的广度和深度进行相应的转变。美国政府20世纪50年代开展的绩效预算改革,需要政府会计为政府每个公共支出的项目和动用的公共资源提供详细的信息,而传统的政府会计提供预算收支执行情况及结果的信息无法满足绩效预算的需要,因此需要改革联邦政府会计体系,推动政府会计开始从现金制向应计制基础的转变。新公共管理影响下应用新绩效预算制度,突出了对更完整、更可靠的成本和绩效信息的需求,这必然要求政府会计体系能够将费用分摊到相应的产出和结果之上,以及给予绩效信息和财务信息同样的完整性和可靠性,以此将预算和政策意图转换为财政管理和控制的信息,从而引起政府会计模式的变迁。

(三)美国政府会计模式变迁的法律环境

法律环境主要对政府会计模式中具体的制度安排——政府会计法规体系产生影响。美国是普通法系国家,它的法律渊源主要是判例法,成文法只起辅助作用。美国法律制度的发展是成文法与判例法相互作用的结果,立法机构可以通过成文法改变判例中某些过时的法律规定,但成文法必须经过法院判例的解释才能起作用。因此,在美国真正起作用的不是法律条文本身,适用法律是经过法院判例予以解释的法律规则。美国有50个州,各州都有自己的立法机构,各州在立法方面均有很大的权力。在普通法系下,美国政府会计规范体系具有以下特点:(1)创立了会计准则规范实务。美国联邦政府和州与地方政府分别建立了政府会计准则体系,规范各种范围内的会计实务工作。政府会计准则发挥着承上启下的作用,更好地协调了法律规定的稳定性与环境变化的灵活性之间的关系。(2)会计准则的原则导向。普通法系下的会计准则、会计原则或会计制度一般不通过立法进行具体规定。即使法律涉及对会计的要求,其规定通常也是原则性的。

(四)美国政府会计模式变迁的文化环境

在美国独特的文化环境中,主要是个人主义和权距对政府会计模式的变迁产生影响:(1)个人主义取向。美国文化推崇自我价值实现观念,美国人倾向认为政府在社会和经济上的角色是很重要的,但也应该是有限的。政府不应该提供那些私人部门更有效提供的服务。各级政府被认为是"民治"和"民享"。公民、纳税人和其他对政府运作感兴趣的人相信他们有权利得到政府的信息。建立政府会计准则制定机构,就是为了帮助公众得到必要的信息,评价政府的绩效和公共受托责任的履行情况。(2)权距较小。美国文化强调独立性、公平竞争和规则越多越好的信念,提倡缩小在机构和组织中的权力距离,注重平等的权力,倾向于较高的信息透明度。政府会计目标从保证公共资金安全完整开始,发展到促进政府财务管理,成熟于帮助评价政府公共受托责任履行情况,反映出政府会计提供信息向更加公正、公开和透明的过渡的历程。增强信息透明度是对权力的一种制约,在权距较小的美国社会,人们认可受到制约。因此,能够推动政府会计的变迁发生。

二、美国政府会计模式变迁的行动集团

(一)美国联邦政府会计模式变迁的行动集团

从美国联邦政府会计模式变迁的历史分析可以看出,国会、总统及行政机构在会计模式变迁中起到了主导作用,直接推动了会计模式变迁的进程。

现代政府的任何施政活动都不能离开政府预算,政府预算具有极强的技术性,它是各级政府按照一定指导思想、原则和程序编制的,经立法机构通过的公共资金收支计划。政府预算同时具有高度的政治性,这种政治性主要体现在政府预算过程是一个特殊的政治舞台,因为许多政策决策只有当它们能够通过预算过程而被执行的时候才是有意义的。当政治行动者想加强他们的权力时,经常将权力集中于预算制定过程,以此作为加强权力的方式。结果,关于预算过程的斗争转变为生动的竞争。每个人都想取得预算权力,并因而

试图加强他们所控制职位的权力。① 因此,政府预算权力的背后是利益的再分配,同时掌握预算资金的人拥有指挥他人活动的资源和能力,因而作为政治过程的政府预算,历来是各方利益争夺和冲突的焦点。预算资金分配很难找到一个统一的、全体可接受的标准,因而围绕预算,各行为主体之间的争论和激烈争夺是无法避免的,而其背后是错综复杂的权力冲突和矛盾。1789年美国宪法使得国会主导预算全过程,而总统和行政部门没有实质性的预算权力,从此开启了美国政府历史上国会与总统关于政府预算管理权力的"争夺之战"。国会能够完全支配政府预算的全过程,那么当时作为记录和反映政府预算资金收支及其使用情况的政府会计,其管理主导权必然也牢牢掌握在国会手中。国会对当时的政府会计的要求是,能够确保预算资金合法和合规地使用,因此,现金制核算基础能够满足这个要求,从而在具体的核算内容中并不需要对政府资产和负债的记录和管理。

现实的情况使得这种预算争夺毫无意义,为此,妥协是唯一的解决办法。1921年《预算与会计法案》赋予总统在预算形成过程中发挥作用的正式职权,标志着国会主宰政府预算时代的结束,总统行政力量得到极大的增强和提升。从此,预算权力开始从立法部门向行政部门转移,随着其后包括1950年《预算和会计程序法案》在内的一系列后续改革,行政部门获得了政府预算的主导权。虽然行政部门在技术和权力上得到了双重提升,并在与立法部门的预算权力较量中占据了绝对优势,但立法部门仍然可以凭借各种政治策略、政治过程和政治原则来与行政部门周旋。从20世纪50年代美国开始实施绩效预算的实践来促进政府会计改革中各方的博弈就是一个典型例证。当时采用的绩效预算制度提出了对政府的商业(盈利)性活动进行管理的要求,这就需要政府会计能够反映政府资产和负债的有关信息,而早期的现金制政府会计并不能够满足这个要求。为此,第一届和第二届胡佛委员会开始推进政府会计改革,引入应计制核算基础,扩大了政府会计核算的范围。然而在推进改革的过程中,不时会看见国会利用预算审批权力横加阻碍的身影。幸运的是,这种权力的争夺和较量最后并没有妨碍应计制政府会计改革的推进。

20世纪80年代后期开启的新公共管理改革引入了新绩效预算,对政府预算和会计产生了重要的影响。(1)从预算过程参与者来看,原本游离于预算

---

① [美]爱伦·鲁宾:《公共预算中的政治:收入与支出,借贷与平衡》,中国人民大学出版社2001年版。

的实质性过程之外的一些行动者，如基层单位与管理者、传媒、社会群团等，开始通过各种途径程度不同地涉足政府预算中，进而改变了国会和总统及行政机构相互争夺预算权力的格局，形成了一种多元参与的权力结构。多元预算权力结构导致政府会计管理权争夺的妥协。1990年《首席财务官法案》结束了行政部门、立法部门长期争论不休的分歧，由财政部、管理和预算局、审计署达成协议，共同组建了联邦会计准则咨询委员会（FASAB），由FASAB制定联邦会计准则规范会计实务。同时还规定FASAB制定的联邦会计准则，须得到财政部、管理和预算局、审计署同意后，才可公布实施，三者在准则制定过程中均享有一票否决权。（2）从预算过程的结果来看，预算执行过程不仅应确保财务合规性，而且应确保公共资源的使用取得绩效，以及政府财政的可持续发展。当时的政府会计体系虽然是基于应计制核算基础，但毕竟只能提供的部分政府资产和负债信息，不能评价政府利用公共资源的效率和效果，也不能评价政府的绩效。因此，就需要对当前的政府会计进行改革，建立以绩效为导向采用应计制核算基础的政府会计体系，不仅要全面记录和报告政府资产和负债等财务状况的信息，还要反映政府开展公共政策活动的完全成本信息，更要披露当前公共政策对今后的影响（如对养老金的核算和报告）等政府风险方面的信息。

综上，美国联邦政府会计模式从初步萌发到正式形成，再到发展成熟的每一个阶段，都深受政府预算改革的影响。政府预算改革改变了国会和总统及行政机构之间关于政府预算权力的结构，这种政府预算权力的博弈过程推动了联邦政府会计的变迁，从而形成了基于特定制度环境的各项具体的联邦政府会计制度安排。

（二）美国州和地方政府会计模式变迁的行动集团

与联邦政府有所区别，美国州与地方政府会计模式变迁的演进过程表明，会计职业组织和独立的民间会计机构在会计模式变迁中起到了重要作用，引导会计模式变迁的方向并推动进程。

自美国州与地方政府会计模式形成之初直到后来的成熟发展过程中，州和地方政府并未成为会计管理的主体。进步时代的政府行政和预算管理改革将政府会计实务界人士推到了改革的前沿，他们与其他社会改革者共同组建了"纽约市政研究局"，开展政府会计理论的研究并将研究成果编纂出版来指导会计实务。后来，在政府会计职业组织——市政财务官员协会（MFOA）资助下成立了全国市政会计委员会（NCMA），制定并发布政府会计原则来规范会计工作。直到1974年全国政府会计理事会（NCGA）取代NCMA，MFOA

通过其 NCGA 兼职会员的身份影响政府会计准则的研究和制定工作。1984年,在财务会计基金会(Financial Accounting Foundation,FAF)的支持下成立了独立于任何一级政府或组织的非营利机构——政府会计准则委员会(GASB),才结束了会计职业组织管理政府会计实务工作的局面,开始了由民间独立机构制定会计准则的历史进程。1986 年,AICPA 承认 GASB 是州和地方政府会计准则的制定者。为了协助 FAF 和 GASB 推动州和地方政府会计准则的制定工作,FAF 另外设立了政府会计准则咨询委员会(GASAC)来负责 GASB 的议事日程、项目安排优先次序、出现问题、工作组的选择和组织等技术问题。GASAC 由政府会计部门、审计部门、财务分析师业界等近 30 人组成,广泛代表了财务报表编制者、外部审计和其他信息使用者等。

美国州和地方政府会计准则制定机构从 NCMA 到 NCGA 再到 GASB的转变,说明会计职业组织和独立民间会计机构是推动会计模式不断演进的主导力量。需要说明的是,尽管形式上 GASB 具有比较高的独立性,但GASB 制定公认会计原则的职责由 AICPA 委派,它的机构设置则取决于财务会计基金会(FAF),而且资金还需要依靠多方赞助,则从实质上损害了其独立性。

三、美国政府会计模式变迁的制度安排

联邦制国家组织结构导致美国形成两套不同的政府会计模式,分别用来规范联邦政府和州与地方政府。下文将根据政府会计模式变迁的理论分析框架,分别阐述目前两种模式下政府会计管理体制、政府会计规范体系和政府会计体系具体构成的内容。[①]

(一)美国联邦政府会计模式变迁的制度安排

1. 政府会计管理体制

美国联邦政府会计模式的首要特征是有一个权力相互制约、设置相对分离的组织架构为政府会计管理工作提供保证。美国联邦政府负责、参与会计管理事务的机构由三部分组成:日常会计管理机构、准则制定机构、专门的监督机构。这三个部分分工明确、职责清晰,共同组成了一个完整的政府会计管理体系。

---

① 美国政府会计模式变迁的制度安排参考[美]陈立齐著,陈穗红、石英华译:《美国政府会计准则研究:对中国政府会计改革的启示》,中国财政经济出版社 2009 年版。

（1）日常会计管理

联邦政府会计管理由首席财务官负责进行。首席财务官负责以下方面工作：开展政府财务管理，编制政府财务报表并经过外部审计师审计；衡量政府业绩，提交政府绩效考评表；提供其他方面的必要信息。首席财务官下设有财务、会计等其他几个不同的职能部门，这些职能部门的人员按照财务管理办公室规定的职能进行日常会计和财务工作，同时负责对人员的培训。

（2）制定会计准则

联邦政府会计准则由联邦政府会计咨询委员会（FASAB）负责制定。FASAB 是由财政部、OMB、GAO 三方共同出资组成的具有政府部门性质的联合机构，各个主办方保持各自的权力。FASAB 的使命是为满足国会监督机构、行政部门对财务和预算信息的需求，以及其他使用者对联邦政府财务信息的需求而制定会计准则。

FASAB 由财政部、OMB、GAO 三方共同组成的具有政府联合机构的性质，决定了其在 1990 年成立之初自身没有法律权力，委员会建议的准则必须经过三方成员的一致通过，才能以公告的形式对外发布并产生法律效力。也是这个原因，AICPA 认为 FASAB 不能保证机构的独立性[①]而不具备公认会计原则制定者的资格。直到 2003 年，FASAB 根据 AICPA 的建议，将准则制定的程序调整为不需经过主办三方通过，只要经过委员会的批准会计准则就可以生效（但 OMB 和 GAO 仍具有否决权）后，才正式成为 AICPA 认可的联邦政府公认会计原则的制定者。

1990 年成立时委员会成员成分经过小心核准，以平衡主办方、联邦各机构以及联邦财务报告的使用者各方的利益。在 9 名非专职委员中，财政部、管理与预算办公室（OMB）、审计署（GAO）以及国会预算办公室（CBO）各有 1 名代表，2 名其他联邦成员分别代表民用部门和国防部门，此外还有 3 位公众成员分别来自金融界、会计实务界和学术界。在 2003 年，为了使 AICPA 同意指定 FASAB 作为公认会计原则的发布者，委员会进行了重组，扩大了自治

---

① 根据 AICPA 的规定，要成为公认会计准则的制定机构，必须满足以下方面的条件：（1）独立性，该机构不受其管制机构的不良影响；（2）应遵循程序，该机构应遵循规定的、公开的适当程序，机构应将制定适时的、提供充分可比和准确信息的准则作为目标；（3）范围和权力，机构应有一个特定的管制对象，若该管制对象不是 AICPA 承认的准则制定机构管制的对象，其准则应得到其被管制者的公认；（4）人力资源与财务资源，机构应有充足的资金支持，其成员和雇员应具备相关各个领域的知识；（5）广泛性和一致性，机构应广泛地执行准则制定工作。

权。现在,委员会仅有 4 位联邦政府代表来自主办机构和国会预算办公室,公众成员占了其他 6 个席位。

FASAB 采用及时、完整、公开的方式研究联邦政府会计问题,鼓励各利益相关者参与联邦会计准则的制定过程。准则的制定充分考虑了包括新闻媒体、州和地方政府立法机构、私人公司分析师以及学术界和公众等的信息需求,也充分考虑了国会、联邦政府管理者以及其他联邦信息使用者的需要。联邦政府制定会计准则的应循程序包括以下步骤:①拟定准则。FASAB 主席针对特定议题选任工作小组,工作小组从事相关研究,准备讨论备忘录,汇总研究资料。②评议和听证。工作小组发出研讨备忘录与邀请评论函,在 60 天内举办听证会,分析取得书面及口头评论和研究报告。③公众评论。FASAB 对上述结果进行审议分析,对外公开发布公共草案征求意见,在 30~60 天内接受公众评论。④投票表决。FASAB 在分析来自公众的评论后,进行投票表决,批准需要委员会半数成员投票同意。⑤主办方审核。如果多数通过,则提交财政部、OMB 和 GAO 审核。⑥正式发布。若三个主办方在 90 天内没有对概念和准则公告提出异议,委员会最终发布公告。

FASAB 自 1990 年成立至 2010 年止,共制定发布了 6 个联邦财务会计概念公告,38 个联邦财务会计准则公告,7 个解释,5 个技术公告(Technical Bulletins),9 个技术布告(Technical Releases)以及 3 个职员实施指南(Staff Implementation Guide)。内容涉及联邦财务报告的目标、主体与信息披露、管理讨论与分析、有关资产和负债的会计、管理成本的核算、收入和其他财务来源的会计、社会保险会计、直接贷款和贷款担保会计、固定资产会计、合并财务报表等。

(3)审计监督

美国实行独立审计制度,审计署有权审计联邦财政预算执行结果,有权审查联邦各部门和政府机构的内部财务、收入和支出状况及其合法性、合理性、经济效果。在政府部门日常使用预算拨款过程中,审计署可以定期检查政府各部门管理和使用拨款的结果,可以就联邦资金使用状况和效率发表独立评论,向议会报告预算执行结果和决算审计情况。年末时,根据 1990 年《首席财务官法案》的要求,从 1991 年财政年度起,审计署能够对联邦政府部门根据 GAAP 编制的年度部门财务会计报表与联邦政府的合并财务会计报表进行审计。平时审计长还可以根据议会的需要,组织对某些部门、特殊项目进行特别审计、检查、质疑。审计署的审计师们也常常作为证人出席议会的监督听证会。众参两院的委员会更是经常因专业所需向审计署借用审计师为其全日制地开展工作。

2.政府会计规范体系

美国联邦政府会计规范法规体系的核心是政府会计准则。美国联邦政府会计准则是通过 FASAB 公告的形式发布的,包括概念公告、准则公告、技术公告和解释公告。从内容上分析,建立了以概念框架为统领,具体会计准则为补充的准则体系。

(1)联邦政府会计概念框架

联邦政府会计概念框架包括联邦政府财务报告目标、联邦政府财务报告主体、联邦政府财务报告构成、联邦政府财务报告信息使用者、会计核算基础、财务报表要素的确认与计量、提供信息的质量特征七个方面内容。

①联邦政府财务报告目标

联邦政府财务报告目标有以下四个方面:

——预算遵循。促进政府收支对预算及相关法规的遵循。有助于报告使用者了解:预算资源如何取得和使用,其取得及使用是否遵循特定法案;预算资源的现状;预算报告与专门计划相关的财务信息。

——运营绩效。有助于评估主体所提供服务的努力程度、成本及成果,说明有关服务的融资、主体的资产负债管理情况。有助于使用者判断:提供特定项目的成本、活动以及造成成本改变的原因;联邦特定项目的努力程度及绩效、跨年度绩效和成本变化情况以及政府资产与负债管理的效率和效果。

——经管责任。有助于评估政府当期投资及运营的影响,充分反映政府财务状况及其未来可能的变化。有助于使用者了解:政府的财务状况逐渐好转或恶化,未来的预算资源是否足以支付未来的公共服务及偿付未来的负债,政府的活动是否对国家当期和未来的利益有所贡献。

——系统与控制。帮助使用者了解政府财务管理系统与会计管理控制是否适用。有助于使用者判断:交易活动是否遵循预算和财务法案及相关规定,是否符合其预定用途,是否按照联邦会计准则记录;资产妥善保管且无贪污、浪费及不当使用;资产维护的相关信息。

美国联邦政府会计概念框架所确立的目标都包含了决策有用和受托责任两个方面。受托责任是基本目标,它生成了第二个目标——提供对作出有关受托责任的决策有用的信息。美国联邦政府的财务会计概念框架进一步认为,政府会计应该有助于完成和履行若干受托责任,诸如:对财务资源的受托责任;对确实遵守和贯彻法律要求和行政政策的受托责任;对运营的经济性和有效性的受托责任;以及对用成就、效益和效果来反映的政府施政计划和业务活动的成就的受托责任。为了履行这些受托责任,政府需要提供对评价主体受托责任有用的信息。

②联邦政府财务报告主体

美国联邦政府会计与财务报告主体具有由各类组成机构形成的极其复杂的组织结构。从组织角度看,联邦政府由管理社会公共资源和对其运营负责的组织组成,包括主要的部委和独立的机构,它们又被进一步划分为管理局、代理机构、服务和团体等各类名称的更小的组织单位。从预算角度看,政府由在预算中列示的账户组成,包括支出账户(基金或拨款)和收入账户(包括补偿性收款)。这些账户的规模和范围根据国会的选择而变化。从项目角度来看,政府由项目和活动组成,每一个项目和活动都要为实现最终成果而进行特定产出的生产。在整个联邦政府系统中,不同角度之间存在着复杂的交错关系,使得报告主体的判定复杂化。

为此,FASAB规定,联邦政府财务报告主体的判定有以下标准:一是负有控制和部署资源、提供产出和成果、执行部分或全部预算的管理责任,并能对其绩效负责;二是主体范围应能使得财务报表提供有关经营状况、财务状况的有用信息;三是其他可能的财务报表使用者。此外还规定,任何最近被命名为"政府机构和账户执行的联邦项目"的联邦预算中出现的组织、项目或预算账户(包括预算外账户或国有公司),都应被视为其所在联邦政府或组织的一部分。

③联邦政府财务报告构成

联邦政府财务报告分为机构层面财务报告和政府整体合并财务报告:

——机构层面财务报告。其主体是每个联邦政府机构,提供一般目的的财务报告。其内容包括:项目业绩计量报告,反映报告主体的使命、组织结构、营运目标;财务报表,包括资产负债表、净成本表、营运和净额变动表、统一预算和其他业务现金余额变动表、净营运成本与统一预算盈余(或赤字)调整表,反映报告主体的财务状况;管理当局讨论和分析,说明报告主体系统控制及法律遵循情况;财务报表附注,说明目前已知风险、不确定事件及未来趋势对财务报告的影响。如披露由于贷款担保、社会福利计划等政府承诺以及由此引起的未来政府承诺与义务,以真实反映联邦政府当前和未来面临的财政风险。

——政府整体合并财务报告。其主体是整个联邦政府,报告内容主要是整个政府的合并财务报表,包括合并的资产负债表、净成本报表、政府经营和净额变动表(或称为现金余额变动表)、收入汇总表、税收返还支付表、净运营成本与预算盈余(赤字)对账表,以利于财务报告使用者了解整个联邦政府的受托责任履行情况。其中,净运营成本与预算盈余(赤字)对账表解释了应计制基础的会计余额和现金制基础的预算余额之间的差异,体现了财务会计信息与预算信息之间的调整。但报表中没有预算和实际执行数的比较,因而不能获得现金制基础上联邦政府相对于预算的业绩信息。

当前,FASAB没有要求政府提供现金流量表。政府会计报表以应计制为基础,不采用市场价值而以历史成本计价。政府会计年度与财政年度一致,合并报表是财政年度结束6个月后才发布的。如上年9月30日的合并报表一直要到本年3月末才能对外披露,联邦政府合并报表无法及时发布。因此,FASAB要求今后财政年度终了4个月后发布,并计划最终能在财政年度结束后6个星期内对外提供政府财务报告。

④联邦政府财务报告信息使用者

政府合并财务报告的使用者主要包括社会公众及其中介机构、国会成员、政府行政官员和项目管理者。

⑤会计核算基础

政府收入采用修正的现金制。收入在财务报告主体具有明确可辨认、依法可要求偿付现金或其他资产权利时确认。政府支出的确认采用修正的应计制。

⑥财务报表要素的确认与计量

财务报表要素包括资产、负债、净资产、收入和费用五大类。其中资产包括金融资产和非金融资产,非金融资产包括四类:一般用途的财产、工厂和设备;联邦使命的财产、工厂和设备;继承性资产(因历史、自然、文化、教育、艺术或建筑价值而持有);托管土地。对于一般用途的财产、工厂和设备以及用于联邦使命的财产、工厂和设备,及多用途继承性资产的购置成本应资本化并计提折旧,而其他类型财产、工厂和设备应费用化。对托管土地以物理单位计量,采用代管报告形式披露信息。

⑦提供信息的质量特征

提供信息的质量特征包括可理解性、可靠性、相关性、及时性、一致性和可比性。

(2)联邦政府会计准则

FASAB制定的准则主要集中在财务会计领域。[①] 准则的内容相对零散，主要包括具体财务报表要素确认、计量和披露的要求，社会保险和托管责任的确认与披露，还涉及成本会计等内容。财务会计方面的准则主要满足外部信息使用者的需求，而成本会计方面的准则满足了国会、联邦政府内部管理者加强内部管理的需要。联邦政府会计准则咨询委员会发布的联邦会计概念公告和联邦会计准则公告见附录二所示。

3. 政府会计体系具体构成

联邦政府会计体系具体构成包括政府预算会计、政府权益会计和政府成本会计三部分内容。

（1）政府预算会计

①会计主体

美国联邦政府中的预算会计隶属于联邦政府预算管理系统，按照"预算资源＝预算权状态"这一会计等式，以拨款或其他预算资源为会计主体，依托预算执行过程"拨款——分拨——分派——指定——承诺"构建若干预算会计账户和报告体系，监控联邦机构各预算的执行过程并编制和提供预算资源报表，防止预算超支、过度负债等任何违反政府预算的行为。

②会计基础

联邦政府预算既不是完全的现金制也不是完全应计制，而是既是现金基础又是责任基础的预算。在这一制度下，国会并不规定一个财政年度内机构能够支出多少现金，它所关注的是控制某一期间法定义务的发生，这涉及三个阶段：首先，必须经国会预算授权后，政府官员才能要求政府承担开支；其次，政府官员通过订立有法律约束力的协议来承诺、要求政府承担支出；最后，政府为履行责任进行现金支付承担支出。除了个别例外，该支付的金额是在现金基础上的，预算赤字/盈余是指某一年度内现金收入与现金支出之间的差异。责任基础预算直接确认资产购入成本，加强了受托责任，允许国会对资产的购入在作出合约承诺前加以控制。

预算会计核算和报告遵守隶属美国财政部的财务标准与报告部门（FSRD）发布的《预算会计指南》和预算执行报告的相关要求。联邦预算会计的账户自成体系，完全独立于权益会计系统，设置账户具体包括："预计收入"、"支出保留"、"预算基金余额"、"核定拨款"、"支出保留准备"。

---

① 根据FASAB成立的谅解备忘录（MOU）规定，禁止FASAB提议或制定联邦政策预算的概念或准则（MOU,2003年5月7日）。

③预算会计报告

联邦政府预算会计报告,分为对内的预算执行情况报告和对外以 GAAP 编制的预算信息方面报告。对内预算会计报告,通常是将会计账户与预算账户结合使用,将初始预算信息和实际执行情况反映在一张比较报表中。这种预算比较表编制灵活,可以根据预算会计信息,编制按旬、按月、按季的中期预算会计报告,用于加强内部预算管理;对外预算会计报告,是指根据 FASAB 的规定,在联邦政府年度综合报告中编制的净运营成本与统一预算盈余(赤字)调整表、统一预算与现金余额变动表,通过会计报表的形式反映预算执行的有关信息。

(2)政府权益会计(政府财务会计)

①会计主体

美国联邦政府中的权益会计类似于企业的财务会计,按照"资产＝负债＋净资产"这一会计等式,以每个联邦机构为会计主体,构建权益会计账户和报告体系,旨在真实和完整地记录和反映联邦机构的各项经济交易和事项。向社会公众、新闻媒体、议员以及联邦机构的执行官员提供有关联邦政府的各项经济活动及其结果的信息,以解脱联邦政府的受托责任;同时为项目管理者、执行官员以及国会成员提供信息,以便他们能够更加经济有效地组织安排政府的各项活动和功能,促进社会福利。

②会计基础

权益会计在会计基础上主要采用修正的应计制,并采用准则的形式对会计活动加以规范。

③财务会计报告

联邦政府编制的财务会计报表具体包括:资产负债表、净成本表、净资产变动表、受托活动报表、项目绩效计量报表。

(3)政府成本会计

美国联邦政府会计准则第 4 号公告(SFFAS No. 4)《管理成本会计准则》对建立政府成本会计体系提出了初步的设想。

成本会计体系的目标具体包括五个方面:①为预算成本控制提供信息支持。成本信息有助于提高预算机制在成本控制方面的有效性。一方面,在编制预算时,以项目作用的成本信息为基础估计预算的未来成本,可以提高预算的科学性;另一方面,在执行预算时,成本信息可以作为预算执行情况的反馈,有助于加强对预算执行的控制。②为绩效评价提供信息支持。绩效评价涉及对项目的效率与效果进行评价。效率是产出与成本之比,意味着单位成本的产出。效果是有效产出与成本之比,意味着单位成本的效果(有效产出)。所以成本是绩效评价的基础要素。③为公共定价提供信息支持。公共定价政策必须综合考虑相关的法规与管理政策的要求,但成本也是定价的一个重要考虑因素。预算管理机构的定价标准可分为三种情况:一是以弥补完全成本为基础的定价;二是不限于补偿完全成本的定价;三是由于政策和经济方面的约束,低于完全成本的定价。对于任何一种情况,商品和服务的成本信息都是公众、民意代表机构与政府管理者所关心的重要内容。④为项目评估决策提供信息支持。与项目授权、修改或终止有关的项目评估决策通常需要对项目进行成本收益分析,而成本信息是进行这一决策分析的重要基础。⑤为经济选择决策提供信息支持。在对众多措施进行经济选择决策时,往往需要比较不同选择的成本,所以成本信息是进行这些决策的重要支持。

为了确保成本会计在这些领域中切实发挥作用,应当选择恰当的会计基础对成本进行确认与计量。SFFAS No.4认为选择成本会计确认与计量基础的一个重要考虑因素,是要看成本会计信息是要为哪一类会计系统提供服务:①当成本会计用于为财务会计和财务报告提供成本信息支持时,应采用应计制会计与历史成本计量原则;②当成本会计是用于为预算编制和预算检查提供信息支持时,可以在采用权责发生制会计与历史成本计量原则的基础上,根据预算编制与检查的需要进行适当调整;③当成本会计是用于计划决策等其他特殊目的时,可以采用其他适当的会计基础以及重置成本等计量方法,但不应与项目的目标使命相违背。

(二)美国州和地方政府会计模式变迁的制度安排

1. 政府会计管理体制

美国州和地方政府会计管理成立了专门的准则制定机构——政府会计准则委员会(GASB),它是FAF资助下成立的独立于任何一级政府或组织的非营利机构。它既是一个州和地方政府间的契约,又是政府部门、会计与财务专家以及其他利益集团之间的一个协调机构,这些利益相关方要通过容纳众多会员的政府会计准则咨询委员会(GASAC)向GASB提供建议。①

GASB的使命是制定和完善州和地方政府会计准则和财务报告,以便为财务报告的使用者提供有用的信息;指导和教育公众,包括报告发布者、审计

---

① 尽管形式上GASB具有比较高的独立性,但GASB制定公认会计原则的职责由AICPA委派,它的机构设置则取决于财务会计基金会(FAF),而且资金还需要依靠多方赞助,则从实质上损害了其独立性。

师和财务报告使用者。

在 1984 年时,GASB 取代 NCGA 成为美国州和地方政府会计和财务报告准则的制定机构。作为一个独立的民间非营利组织,GASB 没有法律权利要求州和地方政府采纳其准则。它主要依赖于代表政治领导、政府首长和政府财务官员的全国性团体的认可,去劝说州和地方政府立法机构立法遵循GASB 准则。或者是通过债券评级机构要求州和地方政府提供基于 GAAP编制并接受独立的审计财务报告,促使州和地方政府产生动力遵循 GSAB 发布的会计准则。基于 GASB 组织独立性的考量,1986 年 ACIPA 就承认GASB 制定的准则为州和地方政府公认会计原则(GAAP)。

GASB 成立时成员共 7 名,由 1 名全职主席和 6 名兼职成员组成,全部由FAF 的理事会负责选任。GASB 采用公开而有条理的制定程序,便于公众获得相关的信息。制定准则的应循程序步骤如下:①拟定准则。GASB 针对特定议题选任工作小组,工作小组从事相关研究,准备讨论备忘录,汇总研究资料。②评论。工作小组发出研讨备忘录与邀请评论函,并决定是否举办听证会。如举办,在 60 天内举办,如不举办则直接进入分析阶段。③分析。工作小组对取得的书面及口头评论和研究报告进行分析,GASB 评估分析不同意见,准备提议草案。④公众评论。GASB 对外公开发布公共草案征求意见,在30~60 天内接受公众评论。⑤正式发布。GASB 综合各方意见,修订草案,发布正式准则。

自 1984 年成立至 2010 年,GASB 共发布了 5 个州和地方政府概念公告、56 个会计准则公告、6 个解释、10 个技术公报。其内容涉及政府会计的一般原则、政府财务报告、政府各种具体业务的会计处理等,都汇入基本上每年重版一次的《政府会计与财务报告准则汇编》(*Codification of Governmental Accounting and Financial Reporting Standards*)一书。

2.政府会计规范体系

州和地方政府会计准则是通过 GASB 公告的形式发布的,包括概念公告、准则公告、技术公告和解释公告以及问题和解答的特殊报告。从内容上分析,建立了以概念框架为统领,具体会计准则为补充的准则体系。

(1)州和地方政府会计概念框架

州和地方政府会计概念框架包括州和地方政府财务报告目标、州和地方政府财务报告主体、州和地方政府财务报告构成、州和地方政府财务报告信息使用者、会计核算基础、财务报表要素的确认与计量、提供信息的质量特征七个方面内容。

①州和地方政府财务报告的目标

反映政府的受托责任。政府受托责任包括对经济、社会和政治决策有用的财务资料。政府财务报告有助于使用者判断当年收入是否足够偿付当年支出；说明取得或使用的资源是否符合法定预算以及有关法律规定；评估政府努力程度、成本以及政府的施政绩效。

评价政府运营成果。提供有关财务资金来源和用途的信息；提供如何融资和偿付资金的信息；提供政府运营对当前财务状况的影响方面的信息。

评估政府提供服务的能力及结果。反映政府的财务状况，衡量政府长期资产的服务潜能，披露可能造成政府财力损失的法律和契约上的限制。

②州和地方政府财务报告的主体

——记账主体。基金会计是美国州与地方政府会计最独特之处，其有很强的美国传统特征。会计系统以基金为基础组织和运行，通过基金确定会计处理和报告的主体边界与范围划分。每一基金均为独立会计主体、拥有独立的会计账户、独立地发挥作用，而一个政府部门则是不同种类基金主体的组合。美国州与地方政府使用的基金按照资金性质、用途以及管理特点分为政府、权益和信托基金三类。

——报告主体。政府财务报告主体应包括基本政府、基本政府中负有财务受托责任的组织，以及其他组织。其中，基本政府是指经选举产生的独立的权力机构组织，既包括州政府、地方政府（市或县政府），也可以是特殊的政府组织（如学区、公园区），但必须满足三个条件：由选举出的独立的权力机构组织，法律地位独立，财务上独立于其他州和地方政府。其他组织是指如不将其包括在内，将导致基本政府作为报告主体的财务状况发生重大误导或信息不完整的组织或机构。

③州和地方政府财务报告的构成

——"金字塔"型财务报告。20世纪80年代起，"金字塔"型财务报告模式逐渐为公众所接受，成为具有代表性的州与地方政府财务报告模式。"金字塔"型财务报告模式下的财务报告是州与地方政府在财政年度内对各项行政事业活动情况和结果所作的全面、综合而系统的书面总结报告，除了反映政府财务业绩与财务受托责任外，还综合反映非财务的业绩和政治、社会、法律的受托责任。政府综合年度财务报告，涵盖所有的组成单位和基金与账户组，内容包括以下三个方面：简介部分，包括序言、目录以及其他介绍；财务部分，主要由财务报表及附注和审计报告组成，其中财务报表根据各层次繁简程度不同，依次包括高度浓缩而概括的财务情况总表、通用财务报表（合并报表）、按基金类型编制的联合财务报表以及单个基金及账户组报表;统计部分,包括10年左右的经济、社会方面的统计信息。

政府综合年度财务报告提供的信息自上而下由概括到详细,这种由简到繁的报表体系构成了"金字塔"型财务报表的基本结构,也是综合年度财务报告模式被称为"金字塔"型财务报告模式的主要原因。

——双重财务报告。"金字塔"型财务报告模式只是对基金和账户组报表的进一步加工整理,合并基金报表仍不能完全反映报告主体真实的财务状况。自20世纪90代初起,GASB致力于改进政府财务报告模式。1999年6月GASB颁布第34号公告,要求州与地方政府采用双重财务报告模式:除提供政府作为各独立基金的集合、采用修正的应计制基础编制的重要个别基金层面的报告外,还应编制将政府全部业务综合起来、以政府所有经济资源为计量对象、采用应计制基础的政府整体层面财务报告。双重财务报告模式下的政府年度财务报告由以下三部分组成:

a.管理讨论与分析(MD&A),包括对GASB 34号准则财务报告模式的基本内容的介绍,对政府财务状况变动情况及其原因的解释,对政府发行债券的原因以及这些债券筹集资金用途的说明,某些未来可能发生的影响政府财务状况变动的重大事项及其引致后果的分析等内容。

b.基本财务报表,由政府层面财务报表、基金层面财务报表、财务报表附注组成。其中政府层面财务报表基于应计制的净资产表和业务活动表两张基本报表。净资产表按照政府受托责任的范围,以经济资源而非财务资源为依据来反映政府拥有的资产和承担的负债。业务表反映政府每项职能的成本、职能活动带来的收入以及由一般纳税人弥补的净成本。基金层面财务报表按基金类型分为修正应计制基础的政府基金财务报表(含资产负债表、运营表和预算比较表)、应计制基础的权益基金财务报表(含净资产报表、运营表和现金流量表)和受托基金财务报表(含净资产报表和净资产变动表)等。

c.要求披露的补充信息,包括:关于所采用的会计政策概述,报告主体范围的界定,关于资本资产与长期负债额外信息的披露等。

在这种模式下,政府财务报告从以基金为主体转向以报告政府整体财务状况和运营活动为重点,统一采用应计制反映政府的政务活动与商业活动的结果。

对"金字塔"型财务报告和双重财务报告有关内容的总结见表4-5所示。

表 4-5　两种模式财务报告比较

项目	"金字塔"型财务报告	双重财务报告
报告结构	金字塔模型,基金联立报表汇总为按基金类别列示的联合财务报表	双重视角:政府整体视角,主要基金和其他资金
MD&A	不作要求:管理当局对传递的内容和方式有广泛的自主选择权	属于必要的补充信息,并且对其内容有明确规定
会计基础	取决于基金性质和筹资活动:企业基金采用完全权责发生制,政府基金采用修正的权责发生制	取决于财务报告视角:政府整体报告采用完全的权责发生制,基金财务报表没有变动
强调重点	更强调当期的运营(运营表)	更加强调财务状况(净资产表)
运营表	列示可用资源的使用	列示由一般收入提供资金的服务的净费用
预算比较	以预算为基础,实际与最近修订的预算相比较	同样以预算为基础,实际与原始预算和修订的预算相比较
固定资产	如果属于个别基金,就记录在基金中;如果属于政府,就报告在账户组中;不包括基础设施	将其报告在政府整体财务报表中,不包括在政府基金中
固定资产折旧	个别基金类的固定资产报告折旧费用和账面净值,一般固定资产不报告折旧费用	除某些例外情况下,所有的固定资产都要报告折旧费用和账面净值
长期负债	如果是按个别基金发生的,就记录在基金中;如果属于整个政府,就记录在账户中	报告在政府整体财务报表中
账户组	要求有一般固定资产账户组和一般长期负债账户组	不允许有账户组,通过一览表和附注披露大量信息

　　资料来源:陈小悦、陈立齐:《政府预算与会计改革——中国与西方国家模式》,中信出版社 2002 年版。

　　④州和地方政府财务报告信息使用者

　　州和地方政府的财务报告有三组基本使用群体:政府对其负有最基本的受托责任的公众,直接代表市民的立法和监督机构,出借资金者或在贷款过程中参与的政府投资者和债权人。

　　⑤会计核算基础

　　美国州和地方政府实行基金会计,鉴于不同基金反映的信息需求重点有所不同,不同基金编制财务报告应用的会计基础也有所不同。权益基金和信托基金主要反映政府商业性、信托性活动,其财务报告以应计制为基础编制:政府基金(包括普通基金、特别收入基金、偿债基金、资本项目基金和永久性基金)以流动性资源为计量对象,财务报告采用修正的应计制,不报告折旧费用。州和地方政府整体财务报告与联邦政府相同,采用应计制基础编制。

⑥财务报表要素的确认与计量

财务报表要素①包括资产、负债、净资产、收入、费用。

⑦提供信息的质量特征

提供信息的质量特征包括可理解性、可靠性、相关性、及时性、一致性和可比性。

(2)州和地方政府会计准则

州和地方政府具体准则直接或间接应用概念框架内容处理具体的活动或交易,其内容大体包括:企业、非营利主体及其活动,雇员养老金和其他退休福利,投资、保险及其类型问题,各类资产与负债的确认和计量。政府会计准则委员会发布的政府会计概念公告和政府会计准则公告见附录三所示。

3.政府会计体系具体构成

与联邦政府相比,州和地方政府的业务内容基本相同,但限于规模和资金及复杂程度,通常的做法是保留预算会计系统(即基金会计),财务部门人员负责预算编制并按照预算法规进行日常核算和报告,年末的时候进行调账,将现金基础的预算信息调整为应计制基础的会计信息,抵消内部交易事项,然后加入固定资产等长期资产和长期负债的信息,然后编制应计制基础的财务会计报表。当然,这些工作一般是由以信息系统作为政府财政收支信息的载体和处理庞大会计信息的平台来完成的。

第四节 | 美国政府会计模式变迁的启示与借鉴 ▶▶

一、认清制度环境的重要影响

制度变迁中制度环境的不可移植性,决定了任何层面的制度模仿和制度创新必须对影响变迁发生的制度环境给予清醒的认识。

---

① 新的草案提出新增两个要素:递延的资源流出和递延的资源流入,来反映等待未来被承认的收入和费用。

通过对美国政府会计模式发展历程的理论分析可以看出，制度环境在其演变过程中是不可忽视的重要的影响因素，其重要性主要体现在以下几个方面：

1. 政治环境决定了美国政府会计模式的基本特征。卢现祥（2003）认为，国家内和国家间种种迹象表明，政治塑造了制度。政治环境的变化决定了美国政府会计模式的发展导向：（1）联邦制国家组织形式决定了不同层级政府分别成立不同的管理机构，建立不同的准则来规范各自范围内的会计实务。联邦政府成立 FASAB 并建立了一整套联邦政府会计准则体系来规范联邦政府范围内的会计实务，而州和地方政府成立了 GASB 并建立一套州和地方政府会计准则体系来管理州和地方政府范围内的会计实务。（2）三权分立的总统制政治体制决定了立法和行政机构永远处于权力的制衡和争夺之中，例如国会和总统及行政机构争夺政府预算管理主导权的博弈最终促成了联邦政府会计模式的形成和发展。

2. 经济环境决定了美国政府会计模式的变迁。经济环境的经济发展水平、财政管理体制和政府预算管理模式随着社会历史的发展而不断发生改变，正是在这些活跃因素的变动影响下，推动了美国政府会计模式的变迁。最具代表性的例子是美国政府预算管理模式的改变直接引发了美国联邦政府会计模式的形成和发展。

二、重视行动集团的重要作用

单纯制度环境的改变，并不一定表明政府会计模式一定发生改变。制度环境的改变是制度变迁的外部条件，还需要通过内部因素的变化才能导致制度变迁的完成。诺斯制度变迁理论的贡献之一就体现在他"发现"了"人"这项内部因素，在制度变迁过程中的能动作用——制度变迁即在主要行动集团的推动和次要行动集团的支持下将"潜在外部收益"内部化的过程。①

因此，从深层次来看，政府会计模式的变迁也是社会利益格局，更确切地说，是政治权力格局的调整过程。正是国会和总统及其行政机构之间不断上演的权力博弈，才促进了美国联邦政府会计的诞生和发展。权力结构的长期调整意味着政府会计的改革具有长期性的特征，可能要超过一届政府或一届执政党的任期，因此改革要得到各方政治力量的支持。其中：

1. 首要的政治支持应来自政府统治者。新制度经济学认为，政府统治者

---

① 当然，这里的主要行动集团还需要综合进行制度变迁的收益和成本分析，满足最优条件后才会采取行动。

处于较高的战略地位,特别是在一个集权的国家中,统治者的净利益对制度安排供给起着至关重要的作用。若统治者的个人的收益与成本和社会的收益与成本一致,就能推动制度变迁。由于政府会计的变革即是政府管理改革的重要组成部分,只有把它纳入政府改革的框架,得到政府统治者的支持(若满足统治者的个人的收益与成本和社会的收益与成本一致的要求时),形成推动变革的主要行动集团,产生推动改革的政治意愿,取得政治上的合法性,继而为推动政府会计变迁减少阻力。

2.其次的政治支持应来自财务部门、预算支出部门等行政部门的人员。政府会计变迁中,财务部门、预算支出部门等行政部门的人员是直接从事或接触政府会计实务工作的主体,作为次要行动集团,他们对制度变迁的接受和理解程度,直接影响制度变迁的进程。这些人员首先需要在思想上做好改革的准备,既要认识到改革所带来的益处,也要看到改革付出的代价,包括实施改革的成本。另外,部门的工作人员也必须愿意接受改革所带来的作为政府财务管理人员的角色调整。

三、建立多元化的制度安排

制度安排的多元化特征也体现在美国政府会计变迁的历程中,为比较基础上的借鉴提供了有益的参考。

(一)争取有力的法律支持

首先要在立法层面以法律形式对改革进行规定,从而为改革提供强有力的法律保障。在美国政府会计变迁历程中,政府发布的法律文件是每一次制度变革的重要前提。这些涉及政府预算和会计的法规,对不同时期的政府会计改革都提出了具体的法律要求,为顺利实施改革提供了法律依据。例如,1921年《预算与会计法案》对政府会计的组织机构、基本职责与权力、审核程度等问题作出了明确的规定,1990年《首席财务官法案》建立了首席财务官负责制,且成立了美国联邦政府会计咨询委员会(FASAB)负责政府会计管理工作,并制定会计准则来规范实务工作。

(二)设立专门的准则制定机构

早在美国独立时,由于当时经济发展水平的限制,经济业务的简单化特点和国会对政府预算关注的焦点决定了政府没有也不需要专门的会计规范制定和管理机构,财政部负责政府会计管理工作,但其管辖的范围相当有限。随着经济的逐渐发展,由同一个机构负责制定和执行会计规范导致独立性缺失的弊端日益暴露出来,国会也认识到政府会计与企业会计实务存在实在性的差别,于是在 1921 年颁布《预算与会计法案》,财政部继续负责日常政府会计实务工作,而审计署来负责制定会计原则和标准,以便对财政部的日常会计核算和报告工作进行有效的监督。当社会经济的发展促使涉及会计活动的事项日益繁杂多样时,组织的专业化分工得到极大的发展,为了适应形势发展的需要,成立专门的准则制定机构单独负责制定会计准则,能够满足各方信息使用者对政府财务信息的需求。联邦政府会计咨询委员会与州和地方政府会计准则委员会①是经济发展和组织专业化分工的必然结果。

(三)以准则为中心单独建立政府会计规范体系

暂且不考虑美国两套政府会计准则带来的问题②,概括地说,美国政府会计规范体系的核心要件是一套基于政府会计概念框架的,由具体会计准则构成的完整的政府会计准则体系。在这套准则体系的指导下,通过定期编制政府财务报告能够比较全面地反映政府各项资产、负债、收入、费用和现金流量等信息,为评价政府履行受托责任的情况以及加强政府公共管理、提高财政透明度提供支持。

美国政府会计采取单独建立会计准则的形式规范会计实务,是多方面考虑的综合结果。一方面,美国的财务管理法制化环境相对较好,政府财务报告比较强调反映政府受托责任的履行情况;另一方面,从事政府会计的财务人员的业务素质较高,财务人员能够在严格遵循相关预算管理、财务管理等法律法规的前提下,结合实际业务运用职业判断综合考虑其会计处理。最后,企业会计准则体系实际运行效果的示范作用对政府会计法规体系的建立也有着重要的示范作用。

---

① 当然,如前文所述,成立这两个政府会计准则制定机构也是政治环境变化和政治权力博弈的结果,本书在这里侧重的是从技术性出发所作的分析。成立了专门的政府会计准则制定机构,那么由其制定专门的政府会计准则是顺理成章的结果。

② 陈立齐教授(2009)指出,按照美国联邦制度,双重政府会计准则委员会的存在是情有可原的。但是这对建立一套适合各级政府的普适性的会计准则来说却是一个障碍。双重委员会比单个委员会要耗费更多成本,而在某种程度上他们的努力和产出即是重复的,因此美国的政府会计准则并非一个完全通用的模式。(当然其积极意义是,政府会计准则委员会与联邦会计准则咨询委员会并存提供了一个在同一国度内进行比较研究,并避免过早停止对争议问题进行辩论的实验室。)我们承认联邦政府与州政府及地方政府间有许多不同之处,联邦政府也有一些特殊的地方,但是这种差别却远远小于不同政治、经济体制的国家之间的差异,因此,如果能建立起国际公共部门会计准则,那么至少在理论上可以勾勒出一套通用的美国政府会计模式。

（四）从"现金制"向"应计制"基础的渐进推进

制度环境的变化最终引发政府会计的变迁。美国政府预算管理模式从强调立法监督机构对预算能够进行有效控制的传统模式，向加强政府行政权为主导的现代模式的转变，既是政府职能扩张的现实需要，又与其利益相关主体相互影响、结构渐趋稳定有关。更为重要的是，为了体现这种转变的需要，政府会计核算基础完成了从现金制向应计制基础的渐进变革。从美国的实践看，现金制向应计制基础的渐进推进，具体体现在美国政府会计体系的构成方面，是指政府会计体系的构成从单一的基于现金制的政府预算会计阶段，过渡到当前基于现金制的政府预算会计和基于应计制的政府财务会计的"双轨并行"的阶段。[①] 现金制预算会计[②]主要用来记录反映政府预算收支及其执行结果的情况，达到控制年度预算的目的。现金制预算会计具有自身的优势：（1）与政府预算和拨款采用现金制为基础相适应，现金制政府预算会计能够证实法定预算的符合性以及与法律和合约要求的符合性；（2）不需要进行大量的主观判断而能够提供相对客观的信息；（3）提供的信息容易理解和解释；（4）提供信息的成本相对较低。然而它也存在自身的局限性：（1）侧重反映当期现金流量的影响，不能满足其他期间现金流量和交易的信息；（2）不能提供有关资产、负债的信息；（3）受托责任限于现金流动，忽视提供政府管理资产和负债的受托责任。应计制财务会计的优势是与现金制预算会计相对的：（1）能够提供政府控制资源、提供服务的成本等资源配置效率方面的信息；（2）能够提供有助于评价政府财务状况及其变动方面的信息；（3）能够帮助政府加强对资产和负债的管理；（4）有助于评价政府在服务成本、效率和效果方面的绩效。当然，这套系统也存在缺点：（1）对资产和负债的确认和计量需要运用更多的主观判断，存在操纵的空间；（2）提供评价政府绩效方面的信息有限；（3）确认和计量的过程较为复杂，需要会计人员相当的管理技能和职业判断。

美国"双轨制"政府会计体系发挥了两套体系的优势，通过相互的协调，一方面保持了现金制预算会计的优势，另一方面引进了应计制财务会计的优点，

---

① 具体来说是"松散型"整合：平时保留预算会计体系，年末重新进行分类扩展和会计调整，开发附加的应计制政府财务报告，而不是"紧密型"整合，即在预算会计和应计制、现金制会计总账之间建立严格的关联。总结见王晨明：《政府会计环境与政府会计改革模式论》，财政部科学研究所博士论文，2007年。

② 这里的现金制和应计制均是广义的概念，具体应包括完全的和修正的现金制和应计制。

实现两者的整合和统一。这样既有助于政府的现金管理,提供信息加强政府的预算控制,又能够有效地反映政府的资产和负债信息,以及政府提供服务的成本与绩效信息,满足评价政府公共受托责任的履行情况。

(五)构建多层次政府财务报告体系

当一个专制国家走向一个立法当局占重要地位的民主国家时,对政府的受托责任、决策的透明度以及法治的要求也随之加强,这就需要有良好的报告系统来说明政府是如何满足这些要求的。[①] 美国政府财务报告正是在这一转变中不断地发展和成熟起来的。以州和地方政府为例,其财务报告从基金报告模式到"金字塔"型财务报告模式,再到 1999 年 GASB 颁布第 34 号公告建立的双重财务报告模式的演进,使得政府财务报告发生了重要和实质性的转变:(1)提供的信息范围更加全面和完整,不仅反映政府拥有资产、负债、收入、支出以及成本等方面的信息,还要对各项影响财务收支状况和财务状况的事项、影响程度作出说明和解释;(2)涉及的主体更加广泛,不仅包括单个基金、政府部门或机构,还包括一级政府整体,形成了从微观到中观到宏观的主体结构;(3)报告的形式更加多样,既有单个政府财务报告,也有合并政府财务报告;(4)报告的目标更加能够满足使用者多样的需求,从最初的反映预算资金合规性为主,到满足政府财务管理需要为主,到说明受托责任为主;(5)报告采用的核算基础更加全面,从最初的现金制,到修正的现金制和修正的应计制以及完全的应计制基础。

多层次政府财务报告体系通过全面系统地反映政府的财务状况,以及政府过去预算决策和政府活动对现在的影响以及当前决策和政府活动对未来的影响,能够为信息使用者进行经济和社会决策提供帮助,也能够为评价政府受托责任的履行情况提供信息支持。

---

① A.普利姆詹德著,应春子等译:《有效的政府会计》,中国金融出版社 1996 年版。

第五章
英国政府会计模式的变迁

▶▶▶

英国是当今西方经济发达国家之一,因最早完成工业革命而闻名于世。英国企业会计根植于悠久的历史,有许多会计理论和方法至今仍对世界各国的会计产生着深远的影响。英国政府会计的形成与发展也独具特色。因此,本章以英国为案例,来分析其政府会计模式变迁的内在规律并讨论英国政府会计模式对我国政府会计模式建设的借鉴意义。首先,简要回顾英国政府会计模式发展的历史轨迹,其次,运用本书提出的政府会计模式变迁理论框架来分析英国政府会计模式从形成到发展的特征,最后,总结英国政府会计模式变迁的启示和可资借鉴之处。

第一节 | 英国政府会计模式变迁的历史轨迹 ▶▶

根据重大历史事件的深远影响,本书将英国政府会计模式变迁的历史进程粗略地划分为三个阶段:"光荣革命"至工业革命的雏形阶段[①],工业革命后至 20 世纪 70 年代的形成阶段和 20 世纪 80 年代至今的发展阶段,下面将按照这三个阶段依次进行分析。

[①] 需要说明的是,本书对英国政府会计发展阶段的划分主要是基于重大历史事件对政府预算和会计的深远影响。有观点认为英国的宪法中就规定了中央政府资金筹集和使用,以及相应的预算和会计的基本框架。这种观点可能是基于 1215 年英国《大宪章》的规定:"没有代表权就不能征税",然而除此之外《大宪章》对其他内容并没有明确的表述,因此本书没有选取《大宪章》规定的内容作为英国政府会计雏形的起点。因篇幅有限,本书主要选择了"光荣革命"和工业革命两个重要历史事件对政府会计的发展进程进行分段分析。

一、英国政府会计模式的雏形

作为一个伟大的历史事件,1688 年的英国"光荣革命"对英国政治、经济和社会发展有着深远的影响。"光荣革命"对公共预算的形成发挥了至关重要的作用:它不仅导致了议会控制政府财政范围的扩大,如逐步实现了对国王个人支出的监管,并确立了王室年俸与国家支出相分离的制度①,还使下议院进一步扩大了其相对于上议院的财政控制优势,并渐次占据了支配性地位,在这些影响下,英国政府预算的雏形大体形成。

"光荣革命"后,从威廉三世开始,所有重大国家事务的最终决定权为议会而非国王所有,从实质上宣告英国君主立宪政体的建立。18 世纪上半叶,英国开始了人类有史以来最伟大的生产技术和社会关系革命——工业革命,并以世界上第一个完成工业革命的国家身份开始经济和社会的快速发展。英国政府会计也在从"光荣革命"到工业革命的过程中初步形成。

早在 1787 年,当时的首相威廉・皮特按照议会的《统一基金法案》向议会提交了涵盖政府全部收支的财政收支计划书,标志着现代政府预算制度②的正式形成。为了对政府收支账目进行审查,1861 年下议院成立了公共账目委员会③,按照惯例由一名反对党议员担任主席。该委员会的主要任务是为审计长准备账目和报告,并负责调查审计长所注意的问题。委员会有权传讯证人,调阅文书和档案。

1866 年发布的《财政部和审计部门法案》(*Exchequer and Audit Department Act*)标志着英国建立了最早的政府会计基本框架,这个基本框架的核心内容至今仍在使用。法案开启了基金会计制度,即政府在苏格兰银行开立一个专门账户,即统一基金账户,用来记录中央政府筹集的资金和资金使用情况,若政府部门每个年度末有未支出的资金,还必须返还统一基金。中央政府年度会计处理和审计的范围仅限于现金流动的情况。年末,政府各部门必须提供一套覆盖其全部业务活动的现金基础的拨款会计报表。

另外,法案同时要求在下议院增设一个审查政府账目的机构——国库与

---

① 张馨、袁星侯、王玮:《部门预算改革研究——中国政府预算制度改革剖析》,经济科学出版社 2001 年版。

② 因此,一般认为,现代意义上的公共预算产生于英国。

③ 曹霈林主编:《比较政府体制》,复旦大学出版社 1993 年版。

审计局,以下议院的名义对政府收支的所有账目作进一步审查。审计长①负责国库与审计局,其审查的重点是监督国库和检查经费账目,其中主要是监督国库发放的既定费和岁定费程序是否准确,检查各部门提供报表的准确性和完整性。法案赋予审计长随时查阅政府会计部门的账簿和其他文件的权力,同时还可以要求有关部门定期或不定期地向他报送会计账簿。各部门报送的拨款年账应附带该年账的资产负债表,用来说明在拨款结账时该部门总账借贷双方的余额,以便审计长审核拨款年账的余额。

二、英国政府会计模式的形成

工业革命后,英国经济基本保持较为快速发展的势头,直到第一次和第二次世界大战的爆发。两次大战使英国的基础设施和国民经济遭受了严重的损失。战后公众迫切要求政府改善公共服务,提供更好的医疗卫生服务与各种社会保障。政府开始寻求改善和提高整个公共部门效率的途径。战后政府提高行政效率改革促进了政府会计的正式形成。

早在 1921 年时英国议会发布修订后的《财政部和审计部门法案》(*Exchequer and Auditor Departments Act*)中,首次要求中央政府部门所从事的商业活动采用应计制会计,从事与政策制定、宏观调控、市场管理等职能相关的活动仍采用现金制会计核算。政府部门的财务报表仍以现金制为基础编制,将应计制核算的政府部门商业活动信息作为补充资料单独披露。该法案还授权英国财政部对中央政府部门从事的商业活动采用应计制会计核算提供指导。

20 世纪 60 年代开始,英国政府实施了一系列改进公共部门管理的改革,如地方政府进行的计划—项目—预算制度(Planned Programmed Budgeting Systems,PPBS)改革、公共支出综合调查(Comprehensive Public Expenditure Survey)以及成本控制改革,但当时这些改革并未取得良好的效果。

虽然这些改革并未取得预期的效果,但促进了政府会计的逐步调整和完善。随着英国中央政府机构改革的不断推进,应计制会计在中央政府层面的

---

① 在修订后的 1921 年《财政部和审计部门法案》中,还赋予总审计长如下权力:检查政府拨款和赠款的使用是否符合议会的要求;支款程序是否符合授权权限;政府部门及其下级机构的商业、生产活动是否真实准确等。除了政府部门的拨款年账,各部门的收入账目和物品账目,也必须由总审计长审查后呈报议会,各部门经营的造船业、制造业和工商业编制的收支决算报表,连同资产负债表和费用表,也必须报经总审计长的审核。

应用范围逐步扩大。1973 年,英国开始将商业活动与政务活动分离,成立了各种贸易基金(trading fund)专门从事商业活动,并制定了相应的法律来规范贸易基金的成立及活动。当时,财政部未对此制定专门的会计指南,只是要求其采用英国公认会计原则(UK GAAP)进行核算。因此,贸易基金从成立开始就采用应计制会计进行核算。其后,除设立贸易基金外,1975 年,英国政府又开始成立另一种类型的公共单位,通常被称为非政府部门的公共单位(non-department public bodies, NDPB),承担一些非政务活动。1988 年,英国中央政府开始设立执行机构(executive agency),根据政府部门授权从事一些专门活动。上述三种类型的公共单位都是独立于英国政府部门的单位,均从成立开始就遵循英国公认会计原则,采用应计制会计核算和报告。不过,这三种类型的公共单位都属于英国中央政府范畴。因此,确切地说,英国中央政府会计改革主要是指在中央政府部门会计和预算中引入应计制。其他属于中央政府的公共单位从成立伊始就已采用应计制,因此不存在改革问题。

英国中央政府引进应计制会计的进程也受到英国加入欧盟的制约和影响。1973 年,英国加入了欧盟,作为欧盟的成员国必须遵守欧盟发布的相应法规,在企业会计方面主要是欧洲公司法协调的一系列指令,尤其是第 4 号、第 7 号指令和第 8 号指令。第 4 号指令建立了一套全面而广泛的基本会计准则,具体包括资产负债表格式规则和损益会计处理、披露要求、计价规则、真实和公正等信息披露要求。指令适用于除银行和其他金融机构或保险公司以外的所有股份有限公司和有限责任公司,也包括公共企业和私人企业。

三、英国政府会计模式的发展

20 世纪 80 年代以来,世界范围内很多国家相继开始了新公共管理改革,英国是新公共管理改革的先驱之一。英国政府开展了一系列旨在提高政府效率的管理改革,促进了现代政府行政管理和政府预算管理模式的形成。与此同时,以独立的专业化职业组织为显著特征的英国企业会计也在不断地进行完善和发展。在此时代背景下,英国政府引入资源预算与会计体系(Resource Accounting and Budgeting, RAB)标志着政府会计迈向成熟。

(一)政府行政管理模式的转变

英国政府传统公共行政体制存在种种弊病,1979 年撒切尔夫人上台后英国保守党政府推行了西欧最激进的政府改革计划,开始了以注重商业管理技术、引入竞争机制和顾客导向的改革,这些改革包括:

1.雷纳评审

1979 年英国政府成立了雷纳评审委员会,随后开展了著名的雷纳评审(Rayner scrutiny)。雷纳评审的基本步骤是:首先根据政府部门工作方面特点的调查来选择评审的对象,其次质疑现有活动,从中研究和审视存在的问题,最后针对存在的问题提出改革的方案并付诸实施。评审最终的目的是提高政府组织的经济和效率水平。

2.部长管理信息系统

部长管理信息系统(management information system for ministers)是 20世纪 80 年代英国环境部率先建立的管理机制和技术。其基本的步骤是首先由最低行政级别的负责人向部长提供包括工作内容和工作目标的陈述,然后部长对这些陈述实行审核并同意执行,最后执行部门按计划执行并定期汇报完成一个周期。这个系统是融合了目标管理、绩效评估等现代管理方法和技术而设计的信息收集和处理系统,它所涉及的一些管理原则和技术成为财务管理改革方案的基础,并在以后的行政改革中得到广泛应用。

3.财务管理改革方案

1982 年政府颁布了《财务管理改革方案》(*Financial Management Initiative*),该方案是 20 世纪 80 年代英国政府部门改革的总蓝图。该方案明确和量化考核指标,改革行政管理体制,分解政府职能,明确划分责任和成本中心。该方案的侧重点是树立成本意识,提高公共部门的经济和效率水平,从而降低公共开支。从一定意义上讲,财务管理改革方案是部长管理信息系统的扩展、延伸和系统化。

4.下一步行动方案

1988 年政府发布了《改进政府管理:下一步行动方案》(*The Next Steps*)的报告,提倡采用更多的商业管理手段来改革执行机构,提高公共服务的效率。该报告指出政府长期以来存在以下问题:缺乏真正的压力使政府机构改善绩效,提高工作效率;重视标准化的程序而忽视公共服务的提供;重视高级文官的政策咨询功能而非管理功能。为了解决这些问题,该报告建议将整体的部门拆分,成立若干"执行机构",由这些"执行机构"在主管部门的政策指导下,履行公共服务和有效管理的职责;以管理主义的技术和程序培训职员,所有活动都在一位高级主管的领导下进行。执行机构的创立一开始是零碎的,但发展迅速,到 1995 年,95%的文官都属于该机构。

5.公民宪章运动

1991 年梅杰政府发布了《公民宪章白皮书》(*The Citizens Charter*),充分体现了新公共管理改革的顾客导向和改善服务的核心特征。所谓公民宪章，是用宪章的形式把政府公共部门提供服务的内容、标准、责任等公之于众，接受公众监督，以达到提高服务水平和质量的目的。在梅杰政府的推动下，公民宪章在英国公共部门得到广泛的应用，在提高公共服务的质量和公民满意度方面起到了积极的作用。

6.竞争求质量运动

1992年梅杰政府发布了《为质量而竞争》（*Competing for Quality*）白皮书，标志着政府引入了市场竞争机制改善公共服务。引入市场竞争促使提供公共物品和服务的公共部门接受市场检验，各公共部门之间、公共部门与私人部门之间为公共物品与服务的提供展开竞争，尤其是通过公开招标。

7.合作政府和整合政府

1999年发布的《现代化政府》白皮书（*Cooperative and Holistic Government*）确定政府改革的目标是建立一个更加侧重结果导向、顾客导向合作并有效的信息时代政府，侧重包容性和整合性的合作取向政府。其中一项重要内容，就是制定"公共服务协议"，目的是建立一种现代的公共支出和绩效管理框架，为制定审慎、有效的中长期支出计划服务。该协议主要有以下内容：（1）制定三年支出计划，提高公共支出的稳定性；（2）将资本性和经常性预算分开，保障重要的资本性投资不会被一些短期的支出项目挤出，同时对资产进行连续的会计核算并制定预算，提高对有关支出的计划和控制，以利于激励对资产的有效管理；（3）首次针对政府公共支出项目提出了可量化评估的具体的指标体系。

从1979年开始雷纳评审到建立合作和整合的现代化政府，英国的新公共管理改革使公共部门管理以及公共服务发生了重大的变化，对政府部门会计信息的透明度和准确性提出了更高的要求，要求政府部门有一个较好的平台来进行核算比较，从而能够很好地对成本进行计价和核算。政府会计要能够确保政府的决策者可以获得全面可靠的信息，有利于提高为经济管理目的服务的信息与为预算分配与管理服务的信息之间的一致性，为合理地比较私人部门与公共部门的活动提供可靠的保障。否则，两者之间不可能建立合作关系，也不可能开展竞争。

（二）政府预算管理模式的改变

在新公共管理改革影响下，英国对政府预算管理也发起新一轮改革，从根本上变革预算管理的"游戏规则"，其重点涉及五个方面：建立和改进确保履行财政责任的制度与机制，编制多年期财政支出规划，采取新型的自上而下的预算程序,弱化对投入的控制,采用产出基础的受托责任体制。改革的主线就是在预算管理系统中强化基于结果和产出的绩效导向,从传统的关注预算过程的资源投入方面,转向预算过程中由预算投入所带来的"结果"方面。与此相适应,由传统模式中重点关注的合规性方面,转向新的预算与管理系统更加强调的其他目标方面,包括严格的财政纪律以确保总量控制、根据国家的政策重点确定预算优先性,以及增强支出机构的营运效率——以更少的投入创造更多更好的产出。

结果导向的政府预算管理模式对政府会计提出更高的要求。这种现代政府预算管理模式更加强调基于结果与产出的绩效导向的努力,促使政府当局更多地关注基于产出与结果的财务信息,寻求完全成本信息,以便向其公民提供关于服务供应的完全成本的信息。由于传统的现金制基础的政府会计不能提供对于预算和管理都极为重要的非现金交易信息,因此由现金制转向应计制基础(或修正应计制基础)的政府会计成为解决这个问题的有效措施。引入应计制会计基础可从三个方面支持全面的绩效导向的管理改革:一是体现分权,更强调绩效管理的受托责任。绩效受托责任意味着支出机构应对支出绩效(产出与结果)承担责任;二是鼓励以竞争和更加商业化的方式提供政府产品与服务;三是鼓励更有效的资源管理,特别是对长期资产的管理。由于绩效与成本的直接联结是政府预算系统中引入绩效导向管理模式的基础,应计制的引入使得在政府预算和财务报告中确认与计量成本信息成为可能,从而对支持绩效导向的管理模式起了重要的支持作用。

(三)企业会计变革的示范效应

独具特色的会计职业团体是英国企业会计的显著特征。直到第二次世界大战前,英国企业会计实务完全是在法律的支配下由会计师作出职业判断。因此,尽管英国是世界上第一个诞生职业会计师的国家,但英国会计职业界开展会计准则制定工作并没有处于世界领先的地位。直到1990年几经演变才成立了英国会计准则委员会(ASB),制定会计和财务报告的准则来规范会计实务。英国企业会计准则制定机构的演变积累了丰富的经验,为政府会计特别是会计准则及其制度机构的产生和发展提供了可贵的参考价值。

1.会计准则制定机构的演变

1969年以前,英国既没有统一、专门的会计准则制定机构,也没有权威性的会计准则。有的只是英格兰威尔士特许会计师协会(The Institute of Chartered Accountants in England and Wales,ICAEW)自1942年起根据需要,自行制定颁发的财务会计指南。这些指南只是建议在会计实务中应采用的最佳会计政策,并没有强制性,其结果是会计师们在会计政策的选择上具有很大的自由度,不同公司间的报表缺乏可比性,导致了一系列公司信息披露丑闻案的爆发,促使 ICAEW 于 1970 年创立了会计准则筹划委员会(Accounting Standards Steering Committee,ASSC)。[1] 1976 年 ASSC 正式更名为会计准则委员会(Accounting Standards Committee,ASC)。同时,六大主要会计团体还共同成立了一个会计准则制定机构的管理机构——会计团体咨询委员会(Consultative Committee of Accountancy Bodies,CCAB)。由于 ASC 是一个自律性的民间组织,无权自行发布准则,必须得到 CCAB 的批准。为此,80 年代后期成立的 Dearing 委员会建议成立一个"财务报告委员会"(FRC)[2],负责制定会计准则政策上的指导;同时建议成立一个新的会计准则制定机构 ASB,其主席由 FRC 的成员担任,并由 ASB 取代 ASC 具体负责会计准则的制定工作。1990 年,会计准则委员会(ASB)取代了会计准则理事会(ASC),成为新的会计准则制定机构。ASB 自成立以来,共发布了 19 项财务报告准则(Financial Reporting Standards,FRSs)、1 个《较小型企业财务报告标准》、1 个会计概念框架草案(Statement Principle,SP)和一系列准则草案及讨论文章。ASB 制定的准则得到公司法的支持。

目前英国现行准则制定机构组成如图 5-1 所示。

上述可见,英国企业会计准则的制定机构在最近 30 年间,经历了由 ASSC—ASC—ASB 的变迁。经过这些变迁,英国企业会计准则制定机构由纯粹的会计职业界民间组织,发展成一个带有官方色彩的、半独立的机构,会计准则制定机构的代表性逐渐加强,会计准则的制定程序也日渐完善。

2. 为政府会计提供技术支持

英国企业会计准则制定机构的演变从一个侧面体现了英国企业会计发展的过程。从准则制定机构的成员组成,到制定准则的程序,再到制定具体会计

---

① 同年,苏格兰特许会计师协会(ICAS)和北爱尔兰特许会计师协会(ICAI)成为该委员会的成员,1971 年注册会计师协会(后更名为特许公认会计师公会,ACCA)、特许管理会计师协会(CIMA)先后加入,特许公共财务与会计协会(CIPFA)在 1976 年加入该委员会。至此,英国六个主要会计团体均加入了准则制定机构。

② 2001 年安然事件爆发后,为重新确保市场和公众相信财务报告和公司治理框架足够稳健,英国政府于 2003 年初宣布对财务报告理事会(Financial Reporting Council,FRC)进行改组。FRC 改组后,ASB 仍继续履行其职责,即,为实现财务报告理事会的基本目标,制定和改进财务会计和财务报告的标准,以便满足财务信息使用者、报表编制者和审计师的需要。

```
                    ┌─────────────────┐         ┌─────────┐
                    │ 财务报告理事会FRC │─────────│ 委员会  │
                    └─────────────────┘         └─────────┘
                             │
   ┌──────────┬──────────┬───┴──────┬──────────┬──────────┐
┌──────┐  ┌──────┐  ┌──────┐  ┌──────┐  ┌──────┐  ┌──────┐
│会计准则│  │审计实务│  │会计专业│  │财务报告│  │会计职业│  │公司治理│
│委会ASB│  │委员会 │  │监察委员│  │审议会 │  │调查和惩│  │委员会CCG│
│      │  │APB   │  │会POAB│  │FRRP  │  │戒委员会│  │      │
│      │  │      │  │      │  │      │  │AIDB  │  │      │
└──────┘  └──────┘  └──────┘  └──────┘  └──────┘  └──────┘
    │                   │                              │
┌──────┐            ┌──────┐                      ┌──────┐
│紧急任务│            │审计检查│                      │公司治理│
│工作小组│            │小组AIU│                      │小组CGU│
│UITF  │            │      │                      │      │
└──────┘            └──────┘                      └──────┘
```

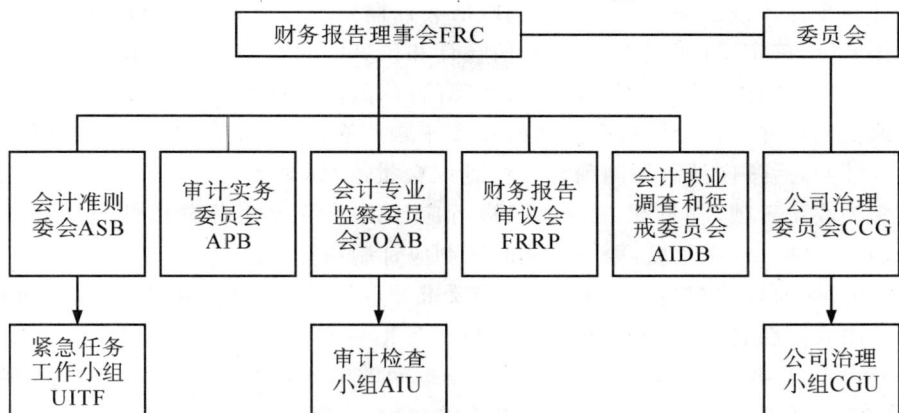

图 5-1　英国会计准则制定机构组成图

准则的内容,为政府会计体系提供了丰富的知识积累,从技术性角度为政府会计改革提供了巨大的支持。其中,特许公共财务与会计协会(Chartered Institute of Public Finance and Accountancy,CIPFA)主要是由政府公用事业部门专业会计师组成的一个职业团体,是英国唯一一个以公共服务为专长的会计行业组织,负责教育和培训专业会计师,并通过制定职业准则和监督准则的实施来对其进行管理。不同于其他英国会计行业组织的是,CIPFA 还负责制定地方政府的会计准则,其会员多在公共服务机构工作,另外,CIPFA 还向公共服务机构提供高质量的咨询、信息和培训服务。

（四）资源预算与会计改革

1.中央政府资源预算与会计改革

1995 年,英国政府向议会提交了《改善对纳税人税款的会计处理:政府资源会计与预算》(*Better Accounting for the Taxpayer's Money:Resource Accounting and Budgeting in Government*)这一政府改革白皮书,正式宣告政府部门将引入资源会计与预算(Resource Accounting and Budgeting,RAB),确认应使用资源会计作为公共事业支出和预算控制的基础。此后,下议院公共会计委员会、预算委员会和程序委员会举行过多次听证会,反复讨论实施资源会计的可行性及进展情况。为了给资源会计与预算的实施提供法律基础,2000 年议会通过了《政府资源与会计法案》(*The Government Resources and Accounts Act*)。该法案提出,要编报一套包括整个公共部门的政府整体账户(WGA),目标是使政府部门概算和账户在应计制基础上编制,以便引入资源会计与预算。该法案为新的应计制政府会计框架——资源会计与预算奠定了法律基础，确定了应计制原则在政府会计和预算中的地位。

"资源会计与预算"是指以政府各部门占有、使用资源为中心，按应计制基础编报预算并进行会计核算。从改革实施顺序看，英国先在政府会计领域引入应计制，后按应计制编制预算。得到议会批准后，财政部自1995年开始准备相关改革事项，初期是在各部门推行应计制。1996年各试点部门做好准备，到2000—2001年度，第一次同时编制应计制预算，并实行资源会计。政府发布的《政府资源与会计法案(2000)》要求政府会计与预算同时实行应计制，是英国政府会计管理与改革的一大特色。但从总体上说，法案并没有改变1866年以来建立的政府会计和预算基本框架的内容，仍然保持了包括现金制在内的重要惯例，应计制主要发挥补充的作用。

在各部门采用应计制核算基础上，财政部也开始对外公布应计制财务报告。2001—2002年度以及2002—2003年度，中央政府模拟编制了应计制财务报告。2003—2004年，中央政府开始实际编制应计制财务报告，替代了原现金制财务报告。目前，英国对外公布的中央政府整体财务报告编报范围包括22个中央部门，约300个报告主体。

按照财政部的计划，2004—2005年度将开始模拟编制包括地方政府在内的政府整体财务报告。政府财务报告的主体包括：中央政府(22个部门，约300个主体)、地方政府(4个部门，约590个主体)、健康信托基金(4个下属合并机构，约330个主体)以及公共公司(3个下属合并机构，约60个主体)。2005—2006年度，政府整体财务报告将进入第二阶段的模拟运行。2006—2007年度，财政部计划对外公布包括各级政府在内的政府整体财务报告(*Whole of Government Accounts*，WGA)。英国财政部认为，编制政府整体财务报告面临的最大问题，主要是如何确认各部门间的内部交易事项并进行合并处理。由于各部门编报财务报表数据口径不同以及会计处理系统质量不同等原因，需要对相关数据进行调整，这个工作量也很大。

英国推进应计制预算与会计改革的具体进程，见表5-1所示。

2.地方政府资源预算与会计改革

在中央政府会计引入资源预算与会计体系的过程中，英国地方政府会计也在不断进行改革。英国地方政府包括英格兰、威尔士、苏格兰和北爱尔兰四个地方政府，以及伦敦市政府。直到1974年前，地方政府没有被要求提供年度财务报告，即使有也是针对地方政府提供特定服务及一定类型的事后财务报告(如中央政府的拨款项目)。从1974年开始，法律要求各个地方政府提供

表 5-1　英国资源预算与会计改革简要进程表

时间	改革进程
1993 年 11 月	政府发布公告,计划实施应计制会计
1994 年 7 月	财政部开始公开征求意见(财政部,1994)
1995 年 7 月	财政部发布政策与项目公告(财政部,1995)
1996—1997 年度	各部门开始准备实施应计制会计
1997 年	中央政府第一次资产登记公告(不含金融资产)
2000 年 7 月	议会通过法案,建立应计制会计(非微观预算)。财政部通过应计制(和现金制)基础的三年期微观滚动预算(2001—2002 和 2003—2004)
2000—2001 年度	议会第一次提供资源会计及应计制基础上的预算预计数,也是预算第一年应用应计制
2000 年 11 月	财政部第一次发布包括应计制部门预算的 2001—2002 年度财政预算
2001 年 1 月	公布传统的现金制基础的财务报告(含预算与实际的对比)。各部门公布应计制基础的微观会计报表(不含预算与实际的对比)
2001 年 3 月	财政部第二次公布包括应计制部门预算的 2001—2002 年度财政预算
2001 年 4 月	各部门公布 2001—2002 年度的应计制预算
2001 年	中央政府第二次资产登记公告(包括金融资产,截止到 2000 年 3 月 31 日)
2002 年 1 月	各部门公布 2000—2001 年度应计制会计报表(不含正式预算与实际的对比)
2003 年 1 月	各部门公布 2001—2002 年度应计制会计报表(含预算与实际的对比)
2003—2004 年度	公布应计制基础的中央政府整体合并会计报表
2005—2006 年度	公布应计制基础的政府整体公共部门合并会计报表(WGA)

　　资料来源:财政部会计司翻译:《欧洲政府会计与预算改革》,东北财经大学出版社 2005 年版。

反映其全部业务活动的年度财务报告,并从 1982 年开始要求对这些财务报告进行审计。自 20 世纪 70 年代以来,英国地方政府为了确保资源使用的经济性、效率性和效果性,一直致力于在政府服务方面增加私营部门的参与,以及增加对地方政府业绩评价信息的公布。目前,英国地方政府会计改革已经基本完成,包括省、市(县)、乡村三组政府部门和提供教育、卫生、社保等公共服务单位在内的约 10 000 个预算单位都采用了应计制会计基础。此外,地方政府会计还要满足中央政府宏观经济管理的信息要求。从 2005—2006 年度开始,整体政府会计报表的编制也要求地方政府提供有关合并的信息。

与中央政府会计改革不同的是,地方政府会计改革是渐进式的,逐步从现金制基础过渡到修正的应计制基础,再到完全的应计制基础。而中央政府会计改革是从现金制直接到完全的应计制。英国地方政府会计采用应计制的历史远远早于中央政府会计。由于英国地方政府会计变化主要是靠会计职业团体力量推动向前发展的,是一种自下而上的缓慢变革,应计制的应用范围也是逐步扩展的,很难明确地划分改革阶段。时至今日,英国地方政府会计和预算已采用了完全的应计制。

第二节 | 英国政府会计模式变迁的理论分析 ▶▶

与美国的分析相同,本节也主要根据本书第三章构建的政府会计模式变迁的理论分析框架,从理论角度对英国政府会计模式变迁的过程和特征进行分析和解读。

一、英国政府会计模式变迁的制度环境及其影响

从英国政府会计模式变迁的简要回顾中可以看出,政治、经济、法律、文化和国际环境发挥了不可忽视的制约和影响作用。以下将主要从这五个方面来分析和解读制度环境的变化如何塑造了英国政府会计模式。

(一)英国政府会计模式变迁的政治环境

构成政治环境因素的政治体制、国家组织结构和政府行政管理模式,使英国政府会计的形成和发展独具特色。

1. 议会制君主立宪政体

英国是典型的议会制①君主立宪政体的国家,实行三权分立的政治原则。英王是世袭的国家元首,是立法机构的组成部分,是最高法院的首脑、武装部

---

① 英国的政治制度是几乎所有现代西方国家现行制度的母体。从"生而自由"、"私有财产神圣不可侵犯",从代议民主到政党政治,无一不是原生于英国,进而推及整个西方世界。本书涉及的重点是其议会制度。

队的总司令和英国国教的世俗领袖。① 议会是英国的最高立法机构,实行两院制,分为上议院和下议院。② 其中上议院的主要职权是拥有最高司法权,它有权审理贵族的案件,审判由下议院提出的弹劾案。下议院是英国议会的主要组成部分,拥有的职权有:立法权③、监督权和财政权。其中,根据1911年的《议会法》的规定,财政议案只能在下议院提出和通过,上议院无权过问,也无权否决。国库必须按照下议院批准的预算法案和拨款法案支付款项,征税和发行公债也必须取得下议院的批准。一个议案是否属于财政案,由下议院议长决定。下议院设审计长和审计委员会,专门负责审查政府账目和决算书。内阁为英国政府的行政机构,是整个国家政权的枢纽,内阁掌握立法权和行政权。内阁由首相、枢密大臣和重要大臣组成,其中心人物是首相④,同时他也是英国政府体制中的执政党、立法和行政相结合的体现者。

英国政治体制的核心特征是"议会至上"。"议会至上"意味着议会可以根据自己的判断,就任何自己认为适合立法的问题制定法律。在英国宪法下,没有任何其他权力能同议会相抗衡,否决议会的立法。然而,随着两党制的日益完善,由多数党领袖出任首相组织政府内阁,执政党掌握了立法权和司法权。由此,英国宪法规定的政治体制在各种复杂的相互融合的权力关系中,最终真正掌握权力的是政府,其中尤其是既作为议会多数党领袖,又作为政府首脑的首相。因此,虽然英国也实行三权分立的政治原则,同时也有议会主权的传统,但在政治体制发展完善的过程中,立法权力由议会逐渐转移到了政府行政机构手中,类似美国议会和总统及行政机构之间的权力争夺,并没有在英国议会和政府间发生。英国政府会计从雏形到发展的变迁过程,也见证了议会和行政机构之间相对温和的权力结构调整。工业革命后,议会通过成立公共账目委员会和国库与审计局两个机构对政府预算收支账目进行审查。当时政府会计的目标是服务于政府预算,保证政府预算资金使用的合法性和合规性。两次世界大战和新公共管理改革均是对改善政府公共管理水平和提高行政效率的要求,因此,在这一阶段由政府行政机构推行的改革措施直接或者间接地

---

① 英王有权任免首相、大臣、高级法官和总督等,有权召集和解散议会,批准法律,统帅军队。但他拥有的这些权力仅是象征意义上,实际上这些权力由内阁和议会来行使。

② 北京市人大常委会、新华社国际部编:《百国议会概况》,北京出版社1999年版。

③ 过去议案一般由下议院提出,但现在所有的重要议案一般都由内阁向下议院提出,因此,立法权实际掌握在内阁而非议会手中。

④ 首相是英国权力最大、地位最重要的人物。首相的权力主要有:(1)重要人事任免权;(2)政府领导权;(3)最高行政决策权;(4)政府财政权;(5)实际操纵议会活动。

推动了政府会计的发展。

2. 单一制国家组织结构

根据宪法的规定,英国实行单一制国家组织结构。除中央政府外,地方政府由英格兰、苏格兰、威尔士、爱尔兰四个地区和伦敦市组成。地区还下辖郡和县。中央政府由内阁、首相、枢密院和政府各部组成。中央政府负责除地方政府划定法定职责外的包括外交、国防、高等教育、社会保障、健康医疗、皇室支出以及伦敦市的治安等等。地方政府的法定职责为地区的发展与规划、道路交通、住房建筑、预防灾害和应急计划、贸易标准、公葬及墓地、污水处理及收集、公共运输、18岁以下青少年的教育、社区服务、图书馆、选民登记、生死婚嫁、文体娱乐、环境卫生、消防治安、征收议会税和工商财产税等等。

英国虽然是一个单一制国家,但是其建立基础是地方分权。① 虽然没有明确的法律条文对中央与地方政府进行明确的权限划分,但是从中央与地方行政权力的实际情况以及相关法律条文来看,独立征税是地方政府传统的权利,分权管理也是中央政府和地方政府一种约定俗成的分工。

英国实行单一制国家组织结构,决定了英国中央和地方政府应由统一的会计管理机构,建立统一的会计规范来指导实务工作。然而事实是英国地方政府虽然隶属于中央政府,但中央政府与地方政府长期以来保持着相对独立的关系。因此,这种地方自治型单一制国家特点的结果是英国的中央政府和地方政府自行负责各自范围内的政府会计管理与发展,其中中央政府一般由财政部来完成,而地方政府则更多地借助于英国发达的会计职业组织的帮助来实现。但是,中央政府对地方政府仍然保留较大的影响力。

3. 政府行政管理模式

在英国政府的传统行政管理模式下,中央政府各部门在决策上处于垄断地位,但在执行方面很弱。政府职能领域和范围广泛,已渗透到社会生活的所有主要方面。政府是提供公共产品和服务的唯一主体,决定了政府会计的信息需求者主要是政府本身,其目标就是为政府职能的发挥提供信息支持,满足

---

① 实际上中央与地方政府存在复杂的关系。议会有权决定授予、取消或改变地方政府的权力,中央政府对相应的地方政府具有指示、指导或建议权。如果地方政府的行为有超越法令规定的"越权"行为,任何公民都可向法院起诉。中央政府有权派视察员对地方政府的某些做法进行检查、监督,有些法规亦要求地方政府把种种计划或命令提交给有关的大臣批准或认可。但是在实际工作中,中央政府对地方政府基本上采取"放任主义"态度。

政府内部管理者了解财政预算资金的使用情况。

英国从"公民式"组织文化和官僚制组织的传统公共行政模式,转变为新公共管理改革建立的以绩效导向的合作和整合型政府的现代政府管理模式,对政府会计核算和报告的具体内容提出了更高的目标,直接推进了政府会计模式的变革。1866年《财政部和审计部门法案》建立政府会计与预算基本框架时,英国中央政府会计还主要是基于现金管理系统,政府会计的目的是向议会解释授权的预算资金如何被使用,以及收入如何筹集。从两次世界大战后开始的提高政府行政管理水平的政府改革,持续到1979年撒切尔夫人开启的英国历史上激进的一系列政府改革,其实质仍然是围绕强调政府绩效和提高政府管理水平而展开的,为了能够合理地计量和评价政府提供公共产品和服务的绩效水平,政府会计被要求能够提供政府管理资产以及耗用公共资源成本方面的信息,于是采用应计制基础反映全面的政府资产、负债以及成本费用成为改革的必然选择。

(二)英国政府会计模式变迁的经济环境

基于与美国相同的分析逻辑,经济环境的变化仍然是直接导致政府会计演变的因素。与美国不同的是,尽管英国是现代政府预算制度的发源地,但通过第一节英国政府会计变迁的历史考察,本书认为,与美国不同的是,英国政府预算管理模式的转变更多的是作为政府行政改革的结果之一,而不是直接导致政府会计变革的原因。因此,本书主要分析英国的经济发展水平和政府财政管理体制及其对政府会计变迁产生的影响。

1.经济发展水平与经济制度

18世纪后半叶至19世纪前半叶,英国成为世界上第一个完成工业革命的国家,一度成为世界第一强国。工业革命顺利完成之后,英国形成了现代意义上最早的国家预算制度,反映政府预算资金来源以及使用情况的政府会计应运而生,同时还开启了立法型政府审计的时代。

虽然自两次世界大战之后英国开始走向衰退,但仍属发达国家之列。战后重振和恢复经济,改进公共部门管理的措施促使政府转变职能,政府从事的商业活动与政务活动的分化产生了对应计制会计的信息需求。20世纪80年代,英国经济又一次进入衰退期,但由于政府推行了一系列发展经济改善公共管理的改革措施,制止了经济继续下滑的势头,经济开始得以逐步走向复苏。这些构成新公共管理运动的改革措施,旨在建立以绩效为导向的政府,对政府会计提供信息的内容广度和深度都有更加严格的要求,促进政府会计变革进一步深入——引入资源会计与预算(resource accounting and budgeting,

RAB)系统,确认应使用资源会计作为公共事业支出和预算控制的基础。

2.政府财政管理体制

英国单一制国家组织结构,决定其实行中央集权的单一制财政管理体制。与政权设置相适应,政府财政体制由两级组成,两级政府各有其独立预算,自行安排收支。政府财政收入主要来源于税收,约占财政总收入的90%。英国实行中央和地方严格的分税制,不设共享税,由各自的税务征收部门征收。中央政府财政支出主要担负国防、外交、高等教育、社会保障、国民健康和医疗、中央政府债务还本付息,以及对地方的补助支出。各级地方政府的支出主要包括中小学教育、面向个人的社会服务、地方治安、消防设施、公路维护、其他区域性服务和少量的资本开支。

经历了两次世界大战后的英国政府,经济和社会发展遭受重创,为了重振经济,无论是保守党还是工党执政,都不同程度地采用凯恩斯的经济理论和政策主张,通过增加政府财政支出和扩大财政赤字的手段来刺激投资和消费,促进生产的增长和就业的增加。然而这种政策的后果是通货膨胀居高不下,产生严重的经济问题。特别是自20世纪60年代以来,财政支出增长平均值大于财政收入平均值,政府财政赤字已形成长期化,实现预算平衡相当困难。在这种背景下,1979年撒切尔夫人上任后,为抑制不断恶化的通货膨胀,努力降低公共支出(即公共支出占GDP的比例),开启了后来一系列政府行政改革的历程。表5-2简要反映了1979—1990年英国中央政府财政收支的变化情况。

表5-2　1979—1990年英国中央政府财政收支余额

单位:%

1979年余额	1979—1989年变化值		1989年余额	1989—1992年变化值		1992年余额
	收入	支出		收入	支出	
-3.2	1.4	-2.8	0.9	-1.4	6.4	-6.6

资料来源:OECD,*OCED Economic Outlook*,1992(52)。表中正数表示相对GDP收入的比重大于支出的比重,负数则相反。在余额栏中正数表示盈余,负数表示赤字。

控制政府公共支出需要政府会计真实和客观地记录和反映政府预算支出的使用情况,因此,政府财政收支情况的变化引发了对其发挥技术支持作用的政府会计发生变革。

(三)英国政府会计模式变迁的法律环境

英国的法系为普通法,是以法官的判例为主的法律体系,具有"传统性"和"继承性"。这种法系注重对社会经济生活中出现具体问题的法律规定,对前人的法律处置尤为关注。它的法律结构是由许多形式不同、来源不一的法律集合而成的,法律对经济生活的约束比较笼统、灵活,经济活动得以在比较宽松的条件下进行。从总体上讲,英国法为以判例为主要表现形式的不成文法,以遵循先例为基本原则,强调"真实与公允"原则。

在普通法系影响下,英国的政府会计规范体系具有以下特点:(1)由于法律手段在调控经济中的作用较小,政府会计规范体系并非都是通过法律的形式予以规范;(2)与美国相同,一般不通过立法对政府会计原则作具体规定,即使某些法律涉及对政府会计的要求,也只是原则性的规定;(3)政府会计体系强调真实和公允、实质重于形式原则,法规体系对应提供政府会计信息的规定比较笼统。

（四）英国政府会计模式变迁的文化环境

英国是一个会计大国,其政府会计从诞生之时就深受英国独特的文化环境的影响,其中主要是个人主义和对不确定的规避程度产生影响:(1)个人意识较强。英国文化中个人主义盛行,注重个人价值,社会结构松散,但也强调社会价值,尊重社会义务、传统礼教与习俗。这一价值观在英国政府会计中的核心体现是英国的政府会计与企业会计共同以"真实和公允"观念为最高标准,这一方面符合使用者决策的需求,另一方面对会计师的职业判断提出了较高的要求,而英国各会计职业团体的相对发达和成熟也能够满足这个要求。(2)对不确定规避程度较小。规避不确定的程度较小,意味着大部分人较易接纳与己不同的事物,对未知的风险能泰然处之,当然英国人思想中也有保守的因素,具有思维惯性,以谦和、中庸、不冒进为贵。在规避不确定性程度低的英国,人们比较能从容应付风险因素和陌生事物,不喜欢用僵硬的教条作为行为规范,倾向于较高的信息透明度。因此也能够接受政府预算和会计向不断透明和充分反映政府履行公共政策效果的变革趋势。

（五）英国政府会计模式变迁的国际环境

全球化的经济和社会发展变革给置身于其中的英国带来了不可避免的冲击和挑战,这主要体现在经济一体化和其他国家或组织对英国的影响两个方面:

1. 欧洲经济一体化的制约

20 世纪 90 年代以来,欧洲经济一体化加快了欧盟成员国之间协调和统一的进程,英国作为欧盟成员国,必然受到影响。其中对政府会计产生影响的包括:

(1)《马斯特里赫特条约》

欧洲经济一体化要求国家间的共同货币必须在一些条件下才可以运作,

其中之一就是各成员国政府要遵守健全可靠的财政准则。如果一国政府的赤字增长过快，就会使共同货币在市场上失去可信度，并引起利率的全面升高，这必将会波及其他国家。因此欧盟通过谈判制定了一系列财政准则，称为"马斯特里赫特条约"，马斯特里赫特条约的第一条准则就是政府赤字要低于国内生产总值的 3％，当某个成员国达不到这一标准时，就启动所谓的"超额赤字程序"（EDP），可能对该成员国进行制裁。第二条准则与第一条相关联，就是政府债务必须低于国内生产总值的 60％。

马斯特里赫特条约中对成员国预算和财务管理方面还提出了具体要求，从成员国提供统计数据、防止舞弊的措施和有关财务控制规则及外部审计四个方面作出详细的规定。在欧盟与经合组织合办的援助中东欧国家改善治理以及管理的项目（Support for Improvement in Governance and Management in Central and European Countries，SIGMA）中，具体从公共支出、财务控制、政府采购和外部审计四个基本方面来评价一个国家的预算和财务管理水平。其中，在会计核算和报告方面的要求是：从国家角度看，预算和会计应有一套共同的分类以利于政策分析和促进责任的划分；会计惯例和程序不应与欧盟基金的支付相关准则冲突；财政报告必须及时、全面、可靠，并确认与预算的偏差；建立评估支出政策和项目的有效性和效率的程序。

（2）欧洲账户体系

欧洲一体化进程中建立的欧洲账户体系（The European System of Accounts，ESA 95），明确定义了新的以应计制为基础的会计准则，要求包括法国和英国在内的所有欧盟成员国采用应计制财务报告来计算马斯特赫特条约规定的预算余额，从而增强欧洲各个国家之间经济政策尤其是财政政策的透明度和可比性。

2. 其他国家及国际组织的影响

在西方国家中，西班牙是世界上第一个在中央政府部门实行应计制的国家，1989 年就已实行。新西兰、瑞典、澳大利亚、美国等国家先后在 20 世纪 90 年代实行。这些国家的改革对英国产生了影响。英国政府也想通过改革走到世界改革前列，进而对其他国家产生影响。另外，国际公共部门会计准则委员会制定的一整套公共部门会计准则，为包括英国在内的世界各国推进政府会计改革提供了理论指导。英国政府作为成员国之一，在建立本国公共会计规范体系时必然受到国际公共部门会计准则的影响。此外，从 2008 年 4 月 1 日起（英国财政年度为每年 4 月 1 日至次年 3 月 31 日），英国中央政府开始以国际财务报告准则（IFRSs）为基础编制预算和财务报告。中央政府根据国际财务报告准则对《政府财务报告手册》进行修订。经合组织倡导国家应保持良好而健全的公共治理,为实现这个目标,经合组织提出应构筑健全而透明的预算和会计制度,建议包括英国在内的成员国增强财政透明度,提高国家财政部门独立性,重新分配预算资源,建立中长期预算框架,引入绩效预算和推行应计制会计基础。

二、英国政府会计模式变迁的行动集团

从英国政府会计变迁的历程回顾中可以看出,政治和行政精英是发动变革的主要力量,其中行政部门的财政部是推动政府会计不断演进的主要行动集团,变革波及的政府部门层面的人员以及政府会计职业团体是次要行动集团,他们协助实现政府会计制度创新。

(一)主要行动集团

1. 政府行政部门

英国的政治环境经历了从"议会至上"到政府掌握实权的历史转变,以政府预算管理权力为例,按照英国宪法的规定,只有议会能为政府各个部门提供预算拨款资金,但只有政府才能提出新的支出项目。议会虽然可以减少支出,但政府能够通过下议院通过其新的提议。可见,这种对议会控制预算权力的制约表明政府掌握了实质性的政治权力。在政府行政部门中,财政部直接负责中央政府预算和会计的管理工作,因而政府预算权力的变化会直接导致政府会计管理的权力结构发生变化,继而引发了政府会计的变迁。

财政部自 12 世纪设立以来,一直集中国家的大部分权力。当时的财政部包揽了财政、人事、内政和外交等事务,此外,还负责监督公务员的职责,包括公务员的录用、培训、晋升和补偿。随着行政事务的增加和日益复杂,虽然政府部门分散了原来财政部的一些职责,但财政部在各部中依然处于重要位置。

目前英国政府财政部是中央政府预算和会计的核心,是英国内阁中最重要的部门。财政部首席财政大臣通常由首相兼任,实际工作由财政大臣负责。财政部在政府预算中的重要作用体现为通过预算控制对政府各部门实施财政监督。具体来说,每年在编制预算前,财政部都要先提出一个公共支出调查报告,作为政府各部门编制本部门支出概算的依据。当年 11 月,政府要发表"秋季声明"[①],公布预算草案,听取社会各界的意见和反应。当年 12 月,政府各

---

① 秋季声明指英国政府每年 11 月公布的秋季报告,在报告中公布未来 3 个财政年度的开支计划和下一年的税收计划。

部门要将自己的预算支出概算提交财政部。各部门的预算必须经财政部审核汇总和内阁讨论后，方可提交议会。议会通过的各部门经费预算，在拨款时还必须经财政部核准后才能拨付。即使拨付，财政部还有权过问。

财政部在政府会计中的核心作用还体现在其负责管理①中央政府资产、负债、收入、费用和现金流量等。除了政府征税的具体权力由法令条例规定外，财政部负责决定中央政府筹集和使用预算资金的数量，而预算资金总量的支出安排则由中央政府按照法令条例安排，对于预算资金支出具体授权的形式和内容由财政部和下议院共同协定。财政部按照法定框架决定预算的其他方面并进行所有的会计记录。

2. 会计职业团体

英国的会计职业团体在推动英国地方政府会计变革中起到了重要的作用。英国的企业会计非常发达，拥有大量具有会计执业资格的会计师以及相对成熟的会计职业团体，这些为英国政府会计改革提供了丰富的人力资源和技术支持。目前英国政府财政部并不负责地方政府会计准则的制定工作，这项工作由英国特许公共财务与会计协会（CIPFA）来承担。地方政府的会计和审计人员并非来自政府内部，他们主要是由地方政府雇佣的专业会计人员，一般是特许公共财务与会计协会的成员，具有专业技术资格。

（二）次要行动集团

在英国政府会计变革中，来自中央政府部门内部大批具有较高会计技术的会计、审计人员②的直接参与，以及那些具体实施和运行改革的其他人员的支持，对变迁的发生也发挥着重要的作用。这些变革波及的政府部门层面的人员对政府会计变迁的支持和帮助作用得益于英国政府部门推行的公务员制度。这套公务员制度形成于19世纪中叶，由于议会和政党制度的发展，政党交替执政和政府工作量的增加而需要一批相对稳定的行政官员而形成。英国的公务员制度对政府会计变迁的发生起到了良好的助推作用：（1）公务员多采用的无过失终身制聘用，能够为政府提供长期的支持和咨询；（2）政府的高级

---

① 需要说明的是，财政部主要是一个指导和监督机构，实际负责财政收入和支出的是一些独立执行机构，如关税与消费税局、国内税务局、主计大臣公署、稽核审计局、英格兰银行和国民经济发展委员会等。

② 这里需要说明的是，中央政府部门内部的会计和审计人员并不是职业会计团体的成员，他们是政府内部的公务员，因此他们可能没有专业技术资格；而地方政府会计和审计人员并非来自政府内部，他们主要是由地方政府雇佣的专业会计人员，一般是特许公共财务与会计师协会的成员，具有专业技术资格。

公务员多是通才型人才,在政府政策制定中发挥着重要作用;(3)公务员多具有良好的恭顺传统,利于在政府中产生凝聚力;(4)公务员一般没有明确的政治倾向,其工作职责与各部大臣相互独立,因而政府任期以及执政党的变更不会对公务员的行为和态度产生实质性的影响;(5)大多数公务员均会自觉地遵守法律法规的要求。正是英国公务员的这些特征,使得政府通常能够相对顺利地推行包括政府会计在内的政府管理方面的变革,政府提出的关于改革的各项规章制度也能够得到贯彻执行。

三、英国政府会计模式变迁的制度安排

根据本书第三章政府会计模式变迁的理论分析框架,以下将从政府会计管理体制、政府会计规范体系和政府会计体系具体构成三个方面分析英国中央和地方政府会计变迁具体的制度安排内容。

(一)英国中央政府会计模式变迁的制度安排

1.政府会计管理体制

英国负责和参与政府会计管理事务的机构由以下四个部分组成:宏观会计管理机构、会计日常管理机构、准则制定和咨询机构以及专门的监督机构。这四个机构分工明确、职责清晰,共同组成了一个完整的政府会计管理体系。

(1)宏观会计管理

英国议会对政府会计进行宏观会计管理主要由下议院的公共会计委员会、国库与审计局、公共支出委员会分工负责:①公共会计委员会的基本工作是审查审计长提交的政府财务报告和审计报告,委员会有权对任何人进行调查,享有准司法权。②国库与审计局负责预算资金的发放,核对国库拨付的款项是否符合法案规定的拨款项目;审核政府各部账目,并就财政部呈交的各种基金支出的年度拨款说明向议会报告;审查各部拨款账目,有权建议改革管理程序,防止浪费和不适当的开支。需要说明的是,审计长主管中央政府审计权,但从来不包括地方政府。政府审计的重点是合规性和一致性审计。审计针对每一项交易中的具体问题和细节,而不是基于系统本身的审计。③公共支出委员会负责审查所有送交下议院的有关公共支出的文件。委员会有权向首相提问并任命专家为顾问,对公共政策的所有方面的问题进行检查。

(2)日常会计管理

英国财政部负责主管全国的政府会计日常管理工作,并负责中央政府资产、负债、收入、费用和现金流量等的管理。财政部直接主管政府会计的下属机构是政府财务管理司(GFM),下设三个处:国库会计办公室、政府财务报告

处及财务管理变革处。其中,政府财务报告处、财务管理变革处在政府会计管理工作中承担大量职责。中央政府委任一名官员担任"主计长"(accounting officers),在政府部门的其他机构也设置职能相同的职位。主计长负责对一个部门支出的合法性、合规性以及审慎与节约的行政管理负责。除了要对机构的运行与服务的管理负责以外,主计长还要对与服务管理相关的财务与会计的所有方面负责。在公共部门的其他机构,与"主计长"职能相同的人员的级别可能会比较低,不属于最高层的管理人员,在这种情况下,各种财政安排与管理安排的最终管理责任仍然要由级别更高的管理人员承担。

(3)会计准则咨询与制定

英国政府财政部负责制定中央政府会计准则,以《资源会计手册》的形式出版发布。财政部在制定中央政府会计准则时需要得到两个机构不同形式的协助:①作为企业会计准则制定机构的会计准则委员会(ASB),财政部发布的准则要遵循 ASB 颁布的相关指导;(2)财政部下设的财务报告咨询委员会(FRAB),财政部制定准则前需要征求 FRAB 的意见。具体来说,FRAB 的职责主要是确保各部门编报的资源会计报表最大限度地符合英国公认会计原则的相关要求,并就应用《资源会计手册》中的财政报告准则与标准等问题,向财政部提供咨询与建议。委员会由一名独立人士任主席,成员包括来自审计署、审计委员会、会计准则委员会、产业界以及学术界的代表等等,目的是要保证委员会具有一定的独立性。财政部每年要向议会提交一份该委员会的活动、会计政策拟定以及重大调整变更等问题的报告,报告同时附有该委员会的意见。

英国特许公共财务与会计协会(CIPFA)负责制定地方政府会计准则,该协会是英国唯一面向公共部门制定准则和组织培训的机构。该机构为非官方组织,经费完全独立,没有任何政府资金来源。其主要职责是制定地方公共部门会计准则,为具体会计实务提供建议,组织地方政府会计人员资格认证以及后续教育培训等。与中央政府会计准则的法律地位不同,由协会发布的具体会计处理建议主要是协会对其成员的要求而非强制性的规定。从数量上看,这些建议的内容也比企业会计少得多,而且更多地注重账户的形式而非内容。协会由会员选举出理事会,理事会中没有政府指定代表。CIPFA 在英国公共部门的影响很大,它已组织了大量专门面向公共部门的政府会计职业培训,英国大多数公共部门的财务总监,通常都是经该协会认证的"特许公共财务与会计师"。

(4)审计监督

审计署作为议会的监督机构,其基本职能是审计中央政府各部门以及中央对地方转移资金的预算开支,向议会报送政府资源使用情况及建议的独立审计意见,并督促各部门提高财务管理水平和资金使用效率。审计署的审计长为下议院成员,由女王直接任命。审计人员一般为会计师、经济师、项目专家等等。审计署不负责审计本部门财务报告,而是由议会下设的公共账目委员会专门负责。审计署的审计范围可以分为财务审计和效益审计两大部分。财务审计主要检查账目是否准确,经济业务是否合法;根据1983年《国家审计法》,效益审计主要审查公共支出的经济性、效率性和效果性。实行资源会计后,仍然有合规性审计,但是审计更侧重于财务报表的真实和公允,主要集中于系统本身而不是单项交易。审计主要基于国际审计准则(International Standards in Auditing,ISAs)。

审计署主管中央政府的审计权,该审计历来不包括对英国地方政府各部门财务报告的审计工作,地方政府审计由英格兰审计委员会、威尔士审计办公室、苏格兰审计办公室以及北爱尔兰审计办公室分别负责。

2. 政府会计规范体系

英国的中央政府会计规范体系并没有明确提出政府会计概念框架,其具体组成按照法律层次划分,主要包括法案和具体会计准则两个部分:

(1)法案

主要包括《统一基金法案(1866)》、《国家贷款法案(1968)》、《贸易基金法案1973》、修订法案《贸易基金法案(1997)》,以及《政府资源与会计法案(2000)》。

(2)具体会计准则

①《政府会计》

《政府会计》主要界定有关政府支出资金授权规范的内容,也包括编制有关拨款会计报表指导方面的规范等。

②《政府会计手册》

《政府会计手册》是《政府会计》的补充,主要是针对政府会计实务中的技术性会计处理予以指导,还包括部门内部及相关会计主体具体会计处理的规定。该手册全面规定了政府及政府机构会计处理的具体要求,同时对应该运用公认会计原则的业务也作出了规定,清楚地规定了资源账户中所采用的核算原则。

③《政府财务报告手册》

2005—2006财年,英国首次将《政府会计手册》名称变更为《政府财务报告手册》,并改变了手册的编写形式,对于政府会计与企业会计相一致的会计处理方法,不再予以详细描述,而是注明适用哪条准则,只对政府会计领域特有会计问题的处理方法予以详细规定和说明,从而使《政府财务报告手册》更加精简。这种变化也表明英国政府会计尽可能与企业会计趋同。另外,英国财政部每年都对《政府财务报告手册》进行更新,不断提高政府财务报告质量。新版《政府财务报告手册》通常会在新的财政年度开始之前发布。《政府财务报告手册》规定了各会计要素确认、计量与报告的方法,特别是对公共部门特殊的会计规定进行了详细阐述。

自 2008 年 4 月 1 日起(英国财政年度为每年 4 月 1 日至次年 3 月 31 日),英国中央政府开始以国际财务报告准则(IFRSs)为基础编制预算和财务报告。修订后的《政府财务报告手册》对国际财务报告准则的采用情况可概括为以下几个方面:第一,对于政府部门与企业的共性业务,直接采用了国际财务报告准则,并就政府部门如何应用这些国际财务报告准则作出了解释。第二,对于存货、现金流量表、固定资产、雇员福利、退休福利计划等个别准则中不适合政府部门业务活动特点的某些规定,进行了调整和说明。第三,对于国际财务报告准则未涉及的基础设施资产、继承性资产等政府部门特有资产、特定事项,对其会计处理作出了专门规定。此外,《政府财务报告手册》还对预算信息的披露作了专门规定,如规定了预算的定义、预算执行表的内容以及预算执行表的附注披露等。值得一提的是,《政府财务报告手册》在规范政府部门特定会计问题时重点参考了国际公共部门会计准则委员会(IPSASB)制定发布的准则或征求意见稿。

3.政府会计体系具体构成

目前英国的中央政府会计体系具体由政府预算会计和政府财务会计组成。

(1)政府预算会计(基金会计)

①会计主体

根据设立各项基金的法案规定,政府预算会计以统一基金、国家贷款基金和或有基金三个基金为会计主体。

②会计基础

为反映中央政府预算执行情况及结果,对各项基金采用现金制基础进行核算,反映基金的资金来源与运用情况。

③预算报表

根据设立各项基金的法案规定,期末要提供每类基金的预算报表。传统的中央政府最基本的会计处理是提供有关统一基金年度余额与变动信息的已审计年度报表。包括:基金年度余额及变动表;收入支出表,其中,统一基金收入项目主要是税收收入,支出项目主要是作为年度预算组成部分的分给政府各部门的现金拨款;附注,包括已审计报告的补充信息,主要提供政府债务余额和变动情况,非审计报告的补充信息,如统计基金中的具体项目信息,统一基金的或有负债等。

(2)政府财务会计(资源会计)

①会计主体

政府财务会计(资源会计)主体除了政府各个部门之外,还包括以下三个特殊的主体:

——代理机构。代理机构的资金来源于各部门的资金供给。代理机构的会计处理是应计制基础上的企业会计模式。

——商业基金。商业基金是按照《政府商业基金法案(1973)》、《政府商业基金法案(1990)(修正)》、《财务法案(1991)》、《财务法案(1993)》建立的。商业基金的资金主要来源于公众股利资本或名义贷款,对于超过其目标回报率的利润,可用于分配股利、增加收入盈余、偿还债务或支付给统一基金等。商业基金的会计处理和信息披露遵循公司法的要求,并满足财政部的特别规定。

——非部门公共机构。非部门公共机构是依法成立、履行政府特定职能的公共机构,主要分为行政类、咨询类、法律类及监狱等四种类型。由于非部门公共机构的组织规模和结构各异,而且都有不同的主管部门,因此没有一套独立的财务会计规则。其中,咨询类和监狱等非部门公共机构的资金,直接来自部门预算,其业务活动纳入部门会计。行政类非部门公共机构是范围最广的一类非部门公共机构。其资金主要来源于拨款或补助、收费或特许权收入、贷款、国家彩票收入、公共股本、私人部门资金等。所有行政类非部门公共机构都要编制应计基础的企业会计报表,一般主管部门会发布报表指导,规定报表最基本的形式和内容。行政类非部门公共机构的会计,还要执行财政部颁布的《政府会计》及《行政类非部门公共机构年度报告和报表指导》。

②会计基础

在政府财务会计主体中,政府部门主体采用现金制或修正的现金制进行核算和报告,而代理机构、商业基金和非部门公共机构由于依据企业会计原则进行核算和报告,采用应计制会计基础。

③会计原则与惯例

政府财务会计(资源会计)遵循的会计假设和会计原则包括:持续经营、配比原则、一致性原则、谨慎性原则、实质重于形式原则、资源会计与资源预算的兼容性原则。

另外,政府财务会计(资源会计)还遵循两个会计惯例:一是记录非现金支出,即资源报表要提供包括所有现金和非现金支出的全部相关成本,以反映政府提供公共服务项目的完全成本信息;二是记录价格变动的后果,即要求政府对资产价值进行重估,从而能反映其当前的成本。

④财务会计报告

英国中央政府财务报告的目标有:表明公共资金按议会确定的目标正确地使用;向议会提供有关服务成本信息,以支持公共支出规划管理;证明授权使用公共资金的各机构充分履行其职责,并有效地管理公共资金。

政府财务报告分为政府部门层面和政府整体层面两种类型:

——政府部门层面财务报告

英国中央政府部门层面财务报告通常被称为资源报告(resource accounts),是以应计制编制的,主要提供本财年有关部门事务、净资源产出、按照特定用途的资源使用、已确认利得和损失,以及现金流量等方面真实公允的信息。

依据政府部门对某一主体是否具有日常预算控制权,来确定部门财务报告的范围。如果政府部门对某一主体具有日常预算控制权,则应将该主体纳入其合并财务报告的范围,向议会提交合并报表。目前英国政府部门合并财务报表包括部门本身和执行机构,一般不包括非政府部门的公共机构。非政府部门的公共机构单独向议会提交自身的年度财务报告。

资源报告由年度工作报告、会计主管职责公告、内部控制声明、主要财务报表及附注,以及审计报告五部分组成。主要财务报表及附注是资源报告的核心部分。主要财务报表包括六种:一是议会批准资源表(statement of parliamentary supply),该表主要反映政府部门获得议会批准的年度资源和净现金的预算数与实际发生数;二是经营成本表(operating cost statement),该表主要反映政府部门在一个财政年度内日常营运活动发生的成本和取得的收入;三是确认的利得与损失表(statement of recognized gains and losses),该表主要反映政府部门的资产估值变动所产生的确认的利得与损失情况;四是资产负债表(balance sheet),该表主要反映政府部门在一个财政年度结束时所持有的资产、负债及净资产情况;五是现金流量表(cash flow statement),该表主要反映政府部门在财政年度内的现金流入、流出及余额情况;六是按部门活动目标分析的经营成本表(statement of operating costs by departmental aim and objectives),主要反映政府部门每类活动的成本情况。会计报表附注主要是对财务报表反映的信息作进一步的解释说明,以帮助信息使用者更好地理解财务报表。

——政府整体层面财务报告

1998 年 7 月，英国财政部发布了《政府整体财务报告》(*Whole of Government Accounts*，WGA)，宣告财政部将于 2005—2006 年度发布整体公共部门审计的合并会计报表。该套合并报表包括财务业绩表、资产负债表和现金流量表等。具体的合并范围包括英格兰、苏格兰、威尔士、北爱尔兰四个地域的、各种类型的 1 300 多个公共实体。英国政府整体财务报告主体可分为以下几类：(1)中央政府，包括政府部门资源账户(government departmental resource accounts)；国家贷款基金账户等核心政府财政基金("core government"financial funds)；非部门公共机构(non-departmental public bodies)；养老金计划(pension schemes)，包括中央政府养老金计划，国民保健服务、教师等其他非基金性的雇员养老金计划；部门资源账户中未包括的国民保健服务实体(National Health Service Entities)等。(2)地方政府(local authorities)，包括四个地域的各类议会(单一制议会、郡议会、自治市镇议会、区议会等)；消防机构、警察机构、缓刑委员会(Probation Committee)、旅客运输机构；废物处理机构、资源保护局(Conservation Boards)；地方教育当局及学校等。(3)公营企业(public corporations)，包括国有行业(nationalized industries)、其他公营公司、营运基金(trading funds)等。

编制政府整体财务报告的具体做法是中央政府各部门每年末以 Excel 表格的形式将部门层面财务报告报送财政部，财政部通过政府会计合并系统合并相关信息，对报告主体间的内部交易进行抵消，最终生成政府整体合并财务报告。

(二)英国地方政府会计模式变迁的制度安排

1. 政府会计管理体制

虽然中央政府拥有对地方政府的规范权和监督权，但中央政府并不对地方政府预算和会计进行具体的规范和管理，地方政府会计的重要内容仍然由地方政府自行决定。英国的职业会计团体在推动和制定地方政府会计准则方面发挥了重要的作用。英国特许公共财务和会计师协会(Chartered Institute of Public Finance Accountancy，CIPFA)一直是英国地方政府财务从业人员职业资格的考核和授予机构。在开展资源会计与预算改革后，要求特许财务和会计师协会与地方当局(苏格兰)会计咨询委员会共同制定和发布"英国地方政府会计实务规则"，英国会计准则委员会将该规则确定为推荐执行的范本。

此外,法律要求对地方政府财务报告进行审计,但审计人员传统上由地方政府自行选择,可能来自非审计署的其他中央政府部门,或来自私营部门。1982年,英格兰和威尔士依法建立了审计委员会,负责向地方政府各部门委派审计人员。

2. 政府会计规范体系

英国地方政府会计规范体系没有会计和财务报告框架,其内容主要由三个层次构成:在法案层次,英国地方政府会计主要遵守1988年《地方政府财政法案》,该法案建立了地方政府会计的框架,内容包括从建立会计账簿记录经济业务,到提供财务报表并进行审计的有关规定;第二层次是英国负责地方政府事务的政府部门制定的相关规章,如《会计审计规范》,经修订的《会计审计规范(1996)》等相关会计法规进一步充实了该框架;第三层次是特许公共财务与会计协会制定的《推荐实务公告》(Statement of Recommended Practice, SORP),其主要内容包括:会计概念;会计政策和会计估计方法;金融工具;单一主体报表公告(包括会计政策公告、核心单一主体财务报表;各地住房收入账户、回收基金、家庭税账户、非国内税收收入账户、养老基金账户等);集团报表;报表责任公告、内部控制公告和内部财务控制系统公告等。另外,地方政府一般没有会计科目表,使用的是CIPFA公布的预算的标准分类。

3. 政府会计体系具体构成

20世纪70年代以来,地方政府预算和会计的趋势是逐渐与企业会计趋同。地方政府要为整体政府编制合并财务报表,而对预算仅作一个过程性的比较。预算成为一个独立而公开的程序,现在几乎不再是正式财务会计系统的组成部分。这一点使地方政府会计与企业会计实现了实质上的协同。

地方政府采用应计制会计基础核算和报告。根据《会计审计规范(1996)》的规定,地方政府需要编制和公布的年度财务报告包括以下内容:①说明性介绍;②地方政府独立记账的各基金的收入支出概要表;③资本性支出概要表,反映当期资本性支出总额的资金来源;④会计政策说明表,主要披露那些政策改变对财务报告结果有重大影响的方面;⑤合并经营活动表;⑥合并资产负债表;⑦合并现金流量表。

地方政府会计报表的编制由地方政府的财务总监负责,并且要按照CIPFA和地方政府(苏格兰)会计咨询委员会(LASAAC)制定的对英国地方政府会计的实务指南编制。在编制会计报表时,财务总监应选择适当的会计政策并保持对它们的一致性应用。

第三节 | 英国政府会计模式变迁的启示与借鉴 ▶▶

一、明确制度环境的塑造作用

通过对英国政府会计模式发展历程的梳理和理论分析可以看出,制度环境是塑造不同时期和不同发展阶段政府会计形态的重要因素,具体体现为以下两个方面:

1.两种性质的制度变迁方式。政治环境造就了英国中央政府和地方政府会计变迁采用两种不同的方式:(1)中央政府的强制性变迁方式。英国议会内阁制政治体制在新的历史时期,由于两党制的不断完善被赋予了新的内容,政府在与议会的权力争夺中取得了实质性的胜利。因此,中央政府会计变迁的方式主要是典型的强制性制度变迁,这种由政府实施的制度变迁可以减少和遏制诱致性制度变迁中存在的"外部性"和"搭便车"等现象,有效地解决制度供给不足问题;同时,从成本效益的角度分析,政府主导制度变迁的总体成本较低,例如政府可以利用自身的强制力降低制度实施的成本,缩短制度变迁的时间等。这种由政府推行的强制性制度变迁具有渐进性。英国推行政府会计改革遵循了循序渐进、逐步推进的原则。从英国推行政府会计改革的发展历程来看,中央政府会计采用应计制会计基础的顺序是先从外围单位再到核心部门,最先采用应计制的单位是贸易基金,其次是非政府部门,再次是政府执行机构,然后是政府部门,最后才考虑编制以应计制为基础的政府整体财务报告。构建的政府整体财务报告类似于建造金字塔,只有从底部入手奠定基础才能完成整个改革任务。(2)地方政府的诱致性变迁方式。英国单一制国家组织结构决定了地方政府要接受中央政府的统一领导,但地方分权的特征使得地方政府具有一定的独立性。在地方政府会计变革中,英国政府财政部并不直接领导和管理地方政府会计实务,这项工作由英国特许公共财务和会计协会与苏格兰会计咨询委员会共同完成,由两者制定和发布"英国地方政府会计实务规则"来规范会计实务工作。因此,从性质上说是由会计职业团体主导的自下而上的缓慢的诱致性变迁。

2.政府行政管理模式的转变直接推动了政府会计变迁。英国政府会计的变迁是政府行政管理改革的结果之一。英国政党制度中保守党或工党单独执政的不同寻常的主导地位使得政府具有同样较强的能力实现自己改革的愿望,从1979年以来政府一直开展持续深入的行政改革,改革中遇到的障碍以及付出的政治代价相对较小,当政府决定推行某项具体改革时一般总能够做到。因此,政府在引入资源会计与预算系统时采用了"一步到位"激进的改革方式,建立应计制基础上的政府预算与会计体系,表明英国政府以其发达的经济条件具有足够强大的力量来承受外部压力,并以自己的方式来修正自己的制度,成功实现制度转型。另外,英国加入政府会计变革的阵营也营造了一种方向感,有助于英国保持在国内、国际机构和其他国家中多年来形成的改革先驱声望。

二、发挥行动集团的能动作用

如上文分析可见,制度环境塑造了英国政府会计的基本架构,决定了政府会计变迁中不同的主体起到不同的作用:(1)与议会相比,政府行政机构是有意识地理性参与并推动中央政府制度变迁的主要行动集团。特别是财政部在英国中央政府会计与预算改革中始终发挥着重要的组织和领导的作用。例如引入应计制最初就是由财政部提出,后经过多次广泛征求意见与讨论,并经英国审计长认可,最终由英国议会通过决定推行的。政府决策者的大力支持,对英国政府会计改革的计划、成功实施和取得预期的效果是至关重要的。一方面,财政部通过宣传和试点的推进竭力使英国议会相信其控制权不但没有被削弱,反而还得到了加强;另一方面,财政部力图转变改革决策者、政府财务与预算管理人员、公共部门审计人员的理念,使他们认识到应计制会计能提供更完整准确的信息,从而能更正确地衡量公共部门业绩,将他们的管理理念从重视对公共部门的预算投入转变到重视公共部门的产出上来。(2)在地方政府层面,由于英国会计职业组织发展的历史较长,在规模、质量、影响和威望等方面都比较完善,会计人员的专业判断能力、职业道德方面也具有较高的水平,这些为推动政府会计变迁奠定了坚实的基础,从而能够担负起组织和领导英国地方政府会计制度变迁的重任。

英国政府会计变迁同样离不开政府内部的会计、审计以及改革波及的其他人员的支持作用。中央政府高素质的公务员队伍和地方政府雇佣的职业会计和审计人员为确保政府会计改革的推行,提供了丰富的人力资源,奠定了成功的基础。

三、设计多样化的制度安排

英国政府会计模式的核心内容从微观层面上来看也主要反映在具体的制度安排中,以下方面的制度设计为我们提供了良好的借鉴。

（一）强有力的法律保障

英国政府会计的形成和发展中同样贯穿着法律对变革发生的重要作用，数次改革均离不开立法层面以法律形式对改革进行规定，因而能够保证改革的顺利开展和实施。例如 1787 年《统一基金法案》、1866 年和 1921 年的《财政部和审计部门法案》以及最近引入资源预算与会计的 2000 年《政府资源与会计法案》。这些法案不仅为不同时期的改革奠定了法律基础，也成为英国政府会计规范体系必不可少的组成部分。

（二）权衡的现金制和应计制会计基础

在英国政府会计变迁过程中，对现金制和应计制基础如何选择，选择后应用的程度都是综合权衡的结果。从 18 世纪建立基金会计采用现金制会计基础提供政府预算资金来源及使用情况的信息来满足议会对现金的控制的要求，到 20 世纪 70 年代开始为适应政府管理改革而引入了应计制会计基础来反映政府财务信息，这种从现金制到应计制会计基础的渐进过渡，并不是简单盲目的选择，而是政府充分认识制度环境的变化并作出恰如其分的评估，最终权衡各方利益的结果。例如，政府在进行资源预算与会计改革时，即考虑到政府引入应计制会计信息的必要性，又兼顾议会对现金的控制权，于是要求统一基金的会计处理和财务报告基于现金制基础，而对应的应计制基础的会计处理和财务报告由政府各部门编制。这种要求各政府各个部门同时提供应计制和现金制两种类型、详细程度不同的会计信息，实现了对部门支出的双重控制，即资源需求详细控制和现金需求总额控制。既避免了对财务信息的重复反映，又有效满足了相关各方对政府财务信息的需求。

（三）与企业会计趋同的规范体系

英国中央政府目前的预算和会计系统的基本架构早在 1866 年就已经建立了。20 世纪 90 年代开始引入应计制资源预算与会计系统是对这个架构的补充而非替代。传统的预算和会计系统的定义与现金紧密联系，是作为一个现金管理系统而存在的。在传统系统中，财政部给中央政府各部门现金拨款，各部门归还未使用的现金，财政部和议会的会计中均有相关的记录。当引入应计制资源预算与会计系统后，其实质主要是在原有系统基础上增加了应计制基础的项目，例如承诺事项、重要资产和负债、资产折旧等内容，而不是对原有框架的结构性调整。

与企业会计体系相比，现行的英国中央政府和地方政府会计均没有整体的概念框架，并且中央政府和地方政府的会计规范各自由不同机构制定，但是两种会计规范都是以英国公认会计原则为基础通过适当改编后形成的。

1.财政部负责制定英国中央政府会计准则。其制定的准则被要求以英国一般公认会计原则为基础，特别是要符合经调整、适用于中央政府的 1985 年《公司法》中会计核算原则及披露要求，以确保公共部门与企业部门会计处理保持一致，方便进行绩效评估。另外，财政部在制定会计准则时，要遵循会计准则委员会（ASB）颁布的相关指导，同时有权决定英国会计准则委员会颁布的准则是否适用政府，并进行适当调整。按照会计准则委员会在英国逐步履行国际会计准则的要求，财政部正在按照国际会计准则更新中央政府会计准则，计划于 2008—2009 年度在两个中央部门试行按国际会计准则制定的会计准则。

2.英国特许公共财务和会计师协会（CIPFA）负责制定地方政府会计准则。其制定准则的程序一般是，首先由特许公共财务和会计师协会起草地方政府具体会计处理的建议，经会计准则委员会批准后发布执行。特许公共财务和会计师协会已经成为会计准则委员会认可的能发布建议实务公告的组织，并且作为代表大多数地方政府财务官员的职业团体，要求其成员遵循相关会计处理建议。地方政府会计处理建议与企业会计标准的关联度比较强，但是地方政府会计的专业建议要比企业会计少得多，而且更多地注重形式而不是内容。

最后，为了满足英国编制政府整体财务报告（WGA）的需求，中央政府和地方政府会计之间以及与企业会计之间在重大相关方面逐渐趋同，差异越来越小，开始了协同的进程。

（四）全面的政府整体财务报告（WGA）

英国政府编制的政府整体财务报告，其编报范围几乎囊括了整个公共部门，具体包括中央政府部门和代理机构、非部门公共机构，统一基金、国家贷款基金、国家保险基金、或有基金，地方政府，公共公司，交易基金等，大大增加了政府财务信息的含量。政府整体财务报告在编制时要求其遵循与资源会计相同的基本原则，以提供支持"黄金法则"①所需的高质量的数据，并提供一份便于更直接地进行财政管理的公共部门资产负债表。政府整体财务报告信息含量的扩大无疑会增加信息处理的工作量和复杂程度，只有逐层对整个报告主体内部各个主体之间的交易予以抵消后，借助先进的政府会计信息系统，才能最终形成政府整体财务报告。技术难度并没有阻碍英国政府采纳编制政府整

---

① 《财政稳健法》中规定了"黄金法则"（the Golden Rule），即在经济周期中，政府举债只能用于投资而不能用于当期支出。

体财务报告的改革建议,英国政府认为这样的政府整体财务报告能够充分反映整个公共部门总体的财务状况,有效提高英国政府财务数据质量,有利于将财务管理、财政控制和经济政策体系有机地结合在一起,更好地保持财政稳定性。进一步的,对外披露经审计后英国政府整体财务报告,其反映的信息能够成为整个国家经济数据的基础与核心,为国民账户的编制,以及不同角度、不同需求的宏观经济分析提供可靠的数据基础。

(五)发达的政府会计管理信息系统

在政府会计管理方面,英国无论中央政府还是地方政府都应用了比较发达的会计管理信息系统。目前,英国用于编制政府整体财务报告的信息系统为 COINS(the Combined Online Information System)。该系统是一种新型的网络结构系统,建立在多维数据库基础上,主要收集政府会计与资源预算的财务信息,支持政府整体合并财务报告的编制。COINS 系统是 2001 年由英国财政部将原有的三个独立信息系统进行整合开发而成的,即将 GEMS(General Expenditure Monitoring System)、PES(Public Expenditure Survey)和 GOLD(Government On-Line Data)三个系统整合为一个 COINS 系统。此前,三个系统分别承担着不同的财务数据收集功能(GEMS 系统主要收集月度数据,用于控制年度中间的支出;PES 系统主要收集预算数据和每期实际发生数据;GOLD 系统主要收集经审计的年度报告数据,以编制政府整体合并财务报告),但彼此独立,使用不同的数据结构,系统之间无法实现数据共享。2005 年 3 月 COINS 系统正式投入运行,取代了原来的三个系统。这样,所有数据信息都收集于一个系统,充分实现了数据共享,大大简化了政府财务数据收集过程,减少了政府部门报告的负担,而且更好地保持了数据一致性,便于进行各种数据分析活动,为改进政府财务管理提供了强大的技术支撑。

除此之外,英国政府部门和地方政府分别有自己的财务管理信息系统,使用什么样的信息系统由各部门和地方政府自己决定,相互之间可能相同,也可能不同。但是,在财政年度结束时,各部门需要将其信息系统生成的年度数据,按照 COINS 系统的要求,进行相应转换后输入 COINS 系统中,提交给财政部,以便于汇总编制政府整体财务报告。

第六章
法国政府会计模式的变迁

▶▶▶

　　与美国和英国相比,法国是当今发达工业化国家中与我国具有相似制度环境的国家之一。形成于悠久历史文化长河的法国高度集中的独特政府会计模式对我国具有较强的借鉴意义。因此,本章以法国为考察对象,来分析其政府会计模式变迁的内在规律并讨论法国政府会计模式对构建和完善我国政府会计模式的借鉴意义。首先,简要回顾法国政府会计模式发展的历史轨迹;其次,运用本书提出的政府会计模式变迁理论框架来分析法国政府会计模式从萌发到现代化发展的特征;最后,总结法国政府会计模式变迁的启示和可资借鉴之处。

第一节 | 法国政府会计模式变迁的历史轨迹　▶▶

　　本书将法国政府会计模式变迁的历史进程划分为三个阶段:大革命至 19 世纪末的萌芽阶段,20 世纪初至 70 年代的形成阶段和 20 世纪 80 年代至今的发展阶段,下面将按照这三个阶段依次进行分析。

一、法国政府会计模式的萌芽

　　法国高度集中的政府会计模式绝非偶然,其中包含了历史积累起来的许多合理因素。从 1789 年法国大革命推翻封建王朝开始直到 19 世纪末的 100 年来,是法国经济社会取得较快发展的时期,同时法国政府会计经历了从萌芽到初步形成的演变。

　　1789 年爆发的法国资产阶级大革命推翻了法国封建专制统治,建立了资产阶级共和国,为法国资本主义经济的发展扫清了障碍。此后的 100 年间,法国市场经济取得了较大的发展。拿破仑政权在执政期间,采取了诸如严格的关税政策、设立工业部、创办法兰西银行、制定巩固政权的《拿破仑法典》等一系列措施,保护和刺激工商业的发展。1825年后,法国取消了对英国的"大陆封锁政策",大量聘请国外熟练的技术工人,大批输入英国的机器,使工业革命加快步伐,机器生产在法国逐步代替了手工劳动,最终实现了工业革命。

在1789年法国大革命推翻封建王朝的过程中,诞生了法国政府会计模式的雏形。早在封建王朝时期,王室任命一些税务官到基层负责征税工作。然而他们出于个人的私利并不按照王室条律征税反而自行多收税,并且私吞多收部分税款,激起了纳税人的强烈不满。这种不满的日益积累,加之其他深层次的矛盾,终于引发了1789年法国大革命。为了平息人们的不满,改革者采取了一系列措施,逐渐形成了政府会计体系的基本框架,包括税务官在内的从事公共会计的工作人员必须具备自觉遵守制度的素质和概念,如有违反就应当受到追究;建立专门的监督机构对财政资金支出进行全程的监督和控制等内容。这个框架在拿破仑时代开始具有极强的中央集权特色,并在此后的100多年保持稳定。当时中央集权政府会计的目的是记录财政资金的进出情况,重在发挥监督作用,防止政府公共部门腐败的发生。

二、法国政府会计模式的形成

两次世界大战使得法国经济受到了严重破坏,战后法国面临通货膨胀居高不下、基础设施遭到严重破坏、物质供应极度匮乏等一系列困难,急需对国家经济进行恢复和发展。在此背景下,法国政府在经济复兴中强调计划指导,认为向股东、银行家及其他第三方提供更为可比的信息以及简便地编报全国统计资料时,就应该实行会计标准化。1947年,政府发布了《统一会计计划》(PCG),要求各个企业组织按照统一的方式和要求进行会计账务处理,其中包括具有工商性质的公共部门。在1954年时还将执行的范围进一步扩大到地方政府和公共行政事业单位。[①] 从此,同样的账目根据同样的规则记录,政府会计和企业会计都按照统一规范格式进行记录与报告。

在发布《统一会计计划》的同一年,法国政府成立了隶属于财政部的全国

---

① 1970年统一会计计划又被推行至国家部门会计。

会计委员会(CNC)①,专门负责针对企业会计法律法规咨询以及会计制度的起草工作。委员会当时的工作主要是修订和发展《统一会计计划》,并负责监督各单位的执行情况;为特定行业拟定实施细则,对执行《统一会计计划》所需要的具体指导原则提出建议。这些建议主要以文告的形式发布,但没有强制效力,必须通过财政部的批准才能够生效。对于政府会计法律规范,财政部并没有成立专门的机构进行研究和制定,当时的做法是由财政部向 CNC 咨询如何根据政府部门的特点来对《统一会计计划》进行改编,并以文件的形式对政府会计实务提供指导。这一做法一直持续到 2001 年改革。

1962 年法国政府发布了《公共部门一般规范条例》(以下简称条例),专门制定了法国政府会计的总体规范。条例内容主要包括政府会计的主要原则、会计管理的组织机构和职责安排,并以具体的指南形式对会计科目表、财务报表的格式以及操作指南进行规范。条例中明确提出政府会计与企业会计一起共同构成国民会计体系,同时规定政府会计的目的是了解和控制预算和资金流动的步骤、财产状况、成本和年终结果。

法国政府于 1951 年加入欧盟,作为欧盟的成员国,法国有义务实施欧盟的各项法规,在企业会计方面主要是欧洲公司法协调的一系列指令,尤其是第 4 号、第 7 号指令和第 8 号指令。发布于 1978 年的第 4 号指令是欧盟范围内最宽泛、最综合的会计规则。其主要内容是建立了一套全面而广泛的基本会计准则,具体包括资产负债表格式规则和损益会计处理、披露要求、计价规则、真实和公正等信息披露要求。指令适用于除银行和其他金融机构或保险公司以外的所有股份有限公司和有限责任公司,包括公共企业和私人企业。

欧盟第 4 号指令发布的次年,法国政府对 1947 年发布的《统一会计计划》进行修订,增加了以"真实和公允"作为编制财务报表的基本原则。由此,欧盟指令经由《统一会计计划》内容的调整对法国政府会计产生了间接的影响。从那时起,政府财务报告提供财务信息也要具备"真实与公允"的质量特征。但根据 1962 年《公共部门一般规范条例》的要求,法国政府会计应按照《统一会

---

① 1996 年 CNC 改组为财政部下属的一个咨询机构,它的任务是"提供涉及所有经济部门的关于会计领域的意见和建议"。1996 年革新的内容之一是在"会计全国理事会"内增设了"紧急委员会",由"会计全国理事会"的主席、副主席及司法部、经济财政部、预算部和证券交易委员会的代表组成。凡是由"会计全国理事会"的主席或者经济财政部长提出的所有与会计规范的解释和执行有关的需及时解决的问题,都必须在自问题提出之日算起的不超过 3 个月的限期内作出决定。

计计划》来开展业务核算,可以依据公共部门的性质作适当的调整。

总之,法国政府会计经历了二战后与企业会计统一,再到与企业会计"两分天下",标志着政府会计作为一个独立体系的正式形成。政府会计的目的在原有确保预算合规性以防止政府公共部门腐败发生的基础上,扩大到提供政府运营的当前财务状况信息,有助于衡量政府公共政策的成果。

三、法国政府会计模式的发展

20 世纪 80 年代以来世界范围内新公共管理改革的兴起,必然对法国造成影响,法国政府作出回应,开展了以市场为导向的政府管理改革。在政府管理改革的推动下,法国政府会计模式实现了现代化发展。

(一)地方分权改革

经过战后 30 年的持续高速发展,20 世纪 80 年代后法国国内经济进入了成熟饱和期:经济增长微弱,失业率攀升。从 20 世纪后半期开始,法国地方公共开支占国家总公共开支的比重不断增加,如果加上中央财政用于地方的部分,到 80 年代已达三分之一以上。在这种背景下,地方政府对中央政府集中管理的政府会计制度也产生了不满情绪。

20 世纪 80 年代密特朗总统上台以后,在 1982 年颁布实施了《关于市镇、省和大区的权利和自由法案》,即《权力下放法案》,标志着法国开始在维护单一制国家结构的前提下,开展地方政府分权改革。地方政府分权改革给予了地方政府更大的财政自主权。一方面,法国省议会在制定本省预算、借贷款、奖惩省行政人员方面,无须中央政府和代表中央的省长的批准,可以自动生效;另一方面,市镇政府在其职权范围内可以自主行事,任免工作人员无须得到省长或省议会的批准。改革还促使地方审计法庭的增设,负责对省以下地方政府和公共事业单位会计进行审查。

20 世纪 80 年代以来的地方分权改革扩大了地方政府的自主权,然而改革并没有对法国政府会计体系造成实质性的影响,主要表现在以下方面:(1)在政府会计组织管理方面,财政部仍然主管地方政府政府会计系统,对公共财政资金仍然采用国库单一账户制度进行管理,即地方的钱统一存放在国库局的原则没有丝毫动摇,国库由财政总督代表财政部统一管理;(2)在政府会计人员管理方面,地方政府政府会计人员仍然隶属于中央政府财政部直接管理,并未改变政府会计人员由财政部集中管理的模式;(3)在政府会计规范体系方面,中央政府和地方政府仍采用统一的会计规范体系,虽然分权改革要求地方政府和公共事业单位的账目和国家的账目相互独立,但这种独立只是账目的区分,并不妨碍国家的统一监控。

（二）国有企业改革

法国政府曾经在 1936 年、1945 年和 1982 年先后经历了三次企业国有化运动,使得国有企业几乎遍布了法国的所有产业。国有化引起了垄断资本结构的变化,增强了国家对国民经济的干预能力。但企业国有化初期带来的规模投资、急剧扩张等优势逐步丧失,同时面临产业结构调整缓慢的窘境。加之当时的执政党政府对企业干预过度,造成企业经营管理缺乏活力从而严重亏损,加重了国家的财政负担,急需政府对这些企业进行改革。在此背景下,从 1986 年开始政府开展了大规模的国有企业私有化改革。通过转让股份、招标,对稳定股东出售部分资产和向雇员出售股份等方式,法国政府完成了对大型国有企业的私有化改造。①

法国政府私有化的改革,是政府应对财政危机,转变职能的结果,国有企业性质的转变意味着政府会计的主体和范围的调整。对此,法国政府采用了差别性原则:(1)对社会整治和建筑部门(OPAC:Offices Publics d, Amenage-ment et de Construction),允许在政府会计和企业会计间选择,到 1995 年年底,293 个单位中有 209 个单位仍然选择由国库会计做账;(2)对从事工业和商业性质的公共服务(如供水、清洁、公共运输)部门可交由私营企业和混合经济企业经营,但得受政府会计系统的审核。(3)对竞争性国有企业(如包括煤炭、钢铁、汽车、银行、保险等行业)和一些特殊的公共事业部门,如低租金住宅建筑单位(HLM:Habitation a Loyer Modere)和医院,由于它们处于竞争环境,允许其脱离政府会计体系,改为遵循企业会计原则,在会计处理上,这些部门不再直接进入政府会计体系的核算范围,而是国家以投资人的身份反映对其投资收益。即私有化改革前以市场为导向的国有公司采用的是法人报表方式,但私有化改革前后这种市场导向的国有公司完全遵守私营部门的会计标准,使用私营部门的合并报表。在中央政府的报表中体现市场导向的国有公司的净资产,因为它们使用的是企业的财务报表,体现的是企业的一种净值,政府对这类企业的补贴或投资都是一种权益。

（三）结果导向预算管理改革

进入 20 世纪 80 年代以来,法国政府公共支出持续增长,已经达到 GDP 的一半以上,计算公共服务成本、衡量公共支出效率的迫切性日益增强。同

---

① 许多大型国有企业、银行和保险公司,诸如巴黎国民银行(BNP)、埃尔夫石油公司(ELF)、罗那普朗克化工公司(Rho-ne-Poulenc)等等,已被全部或部分出售给私营部门。

时,法国议会由于 1958 年宪法中限制其不能对支出进行修改而导致在预算形成和执行中控制力不足,存在长期的失落和不满情绪。在这些因素的综合影响下,法国政府开展了与新公共管理运动理念相一致的以"绩效"为基础的预算改革,实现预算管理模式从投入导向向产出或结果导向的转变。

传统投入导向预算管理模式因能够加强政府公共支出控制的优势,在中央集权控制为特征的法国政府得到长期青睐,占有重要的地位,发挥了重要的作用。然而在这种预算管理模式下,公共支出机构对预算资金的运作和管理缺乏必要的自主性和灵活性,导致公共部门对预算资金使用结果的忽视,继而影响政府公共政策目标的实现。随着经济环境的转变,政府公共支出的持续增长和财政赤字的沉重压力,迫使法国政府对传统投入导向预算管理造成的政府预算最大化和缺乏成本意识有了清醒的认识,继而开始对预算管理模式的调整。早在 20 世纪 70 年代,中央政府所有部委曾有过推行计划规划项目预算的尝试,但是这项尝试的结果由于以下原因归于失败:(1)中央政府预算本身仍然保留以前章的结构和投票审议程序,项目只是作为补充信息提交议会供其参考,对大多数人来说协调章和项目是一项过于繁重的工作;(2)由于各部委和司局的组织结构没有发生变化,在执行项目过程中容易出现一个项目由多个司局共同负责但实际上没有人真正负责的情况;(3)政府会计系统仍然沿用传统预算管理模式下的预算会计账户设置,以及现金制核算基础记录和反映政府预算资金的收支情况,无法提供成本和绩效的详细信息。

在新公共管理改革影响下,法国政府出台了 2001 年《财政法组织法》,对政府预算和会计体系进行改革。预算改革的内容主要包括以下三个方面:

1. 政府预算结构的调整

政府以往的预算是由议会按各部门支出项目的性质,逐项通过各部门的预算,这种预算难以体现政府实施的各项公共政策。新的国家预算结构使公共政策更为明确,责任更加分明。新的国家预算结构分为任务、项目、行动三级:(1)第一级为任务,反映国家财政担负的主要公共政策,每一任务划分为若干项目;(2)第二级为项目,反映执行有关公共政策的操作管理框架,每一项目对应若干行动;(3)第三级为行动,是项目的具体体现,在每个项目内,相同用途的预算额度又集中为行动,设置行动是因为必须明确区分某一公共政策的具体组成部分、行动方式和参与方各自的职能。按照 2001 年《财政法组织法》的实施计划,2006 年法国政府对政府预算按照功能重新分类,建立了新的预算结构,把政府划分为 50 项使命,150 个项目和 620 个活动,原有对政府预算的经济分类并没有因为功能分类而被抛弃,而是两套分类并行。

2.部门预算管理权的扩大

根据 2001 年《财政法法组织法》的规定:在预算批复的项目内,除人员工资外,各部门公共政策项目负责人可自由调剂各项支出使用的预算额度。同时,建立新的部门监控管理体系,加强对公共支出全过程的监控管理和绩效监督,用绩效预算的原则来监督每个项目的执行情况,扩大部门内部审计职能的范围,让每个公共政策项目执行者承担更多的责任。因此,在组织设置方面,与预算功能分类体系相对应,在部长下面建立了三级管理链条:项目经理——运营预算项目经理——运营单元经理,预算的责任在这一管理链条上层层分解开来。在项目层面上对资源的用途进行了限定,但在一个项目内的各项活动之间,项目经理对资源的分配和使用拥有自由裁量权。通过预算责任的多次分解,使得各部门公共政策项目负责人拥有更大的自由度,同时也承担了更多的责任。

3.部门绩效考核指标的设置

根据 2001 年《财政法组织法》的要求,预算执行是以项目和目标为基础,进行公共支出管理并作出绩效评价。项目目标分为三大类:一是总体政策目标;二是中间目标,即与项目有关的产出目标,包括质量目标和数量目标;三是最终结果目标,用来衡量对经济社会的影响。与此相对应的是,要计算每个项目的总成本,既包括直接成本,也包括共同管理几个项目的部门发生的间接成本。对于每一个项目而言,可从不同类目标中各挑选一些指标,与项目总成本进行比较,从而对项目活动形成一个比较全面的评价。对每个项目都要求制定年度绩效计划,解释说明政策及目标,并将目标及所需要的预算资源通过数字细化,然后提交给议会;而在年度终了时,每个项目都编制年度绩效报告,并在下一年度预算前进行讨论。为便于对政府绩效的衡量,法国中央政府在 2005 年公布了三个主要绩效指标,包括:(1)成果指标,尤其是一些类似社会保障、司法、教育这方面的目标;(2)向用户提供服务质量的指标,比如在内部收入服务和纳税人之间的关系方面的目标;(3)提供服务所发生的费用的指标,即各部门管理人员减少相应的成本和费用的能力。每个管理人员都要对自己服务范围内的业务活动费用负完全责任。每项业务的完成都需要按照事先的具体指标来衡量是否达到了要求,并定期编制绩效报告。

经过上述一系列改革,法国政府预算改革基本完成了既定目标。在政治方面,扩大了议会对预算批准的范围,即拨款分配问题上,在不影响财政预算平衡的条件下,议员可以建议对某项财政任务下的拨款进行重新分配。在技术方面,引入了绩效管理机制,法国政府预算逐渐从增长型的预算过渡到零基预算。但法国的预算分配和管理上的改革并没有影响到集中性的资金收付,法国在预算执行中,仍然实行国库集中支付制度,因为法国人认为,资金安全仍是第一位的,然后才是绩效。

(四)中央政府会计现代化改革

在上述改革的共同影响下,1998年时任法国财政部长的M. Arthuis撰写了《值得质疑的中央政府财务系统:16项规划待启动》综合研究报告,从技术层面揭示了政府会计系统存在问题,引发议会两院透过政府会计系统去审视公共支出的效率和国民议会在控制公共支出过程中发挥作用效果的问题。国民议会非常关心公共支出的可理解性,议员投票通过了巨额的公共支出,需要知道自己的投票取得了怎样的结果。于是,国民议会1999年发布研究报告——《公共支出与国会控制的效率》,认为中央政府必须改变预算的编制方法,纳入多年度的项目和目标,应当采用新的会计系统来核算每个项目的结果。参议院紧接着在2000年发布《改善法国财政期待中央预算改革》的报告,要求中央政府预算首先要建立在多年度的项目和预算基础之上,应建立一个真实的财务和管理会计系统。各方关注的结果最终促成了法国议会于2001年8月1日通过了一项新的法案——《财政法组织法》(*Organic Budget Law/Constitutional Bylaw on Budget Law*,LOLF)。

1.改革的核心内容

2001年LOLF的主要目标有两个:建立现代化公共财政管理的框架,使其更加结果导向和成本有效,为议会和公众提供更加透明的预算和会计信息。LOLF是具有宪法性质的法律文件,是法国政府预算和会计实现现代化改革的法律保障。根据法案的规定,中央政府会计除一些特定活动可以采取特殊的处理方式外,必须遵循企业会计应计制基础的会计原则。决策层经过权衡,认为一开始就在预算会计和财务会计全面实行应计制是有风险的,因此决定采用双重系统并行的方式,即预算会计仍沿用现金制,而财务会计采用应计制。双重系统适用于对预算执行进行及时报告,最小化了应计制预算带来的复杂性和操纵机会,同时在应计制下估计政府固定资产和成本更为可靠,可以更好地反映政府的财政状况。立即采用应计制预算需要巨大的资源和努力,在尚未充分准备的情况下,保存现有的双重系统成为法国政府的过渡措施。

2.改革的组织保障

为指导和监督改革,中央政府建立了一个由一名专职主席、财政部预算司司长、政府会计司司长和各部委的财务主管组成的部际委员会。同时在财政部内部还专门成立了一个中央政府财务升级任务司,负责协调财政部内部的改革工作。部际委员会成立后,开始按照计划开展准备阶段的工作:(1)2004年前结束对所有部委进行彻底的管理改革,建立对项目及其目标的管理控制机制;(2)2005年前完成由预算司负责建立一个按功能分类的全新的预算框架;(3)2006年前结束由政府会计司对会计系统进行全盘更新,包括建立新的会计准则体系,设计新的软件系统,开展组织教育和培训等。

在2001年LOLF颁布之后,财政部立即成立了一个由政府会计司领导下的政府会计准则委员会(CPAS)①,专门负责研究和制定政府会计准则。委员会的成员来自政府部门的领导、学者、政府会计实务工作者和企业部门会计师,以及其他有应计制会计经验的人士,充分体现了综合专业水平和丰富实践经验的良好结合。

3.改革的人力资源支持

为保障2001年LOLF的顺利实施,2002年跨部门间的大规模培训为LOLF改革培训拉开了序幕,到2006年改革正式实施前经过了三个阶段的工作,取得了丰硕的成果。

(1)宣传阶段

2003—2004年的宣传阶段,重点是通过建立一个改革相关人员的"接力网络",来明确改革将要涉及的所有部门和人员并使其知晓改革的具体步骤和时间表。"接力网络"的工作流程是:首先由若干个来自前预算部并已参与了制定LOLF大量工作的高级官员组成核心"结点"——他们被称为"联络员",其任务是确保培训来自所有改革涉及部门的大约750名"代表";其次,这些选自各个部门的"代表"经过培训后再向大约15 000名他们的同事宣传改革的具体内容。为保证培训质量和改革内容的一致性,政府办公系统还专门设计了一个计算机工具包软件来及时更新和补充培训中出现的问题,以及解疑答难。

(2)专题培训阶段

2004—2006年的专题培训阶段,仍然依靠第一阶段的培训"接力网络",这一时期的工作重点是针对改革涉及的目标人员开展所属范围的专业培训,例如新会计法规的应用,预算和人力资源成本计算等,从而保证他们能够具备开展改革工作的技术知识。然而,在这个过程中并不是所有涉及人员都获得了他们应具备的知识和技能。有些管理技能的高技术含量(有的还存有争议),期望获得具体详细的工作指导和过高的预期,改革准备阶段无法获得有效的管理工具(如信息系统工具)等困难使得培训的目标和实践的结果还存在一定的差距。

---

① 根据法国国内的观点,政府会计准则委员会制定的准则是否会被采纳主要由政府来决定,委员会的任务更多的是研究和撰写准则。

（3）攻坚阶段

针对第二阶段出现的问题，预算部于 2005 年批准成立了专门的 LOLF 学校，由经济工业和就业部以及预算、公共会计和公共服务司提供与 LOLF 改革相关的培训项目。学校的总体目标是确保改革涉及的所有成员能够获得所需的技能，为改革的相关利益人提供合适的工具和方法协助其日常工作，促进良好实践经验的分享，发现可能存在的困难。学校为改革的不同层面行政人员提供及时更新的信息，从而确保其制订的培训计划能够保持与 LOLF 的长期协调。培训的具体内容涵盖了绩效与控制的详细指标、改革涉及机构和组织范围的确定与协调、人力资源分权管理、财务组织工资上限、预算贷款、管理工具、管理控制和成本分析等多方面。[①]

表 6-1 对法国从 2001 年开始的新一轮政府会计现代化改革的关键事件进行了简要的总结：

表 6-1　法国政府会计现代化改革关键事件

时间	事件内容
2001	《财政法组织法》正式发布
2002	政府会计准则委员会（CPAS）成立，指导政府会计准则体系的建立
2003	实施了预算导向争论的预算规则
2004	除了要求地方政府将现金存入国库外，其他规定都执行新的预算规则；发布中央政府会计准则
2005	新预算法案引入修正的现金制
2006	编制应计制基础的政府整体财务报告
2007	审计办公室通过了对 2006 年应计制基础政府财务报告的审计，修订中央政府会计准则
2008	修订中央政府会计准则
2009	修订中央政府会计准则

---

① 学校成立伊始举办了名为"领导者论坛"的研讨会，积极鼓励近 80 名作为"联络员"的高级官员广泛地交流，从而能够起到激活培训的"接力网络"的功效。与会者结合规范分析、案例分析和辩论等多种方法，热烈地讨论了与改革相关的知识和技能，包括部门间绩效指标的差异性、管理与控制手段、新财政和会计原则与方法、人力资源管理等问题。这样的研讨会对促进政府部门内和部门间改革成功实践经验的交流和理论积累发挥了重要的作用。

20 世纪 80 年代以来,在经济全球化和新公共管理的冲击和影响下,法国政府开展了行政管理以及预算管理方面的改革,作为改革的信息支持系统的政府会计在这个过程中实现了现代化发展。这一时期政府会计的目标是在评价政府运用资源成果的基础上,提供反映政府努力程度、成本以及政府的施政绩效,从而评价政府受托责任的履行情况。

(五)地方政府政府会计改革

与中央政府相比,法国地方政府的预算和会计改革先行一步(1996 年开始)。法国地方政府由大区、省、市镇和市镇机关四类组成,其中市镇是主体。目前市镇已经基本完成了预算和会计的应计制改革,省和大区的改革正在进行中。

地方政府并没有设立专门的政府会计准则委员会为其研究和制定有针对性的政府会计准则,每个分管地方政府的部委是政府会计规范的制定者,当然他们需要财政部政府会计司的建议和指导。

地方政府、社保基金和其他国有公共机构的会计体系是一种一元化的体系(monist system),主要是根据会计准则而开发的,建立在遵守法国企业部门使用的会计科目表(the chart of accounts)的原则和规定的基础上,同时也根据公共部门的一些具体情况以及一些特殊基金的情况对法国会计科目表的原则和规定作了一些修正。

地方政府预算和会计核算都是以应计制为基础的。然而,尽管公共机构和地方政府的预算与会计科目表相一致,也不能被认作是完全的应计制预算,因为应计制只是在年底即 12 月 31 日对一年的收入和支出进行配比时才加以确认。

地方政府财务报告包括资产负债表、损益表、现金流量表。其中,资产负债表中包括准备金和提取的折旧,在每年的年度预算当中要对准备金和折旧进行评价。损益表反映营运预算(operating sections),记录影响每年收入和支出的交易;现金流量表反映资本预算(investment sections),记录影响资产负债表账户的交易。

地方政府、社保基金和其他国有公共机构在改革过程中已取得了比中央政府更大的进展,它们按日记录交易活动,而且国有公共机构已经用存货期间取代了延续期间。

目前地方政府会计改革集中于以下三个方面:(1)在技术性方面,主要是为了提高地方政府会计信息的可比性,对市镇间机构的信息进行合并,并提高财务报表的产生速度;(2)在地方政府财务报表内容方面,主要是将地方政的两套预算报告(地方政府的预算执行报表和公共会计师的管理报表)合并,研究合并报表的编制方法;(3)在政府财务信息分析方面,主要是研究开发有助于财务、税收和投资决策分析的预测工具,对有相同特点的地方政府开展多项比较研究,转变公共会计师在中小地方政府中的作用,使他们更多地担当起政府顾问的角色。

第二节 | 法国政府会计模式变迁的理论分析 ▶▶

本节主要根据本书第三章构建的政府会计模式变迁的理论分析框架,从理论角度对法国政府会计模式变迁的过程和特征进行分析和解读。

一、法国政府会计模式变迁的制度环境及其影响

法国政府会计模式的演进过程中,主要受到政治、经济、法律、文化和国际环境的制约和影响。其中,由于法国和英国同属欧盟的成员国,国际环境对法国政府会计的影响与英国没有较大的差异,本书不作分析。下文主要从其余四个方面来分析和解读制度环境的变化如何塑造了法国政府会计模式。

(一)法国政府会计模式变迁的政治环境

法国政府会计的形成和发展主要受到构成政治环境的政治体制、国家组织结构和政府行政管理模式三个因素的影响。

1.半总统半共和制政体

法国先后经过近百年的专制、立宪、帝制、共和政体的反复变换,最终确立了共和政体。自 1792 年建立第一共和国以来,现在已是第五共和国时期。1958 年戴高乐组阁,经过全民投票通过新宪法,成立法兰西第五共和国,确立了半总统半议会制①的政体。根据 1958 年颁布的现行宪法规定,法国实行立法、行政、司法三权分立。议会为最高立法机构,由国民议会和参议院组成,两院均下设财政委员会。议会享有立法权、财政权和监督权,即负责向全国颁布

---

① 这种体制既包含总统制因素,如总统由普选产生,总统掌管最高行政权力,总统任免总理和组织政府,总统负政治责任等,也包括议会制因素,如政府对议会负责,并接受议会监督,议会可以通过对政府的信任案或否决政府的信任案推翻政府,政府成员必须从议会多数派中挑选等。它兼有这两个政治体制的特点,是总统制和议会制折中和妥协的产物。

法律法规,审批政府预算,监督政府运行。总统为行政机构的核心,有权任命行政机关,包括总理和其他内阁政府成员。内阁再继续任命财政部及其他各部成员。行政机构负责执行立法机构颁布的法令。最高司法机构为宪法委员会,负责解释宪法、立法机构制定的法规。

在半总统制政治体制下,政府与议会之间的关系对比决定了政府会计模式变迁中政府将发挥主导作用。在法国政府半总统制政治体制下,作为立法机构的议会与作为行政机构的政府之间因拥有权力不同而处于相对弱势的地位。这主要表现在:在立法权方面,宪法虽然规定一切法律皆由议会通过,但是有很多事项不属于法律而属于法令、条例这些政府管辖的范围;即使是法律管辖的事项,政府也可以要求授权自行采取措施(如财政法案在议会没有通过的情况下也可以部分施行);在财政权方面,宪法规定议会议员所提出的提案和修正案,如其后果将减少国家收入或将加重国家负担,则均不得成立;在监督权方面,作为唯一能有效地监督政府行为的方法,议会拥有通过提不信任案迫使政府下台的权力,但是这种权力只限于国民议会行使,而总统又拥有与总理和两院议长磋商后解散国民议会的权力,所以最终的结果是议会在提出不信任案表决时必然瞻前顾后,从而无法发挥实质性的监督作用。

2.单一制国家组织结构

根据1958年宪法的规定,法国实行单一制国家组织结构。目前,全国政治结构分为四级,即中央、大区、省、市镇或市镇联合体(市际组织)。宪法对各级政府的职能和权限作出明确的划分。中央政府主要负责宏观管理和战略发展规划。地方政府中大区主要负责经济结构布局的调整,制定地区发展的五年计划,提出有关基础设施等战略性项目的规划,中学教育等职能;省主要负责社会福利和保障政策的实施;市镇政府负责本市的市政规划和建设,提供最基本的公共产品和服务。

在法国的单一制国家组织形式下,中央政府对地方政府实行高度集权的统治和管理,统一领导和管理地方政府。中央政府掌握财政大权,并以此对地方政府进行严格的财政和预算监督。中央政府也允许选出地方代表进行地方自治,给予地方民选机构许多权力,以便其独立自主管理本地事务,但这种自治权是相对有限的。

法国实行中央集权的单一制国家组织结构,中央政府因对地方政府进行高度的集权控制的管理,决定了中央政府始终对全国的政府会计拥有管理主导权,中央政府对各级政府会计进行集中统一管理,中央政府和地方政府拥有统一的政府会计规范,建立统一的政府会计体系来规范会计实务。

3.政府行政管理模式

法国传统政府行政管理模式具有封闭、等级森严和官僚主义的典型特征。在经济全球化和新公共管理的冲击和影响下,法国开展了地方分权和国有企业私有化改造,转变了政府职能,实现了政府行政管理模式从传统向现代的转变。政府行政管理模式的转变改变了政府利益相关者的格局,从而推动了政府会计的变迁。在传统的中央集权的政府行政管理模式下,政府职能范围广泛,几乎延伸到国家政治、经济、社会的各个层面,政府是提供公共产品和服务的唯一主体,决定了政府会计的信息需求者主要是政府本身,其目标就是为政府职能的发挥提供信息支持,满足政府内部管理者了解财政预算资金使用情况的意愿。在现代政府行政管理模式下,政府的职能主要集中于宏观管理,引入市场机制提供公共产品或服务改变了政府会计单一主体的特征,决定了政府会计不仅要服务于政府本身,还要满足其他主体的需要,因此这一时期政府会计的目标是在评价政府运用资源成果的基础上,提供反映政府努力程度、成本以及政府的施政绩效,从而评价政府的受托责任的履行情况。

(二)法国政府会计模式变迁的经济环境

与美国相似,经济环境的变化是直接导致法国政府会计演变的因素,其中经济发展水平、政府财政管理体制和政府预算管理模式三个因素最为突出。

1.经济发展水平与经济体制

法国是全球经济发达国家之一,国内生产总值长期列世界第四位,是欧盟大国。法国实行有计划的市场经济体制,是西方发达的市场经济国家中"计划性"最强的国家。[①] 这种计划性具有以下两个显著特点:(1)政府以计划手段对经济实行强有力的干预。法国长期以来国家垄断力量薄弱,中小企业比重大、经济结构落后,因此一直有国家干预经济的习惯。二战后法国动用政府干预手段,成立了以经济学家莫奈为首的国家计划总署,制定并实施了著名的"现代化与装备计划",开创了此后延续数十年国家经济计划的先河,为延续至今的法国经济模式打下了深深的烙印。延续至当今成熟的市场经济阶段,法国的经济计划以指导性为主,规定经济发展的近期目标,对国民经济各部门轻重缓急的发展顺序作出安排,并辅以相应的政策和措施。政府通过税收参与国民收入再分配过程,集中巨额资金对优先发展部门给予财政支持。(2)国有企业在国民经济中占有重要地位。为保证政府经济的干预能力,法国政府通过国有化运动使国有企业成为国民经济的主体成分,实现政府对关键性行

---

① http://www.china.org.cn/chinese/zhuanti/wmsyzy/382731.htm.

业和战略性部门的集中控制。国有资产占全国资产比例较高,国有部门职工人数相对于其他国家也较多。这些企业经营范围遍及各个领域,甚至产生了一些巨型的跨国企业和集团国有资产,在国家经济发展过程中发挥了重要的作用。

法国政府经济体制兼有"计划"和"市场"的特征,在"计划"为资源配置手段时,政府通过计划手段促进经济发展,政府作为主要的信息使用者,要求政府会计通过记录和反映政府预算执行情况和结果为执行国家计划服务;在"市场"为资源配置手段时,政府通过引入市场竞争机构促进经济发展的方式,客观上产生了其他的政府会计信息需求主体,政府会计因此也需要为其他经济主体实现其组织目标服务,为其进行经济决策提供有用的信息。

2. 政府财政管理体制

法国的单一制国家组织形式,决定其实行中央集权的单一制财政管理体制。与政权设置相适应,政府财政体制由四级组成,四级政府各有其独立预算,自行安排收支。法国政府收入主要来源于税收,占 90% 左右,其他收入占10% 左右。中央与地方财政收入实行彻底的分税制,划分清晰。中央政府税收收入由中央政府掌握,地方政府税收收入由地方政府掌握,没有共享税。中央政府财政收入主要来源于个人所得税、公司(法人)所得税、增值税、消费税、关税、遗产税、印花税等。地方政府财政收入包括直接税和间接税①。中央政府财政支出的项目主要分为费用支出(经常性事务开支)、资本支出(固定资产购建支出)和军事支出三大类,具体包括:国防费、外交费、中央级行政事业经费、重点建设投资(铁路、航运、国有企业投资)、国债还本付息、社会安全费、对地方的补助等。地方政府财政支出主要包括:行政管理费、文教卫生事业费、警察、司法、社会福利事业费、公用事业费、旅游、住宅建设和交通事业费、地方债务还本付息等。

在财政平衡方面,法国在 20 世纪 70 年代后半期至 90 年代初期,赤字多数情况不超过 GDP 的 3%,1990 年仅为 1.5%,在西方国家中属于财政状况较好的国家。但从 1992 年年底开始出现失控,1994 年达到 5.8% 的高峰。为削减财政赤字,政府做了大量努力。从 1995 年起赤字开始回落,到 1997 年降到了 GDP 的 3%,达到了参加欧洲货币联盟的趋同标准。2000 年,情况继续

---

① 直接税有房屋建筑地产税、非房屋建筑税、动产税、营业税等。间接税又分为强制性和非强制性间接税两种,前者包括饮料销售税、演出税、娱乐税和通行税等,后者有居住税、电力消耗税、广告税等。

得到改善,财政赤字仅 192 亿欧元,相当于 GDP 的 1.4％,其中,政府预算赤字稳定在 337 亿欧元,地方预算继续盈余,为 42 亿欧元,社会保险收支实现创纪录的盈余 84 亿欧元。到 2000 年年底,公共债务为 8 092 亿欧元,相当于当年 GDP 的 57.6％,比上年下降 0.9 个百分点。赤字和债务两项指标均低于《马斯特里赫特条约》所规定的上限。表 6-2 反映了法国政府从 1980 年至 2000 年预算赤字及公共债务的变化情况。

表 6-2   法国政府预算赤字及公共债务

单位:亿欧元,％

内容	1980 年	1990 年	1999 年	2000 年
预算收入	830	1 807	2 278	2 300
预算支出	884	1 954	2 607	2 593
预算平衡	−36	−149	−314	−292
占 GDP 比重	−0.9	−1.5	−2.3	−2.1
公共债务	3 547	6 453	7 903	8 092
占 GDP 比重	35.1	54.6	58.5	57.6

资料来源:财政部会计司翻译:《欧洲政府会计与预算改革》,东北财经大学出版社 2005 年版。

法国政府为实现削减财政赤字,改善财政收支状况,需要政府会计提供信息支持。政府会计的根本任务就是通过客观真实地记录政府财政预算资金的流向和结果,来反映政府财政管理的全貌,从而便于监督政府的整体财政管理工作,并为评价政府公共政策的执行情况和结果提供必要的信息支持。因此,政府财政收支水平的变化情况直接产生了对政府会计的变革的动力。

3.政府预算管理模式

法国传统政府预算管理模式转变为基于结果的现代预算管理模式,直接推动了政府会计发生变革。在法国传统政府预算管理模式下,政府更加强调对法规和预算的遵守,而忽视预算资源使用的绩效。同时,中央政府预算拨款沿袭了自 1831 年以来的分章拨款方式,限制了政府机构对预算资金运作和管理的自主性和灵活性。因此,作为政府预算信息支持系统的政府会计,主要关注预算执行阶段预算资金的来源和流向,通过记录和反映预算资金的使用情况及其结果,起到预防和监督政府部门腐败发生的作用。在新公共管理影响下建立的结果导向的现代政府预算管理模式下,按照任务—项目—行动的结构分配政府预算拨款,不仅扩大了部门的预算管理权,还建立了部门的绩效考核指标体系,这就需要政府会计在记录和反映预算资金情况的基础上,增加反映政府成本和绩效的各项信息,为评价政府提供公共产品和服务情况以及公共责任的履行情况提供支持。可以说,法国政府预算管理模式的变革直接推动了政府会计变迁的发生。

(三)法国政府会计模式变迁的法律环境

法国是典型的大陆法系国家,非常重视成文法的作用,在结构上强调系统化、条理化和逻辑性。以成文法典为主,用概括性的语言来表述法律规则,司法判例只是没有法律拘束力的辅助性渊源。法律不但是审判的规范,也是调整人们生活的社会规范,并期待运用法律来反映社会的正义,发挥一定的社会道德作用和教育作用。在法国,人们认为法不仅是解决具体纠纷的手段,而且还是一种表现出社会关系规范的原理体系。只有制定出完备的成文法体系,才有利于对社会的管理。为此,法国经过长期的法制建设,制定了大量的成文法,形成了广泛适用于社会生活各方面的完备的法律体系。

在大陆法系影响下,法国政府会计规范体系具有以下特点:(1)以法令形式规范会计方法或原则。按照法律效力不同,法国政府会计规范体系可以分为以下几个层次:首先,法国作为欧盟成员国,有义务实施欧盟的各项法规,在会计方面主要是欧盟的第4号、第7号和第8号指令;其次,专门法律中对会计的有关规定,比如《财政法组织法》;再次,法国政府制定的各项条例,包括上述法律的实施细则;最后,财政部颁布的政府会计准则以及其他形式的规范。(2)偏爱统一会计制度。据考证,统一会计制度是由德国于1911年率先实行的,其目的是提供更富意义的成本会计数据,后发展为政府管理经济的一种手段。德国在第二次世界大战占领法国期间,将统一会计制度引入法国。从1947年开始法国使用统一会计制度并保持至今。这被认为是为了满足制定经济计划和国有化的需要。从法律角度看,统一会计制度是继承了大陆法系详细、具体、全面的特点,使其成为会计体系的组成部分。从经济角度看,统一会计制度也有其存在的意义,即为集权式的经济管理方式服务。

(四)法国政府会计模式变迁的文化环境

在法国独特的人文环境中,主要是集体主义、权距和对不确定的规避程度三个因素对政府会计变迁产生影响:(1)国民集体意识较强。法国是欧洲最早统一的国家之一,"团结、工作、家庭、祖国"是体现法兰西民族传统的著名箴言。集体主义取向的文化特征,决定了政府通常能够推行统一的会计规则来规范政府会计实务,实务中需要职业判断的内容少。法国公众通常也认为政府是推动国家在几个世纪中前进的动力,政府的地位依然崇高。(2)权距较大。法国的民众大多都对国家持信任态度,在会计领域,很少有人像美国人或英国人那样对国家的干预和由此而产生的成本持怀疑态度。所以,法国政府在会计管理改革中遇到的阻力甚小。(3)对不确定性的回避程度较高。对不确定性的回避程度较高源于法国社会文化中的保守主义。法国是一个拥有悠久历史的农业国家,人们对未来实践的不确定性处理比较谨慎,保密程度高,财务报告中揭示的信息相对少一些。

二、法国政府会计模式变迁的行动集团

在法国政府会计变迁的历程中,政府行政部门,特别是财政部,是主导政府会计不断演进的重要力量,政府微观层面的公共会计人员以及参与变革的其他人员是次要力量,他们帮助推动政府会计变迁的发生。

(一)主要行动集团

在与议会的权力抗衡中,法国政府行政部门取得了胜利。法国集权型的预算管理模式,使得行政部门在政府预算方面的力量超过了议会,尤其是财政部在政府预算分配和预算执行过程中具有绝对的主导权。在政府预算中的权力优势决定了财政部在政府会计发展演进中发挥着重要的作用,不同时期政府会计的变革主要来自财政部的大力推动和支持。

法国政府财政部是政府预算和会计的核心,是法国政府部门中最重要的部门。最近几年,政府财政部涉足的范围超过财务和会计领域(税收、公共支出和负债)而延伸到工业、能源、通信等领域。职能的扩展使得财政部长在政治上地位非凡,成为政府的第二位重权人物。

财政部掌控中央政府预算,在法国预算管理过程中既是编制者,也是执行的主要力量。根据 1958 年宪法的规定,在预算过程中行政部门(包括财政部)的力量超过议会。政府可以使用一种特殊的快速的国会程序对预算法案进行投票。尽管国会议员对税收收入有一些权力,但他们在支出方面几乎没有权力:既不能增加行政部门提议的支出,也不能修改先前规定的预算总平衡。(1)在预算形成阶段,财政部在规划预算步骤中起到中心作用。它通过限定范围和时间表来推进进程。其他部门因为处于接受预算指令的地位没有加入整个预算策略中。即使是总理也只干涉一些重要的问题,在某些情况下还有可能将决定权交给财政部长。在议会辩论期间,财政部长几乎是唯一的表演者。他引出并维护预算草案,有时甚至出席国会对个别部门的预算检查。(2)在预算执行阶段,财政部可以通过只由本部签字的官方文件而取消拨款。在近几年,它致力于行使这项权力应对周期性经济危机。财政部还可以增加拨款额,

尽管这需要一个由议会后来批准的比较烦琐的程序。在预算限制内,财政部有转移、再分配和将一年的拨款递延至下一年的巨大的权力。总值大约20%的任何预算由政府决策来修改,而并不需要议会的仔细查阅。这一阶段最重要的是,政府部门预算支出执行过程是在财政部直接和全权控制的两组公务员监控之下:第一组是常驻各个部门的财务总监,他们与执行者共同签署支出承诺;第二组是公共会计师,他们只有在对支出承诺合法性完全满意的前提下才会支付款项。

财政部对政府会计实行高度的中央集权管理。这种绝对的控制体现在财政部政府会计司在地方各级政府都设立相应的分支机构,并派驻公共会计人员负责记录政府部门的交易事项,收取税款以及管理各级政府的所有预算资金收支、债务和存款,从而形成了全国统一的政府会计网,实现对全国范围内政府会计事务的管理。另外,法国国库资金管理采用的是由财政部政府会计司具体操作的国库单一账户制度。各地的政府会计部门相当于一个储蓄银行,它可以以市场利率向居民吸收存款,吸收的存款用于减少国家债券发行量。政府的各项收支都通过公共会计人员进行结算。

(二)次要行动集团

处于政府决策层面的财政部是推动法国政府会计变革的重要力量,同时身处政府执行层面的公务员的重要参与也不可忽视。法国别具一格的现代公务员制度,在法国政府会计的形成和发展过程中发挥了重要的作用,为顺利实现政府会计历次变革提供了保障。

1.法国现代公务员制度

法国现代公务员制度的具体特征表现在以下两个方面:

(1)实行分类管理,明确划分权责

首先,按照职位高低和文化程度将公务员分为甲、乙、丙、丁四大集团。甲类属高级公务员集团,负责推行部长会议决定的政策,提供具体措施;乙类公务员属中级公务员,具体负责执行法律、法令和上级命令;丙类公务员为一般办事人员;丁类为一些非专业性的工作人员。其次,这四类公务员再根据从事工作的内容,将其职务分为行政、财会、技术、教育和科研、司法、军事六大类。

(2)重视职业培训

法国政府设立了一批专门用来培训高级公务员的高等院校和研究机构,如国家行政学校、巴黎综合工艺学校、政治研究院、高级行政研究所和政治研究学院。通过严格的招生制度及独特的教学内容和教学方法,培训了大量的国家栋梁之才。这些院校历史悠久,享有盛誉,是法国年轻精英的向往之地,每年都吸引大批有志于成为杰出公众人物的年轻才俊报考并最终成为国家精英。

例如,早在 1945 年法国政府财政部就成立了职业和继续教育中心,专门承担公务员继续教育的培训工作,在 2001 年 7 月由新成立的公共管理与经济发展学院(IGPDE,以下简称学院)接替其工作。学院承担为政府公务员提供继续教育培训以及传播公共管理与经济发展知识和相关研究成果的使命。作为中央部委公务员提供继续教育的培训机构,学院采用多样化的培训手段[①],实现对全国范围内大约 12 000 名中央政府部门人员,161 000 名地方政府人员及其他部门和行政机构人员以及各种会议和研讨会的与会人员的培训。培训的内容包括两个方面:第一,继续教育培训,包括公共管理与经济发展应用的手段和方式——政府预算与会计、绩效评价与管理、服务质量控制、审计与监督、人力资源管理、知识培训、政府采购、宏观经济、可持续发展与经济受托责任;人力资源与职业潜力——个人绩效与职业技能的提高、沟通方式、特定专业培训项目、公共及私人法律和欧洲及国际时事概览;信息通信技术——政府部门内微机操作人员(大概有 6 000 人)技能、办公自动化、会计软件;外语与跨文化培训——10 种语言的指导。第二,职业资格考试培训,为普通公务员职员晋级、部门内官员晋升以及部门间人员调动组织的考试提供培训(国家行政学院和地方行政学院组织)工作。

2.法国公共会计人才储备

法国政府这套现代化公务员体制为政府财政部积累了大量的高素质公共会计人才队伍,包括三类公共会计工作者:(1)第一类是公共部门会计师,负责记录各个政府部门的现金收付和会计核算工作。这些会计师通常是取得了大学学历并通过专门的选拔程序以及经过了专门的学校培训,然后被直接派往政府会计部门担任首席会计师的专家兼管理型高级公务员。这些优秀人才不仅可以胜任单个部门的会计工作,还能够同时承担多个会计主体的工作。政府会计改革是一项系统工程,需要多个部门的参与和配合。在改革过程中,这些高级公务员成为政府管理层面的一批核心改革者,一方面能够在本部门内依据自身对改革的清醒认识和全局观念,采纳现代的管理方法推行改革;另一方面能够在部门之间建立良好的沟通和合作机制,便于改革的跨部门协调和

---

① 这些培训方式包括:现场对话或特定培训课程,外部短期培训,研讨会、圆桌会议,国家官员参与的专题会议,经济发展变化研讨会,管理控制的政策会议,其他机构培训,网上课程等。

推进。(2)第二类是公共部门会计师聘用的记账人员,负责协助公共部门会计师庞大繁杂的工作。(3)第三类是各个单位主管自己聘用的财务官员,负责保持单位自身的一套记录。前两类是财政部的公务员,第三类则是隶属各单位的公务员。隶属于财政部的公共会计人员实行财政部统一领导下的会计委派制,由财政部负责对其进行选拔、升迁、工资及其他待遇的发放。由于公共会计人员的人事权及工资待遇的考核均不在所在单位,再加上行之有效的轮换制度,切实保证了公共会计人员的独立性,有效地防范了贪污腐败行为并提高了政府的管理效率。正是在法国政府这套高素质人才队伍的帮助下,政府才能顺利地开展政府会计管理方面的改革,实现政府现代化发展的目标。

三、法国政府会计模式变迁的制度安排

根据本书第三章政府会计模式变迁的理论分析框架,以下将从政府会计管理体制、政府会计规范体系和政府会计体系具体构成三个方面分析法国政府会计变迁具体的制度安排内容。

(一)政府会计管理体制

法国政府会计管理体系负责和参与政府会计管理事务的机构由以下三个部分组成:会计日常管理机构、准则制定机构以及多维监督机构。这三个机构分工明确、职责清晰,共同组成了一个完整的政府会计管理体系。

1.日常会计管理

法国政府财政部①全权负责中央政府和地方政府公共预算与会计组织工作。其中:(1)政府会计司,主要负责财务与会计制度的立法工作,审核政府部门和公共机构财政收支的合法性,指导和管理政府会计系统的业务工作以及对直接税的征管。(2)预算司,主要负责编制国家年度财政预算法案和税收方案,并制定相应的实施行政手段;规定财政收入的使用和在各部门的分配,负责财政开支的实施;研究和监督国家在经济和社会领域内的各种干预政策;向主要经济部门派驻财政监督官,对其经费开支进行事先监督、审计和会签。(3)国库司,同法兰西银行(国家中央银行)密切配合开展业务活动,其主要职责是在管理政府现金的基础上对政府预算进行控制,制定政府融资政策,负责国债的发行和管理。所有国库资金收入均通过政府会计司在中央银行开立的国库

---

① 财政部机构庞大,除下述三个部门外,还包括税收总局、保险局、对外经济关系司、海关总署、竞争与物价局、预测局及全国统计与经济研究所。

单一账户设分类账户进行管理,国库支付实行控制实际支出资金的支出方式。

财政部在各部高级公务员中选拔任命一名财务控制官,担任部门的财务总监,具体负责日常会计管理,其主要任务是:(1)审核各政府部门首长的重要收支,未经财务控制官审核的收支即使是首长的指令也无效。财务控制官主要得审核每项支出是否符合相应的预算,是否合法。必须通过审核的收支项目取决于其重要性,重要性的衡量标准视其是否达到了一定金额数。(2)担任所在公共部门的首席会计师,负责这个部门的账目。(3)充当部门首长的财政顾问并向财政部预算司提供执行信息和对下年预算提供咨询。

2. 会计准则制定

在 2001 年法案发布后,法国政府立即成立了一个政府会计司领导下的,专门负责研究和制定准则的组织——政府会计准则委员会(CPAS),其成员包括政府部门领导、学者、政府会计实务工作者和企业部门会计师,以及其他有应计制会计经验的人士,充分体现了综合专业水平和丰富实践经验的良好结合。

法国政府会计准则委员会制定政府会计准则依次经历三个阶段:首先,"会计准则委员会任务小组"负责起草准则,并将其提交给由具有相关知识和背景的专家组成的政府会计准则委员会(CPAS)进行审议和评价;其次,政府会计准则委员会与国际会计师联合会公共部门委员会(IFAC-PSC)的法国常驻代表保持密切的联系,磋商现有的国际公共部门会计准则(IPSASs)的参考价值;再次,政府会计准则委员会将附其评价的准则提交国家会计委员会(NAC)(已是法国企业会计准则制定机构),由 NAC 来确认准则是否符合法国的公认会计准则(GAAP);最后,当准则经 NAC 同意后,发布适用于中央政府的会计准则。这种准则制定的程序为最大范围地讨论准则提供了便利。

在政府会计准则正式发布之后,另外一个专门的机构——"会计现代化任务小组"来负责政府会计准则的实施工作,小组在实施过程中可以根据相关领域(包括会计规范、组织、培训和 IT 信息支持)实践工作的需要作出必要的调整,并与准则实施涉及部门开展广泛的沟通与合作。

政府会计准则制定和实施的这两个小组的指导与协调工作由"预算与政府会计理事会"下设的一个指导委员会负责,并在委员会的监督和指导下开展经常性的沟通会议。

3. 全方位会计监督

法国政府全方位的会计监督体系包括以下三个方面:

（1）财政监察员审核监督

法国财政部在每个部和大区设置财政监察员,主要负责审核以下内容:政府支出决策与议会预算许可的遵守,如预算是否有额度、预算是否超标;支出的合规性和对法规的遵守,如购买合同、预算科目、一些格式等是否符合;评价支出对公共财政的影响。根据2001年新的《财政法组织法》,财政监察员的机构和职责都发生了比较大的调整。在机构上,从2006年1月起在每个部整合设置部预算财会监督办公室（CBCM）,领导两个财政官员即财政监察员和部预算与财务控制官。后者的任务是作为法国政府预算、公共会计与公共服务部的代表在其授权下监督预算支出和政府财务状况的过程。与过去重点关注法律控制不同,现在的预算与财务控制官需要保证政府以及政府官员遵守预算的支出限制,实现议会授权的当前和今后预算计划规定任务。具体来说,首先,在一个部委中,他要发挥公共会计师财务控制的职能,在不同层级的财务部门间充当协调的角色,为各级政府预算部门及官员提供反映预算执行情况的年度预算报告和部门财务状况的分析,从而确保不同层级的项目计划与经营预算项目内容的一致性与与议会预算授权的依从性;其次,在整个预算执行过程中,还需要进行预算运行的追踪核查和评价,鼓励部门的管理者遵守他们的预算承诺,保证预算和运营项目的可靠度,最终提高部门的财务绩效,同时,在预算全过程中为负责支出、预算以及议会等不同层级的部门提供所需的信息;最后,间或为相关的部门提供咨询与管理建议。

在26个大区设置由政府会计司司长领导,配备1名财政监察员的监察机制。也就是说,目前财政监察员有三个上级,第一个是部预算财会监督办公室或政府会计司,第二个是预算司,是业务主管,第三个是经济财政监督总署,是人事组织主管,工资由财政部发,由财政部长直接任命。在监督重点上,转向项目实施对议会预算许可的遵守和支出的可承受性评估,对除人员工资之外的事项不进行合规性审核。新《财政法组织法》还提高了事前核准的金额,通过对预算单位支出程序或内控机制的评估来决定事前核准的详略程度,减少事前监控,增加事后检查,加大支出部门预算使用的自由度。当然,当财政监察员认为有必要,可恢复原有的监督方式。如果支出部门对财政监察员拒绝签字有意见,可以通知财政部长,由部长决定是否给予支付。对审核事项,财政监察员一般要在15天之内签署意见。

（2）公共会计师执行监督

在政府预算管理过程中,公共会计师负责记录和反映预算执行情况及其结果。按照法律规定,公共会计师具有代表国家、公共团体或公共机构执行预算的法定权限,他不仅具体执行一项收入或支出,还要对是否执行这项收入或支出作出决定。

公共会计师的监督检查,主要体现在支出部门的支付指令经财政监察员签字并交给公共会计师后。公共会计师在监督检查中不负支付决策的责任,而只负执行支付的责任,核查拨款是否有预算、是否有财政监察员签字等。如果出现差错,责任由公共会计师个人承担。为避免风险,大多数公共会计师都将收入的一部分投保。如果公共会计师拒绝支付,其他人一般不可强制支付。如果公共会计师上级强制其支付,责任由强制者承担。随着新《财政法组织法》的实施,公共会计师在履行原有职责的基础上,引入了两种新的监督方法:一种叫分级监督,就是以支出的性质、频率、风险等为标准将支出分为不同等级,根据等级不同决定对某项支出进行事前逐笔审核、事前随机抽查审核或事后监督三种方式;另一种叫平级监督,即对支出决策者的操作程序进行分析,对那些有良好内部监督机制的支出,监督相应减少。两种监督形式互为补充,事后还要对选择是否正确进行检查。

(3)政府审计师检查监督

法国实行司法型审计,隶属于审计法院的政府审计师负责审查并验证中央政府会计的账目,协助议会和政府监督其收入是否及时收上来,支出是否符合规定。如发现错误,要以公共会计师的个人财产进行经济赔偿。审计法院作为一个独立的、介于行政和立法之间的最高财务司法机构,其主要工作有:从2007年起对国家账目的认证审计,审查国家决算,对公共会计进行法律监督,监督公共开支决策人,监督国有企业遵守有关财政法规情况。政府审计师主要从事的是合规性审计和绩效审计,其出具的审计报告被要求每年向议会提交一份,同时还要向社会公众公开。审计法院有权对贪污舞弊的公共会计人员进行终审及判决。法国审计法院还设立了财政与预算的纪律法庭,负责对违法的行政官员进行审判。地方政府的审计机关是地方审计局,其具有悠久的历史和健全的组织,但对地方政府的审计工作并不像中央政府那样频繁。

(二)政府会计规范体系

直到2001年法案正式实施前,法国并没有一套完整的适用于政府部门的会计准则。当时法国有三套基于应计制的会计准则,分别是:①由法国会计规范委员会(CRC)发布的"统一会计计划"(PCG),适用于企业部门的会计和财务报告规范;②由国际会计准则委员会(IASB)制定的,用来规范上市公司合并会计报告的强制性的国际会计准则;③由国际会计师联合会公共部门委员会(IPSASB)制定的国际公共部门会计准则(IPSASs)。前两套会计准则是直接针对企业部门制订的,并不适用于政府会计。后一套会计准则尽管适用于政府会计,但有关国民经济核算方面的限制性规定是法国无法接受的。

根据2001年法案的规定,除了在一些特别的领域,研究和制定的政府会计准则不应与适用于企业部门的会计准则有所不同(LOLF,2001)。因此,设计政府会计准则意味着从上述三套会计准则中挑选合适的部分作为参考,同时还需要根据政府从事活动的特殊性作出一些适当的修改。然而这三套准则本身也在不断变化,特别是"统一会计计划"越来越多地与国际会计准则趋同,使其作为对政府会计准则设计的参考作用大打折扣,更不用说为政府会计体系的构建提供一个稳定的环境。另外,借鉴企业会计准则主要是根据需要对其进行调整和补充。调整工作可以事先进行,但是根据政府的特殊性,特别是承担的社会责任等,要对准则进行补充则存在一定的难度。以资产负债表为例,政府部门的资产负债表也包括资产、负债、贷款和各项债务等,一般会计准则可以直接应用;然而政府拥有的如税收、非合同承诺等资源由于其特殊性无法明确界定应归类于哪个要素中,这些资源在政府部门中所占的份额还相当大。因此制定涉及这些资源的政府会计准则存在着一定的困难。总之,为保证客观性和稳定性,设计政府会计准则时随时随地进行比较和分析,有选择地借鉴了已有准则的合理部分,同时突出了政府部门特殊问题的特殊处理原则。

法国政府在综合了其他国家政府会计改革成功经验和充分结合本国特点的基础上,形成了一套以概念框架为统领,以具体会计准则为补充的多层次政府会计准则体系。

1. 中央政府会计概念框架

政府会计概念框架定义了制定具体会计准则的前提,由这些前提推演出来的主要概念,并讨论了准则应用的范围和政府财务报告提供信息的局限性,能够帮助政府会计准则制定者、政府会计人员、审计人员以及信息使用者理解和运用具体的会计准则。它为准则制定者提供一个概念的标准,确保不同准则和规定之间的一致性;它为政府会计和审计人员应对特殊情况和新情况下理解和应用会计准则提供指导;它还为政府部门管理者、社会公众、国际组织以及债券和资本市场投资者等提供各自决策有用的信息。

法国政府会计概念框架的组成要素具体内容如表6-3所示。

表6-3　法国政府会计概念框架的组成要素

要素	简要内容
财务报告目标	第一个目标是通过确认和计量资产和负债反映政府的财务状况和政府的承诺情况。第二个目标是通过结余或者赤字累计数反映和评价政府财政政策的效果。第三个目标是通过建立财务会计与预算会计、财务会计与国民收入账户的关系,反映和评价政府管理活动及其目标达成情况。第四个目标是通过应计制的成本信息评价政府预算拨款的合理性,政府管理选择和绩效水平。
财务报告构成	机构层面的政府财务报告和综合或合并的政府整体财务报告,所有财务报表提供包括报告日的最近三年内的比较信息。具体组成包括: (1)财务状况表,以账户式资产负债表形式编报;(2)盈余/赤字表,由净费用表、净主权收入表和净经营盈余/赤字表三张表组成;(3)现金流量表;(4)报表附注。
会计原则	依从性、忠实呈报、真实和公允、持续经营、一致性。
会计基础	应计制。
信息质量特征	可理解性、相关性、可靠性(忠实呈报、中立性、谨慎性、完整性)。
财务报告主体	所有的中央政府部门、国有企业和不能成为单独法律主体的国有机构。但对中央政府拥有实际控制权的主体,如单独成为法律主体的国有企业等在机构层面政府财务报告中反映为权益投资,在综合政府财务报告中要对其进行合并。
核算对象	上述财务报告主体的影响资产、负债、收入、费用情况的所有交易。
会计要素	(1)资产(包括固定资产、无形资产、有形资产、金融资产以及相关的要求权,流动资产如存货、现金及与流动资产相关的要求权);(2)负债;(3)财务状况(资产减负债);(4)收入;(5)费用。
确认	(1)资产确认标准——获得未来经济收益或服务潜力的控制权,控制权以使用决定权、与权力相关的责任、风险和费用是否发生转移为判断标准。其中,无形资产确认是一个特殊问题,财务报告中没有项目来反映政府主权(如征税)产生的资产,这部分确认的问题要结合收入确认的原则。(2)负债确认标准——相关的义务已经产生,履行这些义务很可能导致资源流出。(3)收入确认标准——收入在获得时确认,通常是货物已运送或者服务已提供时。对主权收入来说是获得授权以及金额能够可靠地计量时确认。(4)费用确认标准——费用在发生消耗时确认。

续表

要素	简要内容
计量	一般情况:(1)初始成本基于购置成本;(2)报告日成本根据报告日每项资产和负债的可收回金额与其初始成本孰低确定,其中初始成本应是经过折旧和减值调整后的账面净值,可收回金额以净销售价格和可使用价格两者孰高判断。 特殊情况:(1)房地产和建筑物,一般情况下假定初始成本已知。根据新准则要求编报资产分为两类,能确定净销售价格的以此为初始成本,不能确定的以折旧后的重置成本来代替。(2)房屋,若能够以净销售价格计量,说明这些资产并非中央政府日常运营专用,那么折旧政策是根据其可使用年限来确定。(3)权益投资,持有的股票投资一般情况下作为长期投资;另外一些政府拥有所有权的附属机构的资产,因其对政府财务状况存在影响但价值难以计量,以权益法计价,并作适当的调整。

2.政府会计具体准则

2004 年发布的具体会计准则围绕概念框架内容,以应计制会计为基础,分别规范了 13 个方面的内容。2009 年新修订的准则,除新增项目外仍冠以原来的名称,但数量从 13 个增加到 15 个,内容方面有三个特点:(1)大部分准则,包括第 4、5、8、9、12 号准则,仍然沿用以前的规定,内容未作任何改动;(2)对已有准则进行修订后重新发布,包括部分修订的第 1、2、3、6、10 号准则和大量修订的第 11 号准则;(3)为保证准则体系的完整性,同时根据新情况研究制定和发布了过去没有的第 14、15 号准则。法国具体会计准则内容见附录四所示。

(三)政府会计体系具体构成

根据 2001 年《财政法组织法》,改革后的法国政府会计体系具体由政府预算会计、政府财务和政府成本会计三大部分组成,三大部分在功能上相辅相成。

1.政府预算会计

政府预算会计旨在全面反映和追踪预算执行,确保支出部门能够严格遵守预算拨款。它主要根据预算功能进行分类,采用"现金＋承诺"的会计基础和单式记账方法,编制基于修正现金制的预算会计报表。

(1)会计基础

为反映中央政府预算执行情况及结果,根据宪法的要求采用现金制基础进行核算,并编制预算执行报表。

（2）预算执行报表[①]

预算执行情况在财政管理总报告中进行说明,向议会提交的这份报告主要目的是反映上一年中央政府预算拨款使用情况,其主要结构见表 6-4 所示。

表 6-4　法国中央政府财政管理总报告

前言:概述本报告与以前年度相比发生的变化
第一部分:对财务活动的口头报告
　(一)预算完成情况说明
　1.经济全景
　2.总体预算执行情况
　(1)预算收入:税收收入、非税收收入等
　(2)预算支出:运营支出、资本性支出
　3.国库专项账户
　(二)对余额(一般是赤字)的筹资
　1.要筹资的净余额
　(1)预算内
　(2)预算外
　2.使用的融资手段
　(三)继承性分析:对《统一会计计划》账户应用的说明
第二部分:财务报表
　1.资产负债表
　2.净收益表
　3.资金流量表
　4.三项预算余额表[②]
第三部分:附表
　1.会计系统
　2.会计系统的变动
　3.资产负债表表外承诺
　4.详细附表

资料来源:财政部会计司翻译:《欧洲政府会计与预算改革》,东北财经大学出版社 2005 年版。

---

①　此外,国库中央会计处还被要求编制中期报告,包括国库现金报告和预算运营报告。

②　这三种预算余额是:(1)预算执行情况表余额(the budget outturn)。以现金制为基础编制,在政治意义上这是法国最重要也是最引人注意的一种。(2)损益表余额(the net worth)。以应计制为基础编制,至今也没有吸引更多人,尤其是专家的兴趣。(3)马斯特里赫特余额(the"Maastricht"balance)(从 1995 年开始):这是以国家会计标准为基础的余额,也以应计制为基础,但是不包括准备金和折旧。该余额在欧洲范围非常重要,可以被用来对欧盟国家的预算进行比较。

预算执行报表通常包括两部分:首先,是已实现收入与已实现支出情况表,来反映当年总体预算情况;在此基础上,汇总编制基于当年和上年的预算预测数与实际数的比较表,用来评价预算执行的情况。

2.政府财务会计

政府财务会计旨在真实和公允地反映政府的财务状况。政府财务会计的科目参照《统一会计计划》的会计科目表,主要根据经济性质进行分类,采用应计制会计基础和采用复式记账方法;编制基于应计制的政府财务会计报表。

(1)会计主体

政府财务会计主体分为三类:中央政府、地方政府(包括大区、县和市镇)以及国有企业(包括行政性企业和商业性企业,商业性国有企业遵循企业会计)。

(2)会计基础

政府财务会计采用的是修正的现金制,只有到年末才会为了编制政府整体财务报告而增加一些分录,记录资产、折旧、递延费用和坏账等。修正的现金制应用例如关于对预算支出追加期的处理。通常法国完整的预算年度涵盖当年1月1日到12月31日,但在某些特殊情况下,中央政府在预算当年内可能会进行一些应归属于前一财政年度的业务,支付或收到一些应归属于前一财政年度的费用或收入,这时就可能使会计期间变为13个月,于是产生了支出的追加期(additional period)问题。但是计入前一年的支出必须在12月31日之前得到被授权官员的支付命令的批准。为解决这个问题,建立一套过渡性账户("bridge"accounts),以联系在延续期间进行的业务和在相同期间进行处理但计入下一年的业务。

(3)政府财务报表

中央政府编制的财务报表包括资产负债表、损益表和国库现金流量表及其附表。资产负债表、损益表的格式完全参照《统一会计计划》中的规定,国库现金流量表只列示现金流入与流出。改革后调整的内容表现在以下几个方面:

①资产要素,政府所有资产重新分为两类:市场部门实体(market sector entities)和非市场部门实体(non-market sector entities)。对实体的估价采用合并账户(consolidated accounts)而不是团体账户(corporate accounts)。在对非市场部门实体的估价中,对投资补贴进行记账。

A. 固定资产,分为三类记入政府财产总表(the general table of government properties,TGPE):土地和建筑物;政府财产总表没有估价的土地和建筑物、非政府财产总表财产(non-TGPE property),历史遗迹的维修工作以及基础设施(如公路);其他固定资产,如原材料和设备,自从 1981 年以来,所有的政府采购都被记入政府资产负债表。

B. 无形资产,分为软件和软件许可权资本化处理,使用超过 4 年的直线折旧法。

C. 税收准备金,反映政府资产负债表中显示税收权益(tax claims)中的一部分可能无法取得部分的价值。

②负债要素,对可转换长期国债(fungible treasury bonds,OATs)和固定利率中期国债(fixed-rate treasury notes,BTANs)使用应计制会计基础来记账。按照其每年实际发生的未到期利息记入该财政年度内,减少提前支付的和下一财政年度有关的以固定利率贴现的短期国债(fixed-rate discount treasury bills)的利息份额。

③收入要素,增值税采用应计制核算。增值税是由公司收集后按月上缴给政府的,因为与之相应的商业交易在前一个月发生,故税款上缴总是晚一个月。改革办法是将政府 1 月份收到的增值税及 1—2 月份作出的出口退税记入前一年,因为与之相关的交易发生在前一年。

在政府财务报表附注中,增加披露有关预算稳定的关键性内容,如政府的未来成本,尤其是长期承诺和明确风险导致的未来成本;给予公司或公共实体的担保(尤其是额外保险)有关的承诺,与家庭储蓄计划(home-ownership savings plans)有关的承诺等等。对与公务员退休金有关的承诺正在进行深入的方法上的研究。

政府财务报表合并主体还包括特别预算。目前,有六个实体拥有特别预算:民用航空(civil aviation)、国家造币厂(the national mint)、官方报纸出版机构(the publisher or official gazettes)、荣誉军团(the legion of honour)、解放勋章(the order of liberation)以及农业社会福利事业(agricultural social services)。尽管它们不是法律上的实体,但它们构成了中央政府的特殊实体,其收支和总预算并列出现,账户也只是部分地融入了政府账户。

3. 政府成本会计

政府成本会计旨在对政府进行有效成本分析,评估公共政策产出的成本。政府成本会计的成本分析项目按照产出进行分类,采用应计制基础和单式记账法进行核算,并根据需要编制成本会计报表。

政府成本会计对每个预算项目进行核算和分析,为准备部门绩效报告提供必要的信息。根据 2001 年《财政法组织法》的要求,政府各部门需要在议会对预算案进行审核时提交其绩效报告,来反映对其活动的结果和以前的绩效计划进行比较的信息。议会对预算案进行表决之后,各部门都要提交其绩效计划,计划中要有明确的目的和目标,以及衡量这些目的和目标的方式,包括一些量化的绩效指标,以及完成这些目标可能会产生的费用。

第三节 法国政府会计模式变迁的启示与借鉴 ▶▶

一、厘清制度环境的制约与影响

在制度环境的框定下,法国政府会计模式依照独特的路径实现了渐进式的演进。

1.半议会半总统制政体和单一制国家组织结构,决定了法国采用中央政府高度集权的政府会计模式,中央政府拥有对全国政府会计工作的绝对控制和管理权力,这主要表现在:(1)中央政府对各级政府会计实行集中统一管理,建立中央政府和地方政府统一的政府会计规范,各级政府建立统一的政府会计体系来规范会计实务;(2)中央政府通过设立财政监察员事前审查、公共会计人员事中控制和政府审计人员的事后检查,建立了政府会计的融入式全程监控体系;(3)财政部在地方各级政府分别设立相应的分支机构,对公共会计人员实行会计委派制,建立了一个囊括全国的统一的公共会计网,实现了对全国范围内政府会计事务的有效管理。

2.政府预算管理模式的变革,使得政府会计发生适应性的调整。从法国政府会计形成和发展的历程中可以看出,改革的趋势是在政府预算管理中引导政府会计的适应性变革。从政府预算和会计的三种关系分析,法国政府会计是附属于政府预算的。制度惯性使得法国政府预算管理模式的调整和变革是相当缓慢的,自 1959 年《财政法组织法》发布实施至 2001 年,其间长达 40 多年,尽管法国的制度环境发生了巨大的变化,但议会提出的 36 项法案修订建议也从未被采纳。这在一定程度上说明,改革前的社会基础架构仍然具有旺盛的生命力,但是这些制度框架逐渐成为阻碍真正变革发生的因素,致使目前的经济状况和社会制度停滞不前。特别是从 20 世纪 90 年代以来,法国政府面临的根本命题是:如何应对欧洲国家一体化趋势和本国财政支出持续增长的挑战。具体到政府预算和会计管理方面是在此背景下政府预算和会计将如何应对这些的挑战,将发生怎样的变迁。幸运的是,2001 年法国议会和政府意外地达成了一致,出台了 2001 年《财政法组织法》,发动了新一轮政府预算和会计的变革。

二、理性认识行动集团的作用

法国政府会计变革的路径同样遵循着制度变迁理论推演的轨迹:行动集团依据对制度环境变化的判断理性地参与其中,推动变迁的发生。

(1)主要行动集团。法国政府的财政部在整个国家政治经济生活中扮演重要角色,发挥着十分重要的作用,顺理成章地成为推动政府会计变革的主要行动集团。主要行动集团的成员是财政部以及其他部门中存在的大量的政治精英。法国政府一向被看做是一个由政治精英网络组成的系统。通过一系列测试,政府将一群"最好而且最聪明的"人挑选出来接受良好的大学教育,这些人被招募进政府的高层,成为政府的知识精英群体。有研究表明,大学的教育背景,包括政治信仰和类似的经历,为群体内的交流和互动提供了背景材料。这些知识精英群体内部容易形成统一的认识,在取得制度变革的共识后,成为推动制度变迁的重要力量。

(2)次要行动集团。具有较高独立性的公共会计人员构成法国政府会计变迁的次要行动集团的主体,在财政部的指挥和协调下成为变革的执行人员,发挥着重要的协助作用。法国自古传承的决策与支付分离原则要求政府行政管理人员与公共会计人员保持行政和会计工作的双重分离,使得公共会计人员与其任职的政府机构在工作上具有高度的独立性,从而保证了公共会计人员顺利地履行其职责,实现对相关决策人的财政财务行为的有效监督和制约。在政府会计实务工作中,公共会计人员被赋予出纳员、会计员和稽核员的三重责任,是唯一受权执行政府预算资金收支业务,掌管政府公共资金和财产的人,要对政府公共资金的安全负完全的责任。公共会计人员多重责任的赋予需要建立严格的制约机制:(1)职业保险制保证了法国公共会计人员有效地履行其经济责任,若因工作疏忽和其他过错而造成政府机构或部门发生了经济损失,则要以他们个人的不动产来赔偿损失;(2)终身责任制保证了公共会计人员即使因离职、退休和其他原因离开所在单位后,也需要经审计法院对其所负责的公共账目及经济活动进行审计,在确定没有经济问题后签发"卸清责任证明书",来结清会计责任。否则,即使是该会计人员因故死亡或逃匿的,也要以他在保险公司的抵押资产进行赔偿。只有在赔偿了他所造成的损失后,才能发给他"卸清责任证明书"。

三、开展多样化的制度设计

在法国政府会计模式的形成与发展进程中,其多样化的具体制度安排具有明显的借鉴意义。

(一)决策与支付分离原则

法国政府会计的基石是推行指令人(指政府部门的行政首长)和会计人员分离的原则。自 1822 年开始,有关法律明文规定政府部门的行政首长和会计人员分属两套相互独立和平行的公务员系统,相互之间没有行政隶属关系。政府部门行政首长负责下令实施财政法,会计人员通过收付款项来具体执行。指令人和会计人员相分离的原则意味着在行政上会计人员不听命于指令人,而听命于财政部。因此,行政首长的指令不是必须执行的,而是要审查其是否符合规定,经审查不合格的可以拒绝执行。在这方面,会计人员在一系列非常严格的手续、规则和制度条件下没有任何选择或判断的自由度。会计人员在收付款之前必须要检查:第一,指令人的资格以及他的权力是否与指令的重要性相符;第二,账户的资金状况;第三,指令的性质是否与有关账目的性质相符;第四,收支的合理性,即是否有凭证说明已经收到货物或者已经提供服务,其金额计算是否正确;第五,是否已获得相应的批准,特别是必要时应得到财务控制官的批准,等等。如果发生经会计人员审查不符而指令人坚持要执行的情况,会计人员也可以根据账户的资金状况予以执行,但不承担责任。

(二)法律层面的支持

在法国政府会计变迁的演进过程中,政府发布的相关法律文件启动了变革的各个关键点,发挥了重要的推动作用。特别是 2001 年《财政法组织法》是具有宪法意义的法律文件,为变迁提供了强有力的法律支持。法国议会通过的《财政法组织法》确立了新的预算管理与政府会计管理的模式,引入绩效预算的概念,并明确提出政府采用应计制会计核算基础,全面真实地反映政府财务状况。该法案的颁布,为法国 2006 年全面实施新的预算管理与政府会计改革奠定了坚实的法律基础。在组织实施改革中,成立了以财政部为主导、各部委参与的部际委员会,负责推动政府会计改革,为改革提供了政治、组织支持。

(三)"制度+准则"的会计规范体系

法国政府会计改革参照了英国、美国以及其他国际组织的做法,结合本国的制度环境,建立了"制度+准则"双重模式的政府会计规范体系:(1)1962 年《公共部门一般规范条例》作为会计制度,详细规定了政府会计应使用的会计科目,以及如何进行具体的会计核算方法等内容;(2)2004 年建立的中央政府会计准则体系,首先确定了政府会计的整体概念框架,先行解决政府会计中的一些基本的、概念性的问题,确保后出台的具体准则的系统性和一致性,避免后制定的具体准则在会计处理的基本态度上出现矛盾,在此基础上发布了 13 项具体的政府会计准则(2009 年修订和补充后为 15 项),针对具体的会计事项作出了规定。会计准则突出从原则性角度对具体的会计事项和业务进行规范,而每一项具体的会计事项和业务如何进行核算和提供财务报告则由会计制度进行细致的规定,这种"制度+准则"双重模式兼顾了会计规范宏观和微观指导作用,有利于政府会计人员进行会计核算以及更准确地提供政府财务报告。

(四)应计制会计基础的渐进引入

法国政府对应计制会计基础的引入也以谨慎的态度,采用分阶段逐步推进的做法。根据 2001 年《财政法组织法》的规定,中央政府从 2006 年度起开始正式采用以应计制为基础的财务会计,并以此为基础编制 2006 年度政府财务报告。而在此前,法国中央政府就已逐步对某些项目采用应计制核算,为改革的实施作了有益探索。从 1999 年起,法国中央政府就开始在年末计提国债应付利息,对以前不核算的固定资产进行盘点后记录并计提折旧,开始对应收税收提取坏账准备等。这些做法并没有改变原有会计体系的整体核算基础,但在一定程度上弥补了现金制的不足,可以说是向应计制会计平稳过渡的一个良好的开端。在 2001 年确定对政府会计进行改革后,开始更多地对会计事项采用应计制核算。从这可以看出,法国在政府会计改革中,采取先易后难的方式,逐步引入应计制会计核算基础。

(五)"三轨制"政府会计体系

根据 2001 年《财政法组织法》的规定,法国政府会计体系具体将由政府财务会计、政府预算会计和政府成本会计三部分共同组成,形成"三分天下"的体系格局。政府预算会计以现金制为基础,全面、真实地反映预算执行情况,为议会议员和政府部门财务管理人员提供预算执行的基本信息;政府财务会计以应计制为基础,全面、真实地反映政府的净资产和财务状况,并为核算政府服务成本提供基础;政府成本会计是对每个项目进行成本核算和分析,为绩效预算评价奠定基础。三套会计系统满足了政府财政财务管理中不同方面的需要,为评价政府履行公共受托责任和公共政策的执行效果提供了良好的信息支持。

(六)新型的政府会计信息系统

法国政府会计变迁离不开信息技术的强大支持。政府一向非常注重现代信息技术在日常会计核算和管理中的运用,早在 1981 年起就实现了国家账户的电算化。为满足政府预算与会计现代化改革的要求,20 世纪 90 年代后期政府尝试引进了先进的政府预算和会计信息系统——ACCORD,用于公共部门支出的管理。该系统可以在记录现金制或以责任为基础的支出和费用的同时,记录以应计制为基础的支出和费用,编制部门的支出报表,并最终编制政府合并报表。然而 ACCORD 在应用后存在一些问题,于是 2005 年法国政府成立了国家财政信息署(2000 年已经以其他形式存在),规划开发了 Chorus 系统(一种分布式实时操作系统),其目标是在新的预算和会计框架下建立一个强大的多维信息平台,将《财政法组织法》的所有规定纳入该系统,能够跨部门全面收集信息,满足一笔资金在同一时点按不同会计方法分别记录的要求。Chorus 系统开发计划于 2007 年形成概念框架,经过市场购买和预设计阶段,全部工作按计划于 2011 年完成。

第七章
我国政府会计模式的选择与优化

▶▶▶

比较的目的是能够为我所用。本章试图解决本书研究的根本目标——究竟我国应采用哪种政府会计模式,或者如何对现有的模式进行优化使之符合我国特殊的国情和现实的需要。首先,简要回顾我国政府会计变迁的历史;其次,根据当前我国政府会计模式现状,深刻剖析存在的问题;最后,在借鉴三国政府会计模式国际比较经验的基础上,针对当前我国政府会计模式存在的问题,设计选择和优化当前我国政府会计模式的总体原则导向,并进一步提出优化我国当前政府会计模式的具体构想。

第一节 我国政府会计模式变迁的历程 ▶▶

准确地说,在我国会计史上,早在公元前 11 世纪西周就有了政府会计的雏形——"官厅会计",其后不断发展至汉朝和清朝时期的"国计"。本书的分析对象是指新中国成立后至今我国政府会计模式的形成和发展演变过程。需要说明的是,我国长期以来将政府与非营利组织会计称为预算会计。我国的预算会计是新中国成立初期从苏联引进的,经历多次修订和变革,形成目前由财政总预算会计、行政单位会计和事业单位会计共同构成的体系,在这期间大体经历了三个阶段:新中国成立后至 1977 年的初步创立阶段,1978—1998 年的形成阶段以及 1999 年至今的发展阶段。下面将按照这三个阶段依次进行分析。

一、我国预算会计模式的初步创立

新中国成立后,随即建立了我国高度集中的统收统支的国家预算管理体制。在此基础上,财政部于 1950 年颁布了《各级人民政府暂行总预算会计制度》《各级人民政府暂行单位预算会计制度》。这两个制度比较系统、全面、明确地规定了我国预算会计的组织管理体系与核算要求,既是纲领性的规定,又是操作性的范本,奠定了我国预算会计工作的基础,初步建立了统一的预算会计制度和核算体系。1965年8月,财政部将《各级人民政府暂行单位预算会计制度》修改为《行政事业机关会计制度》,并于1966年开始实施。

新中国成立后至改革开放前的近三十年间[①],我国的预算会计模式诞生并初步而缓慢发展。这一时期我国的预算会计模式带有明显的计划经济色彩,其主要内容包括:(1)财政部负责管理全国的预算会计工作,预算会计具体由财政总预算会计和单位预算会计组成,并以财政总预算会计为主导;(2)会计核算基础主要采用现金制,满足国家预算管理的需要;(3)会计要素包括岁入、岁出、资产、负债和资产负债共同类五大类,1953年改为金库存款、预算支出、预算收入、往来款项、预算执行结果五大类,1956年又调整为货币资金、预算支出、贷出款项、预算收入、借入款项、预算执行结果六大类;1966年被调整为资金来源、资金运用、资金结存三个要素,会计恒等式也由"资产=负债"改为"资金来源-资金运用=资金结存";(4)财政机关以"财政拨款数"列支,基建拨款和行政事业经费以"银行支出数"列支;(5)记账方法以现金收付法为主,借贷记账法为辅;(6)财务报表包括总预算会计报表和单位预算会计报表两类,其中总预算会计报表包括资产负债表、收入支出决算表、预算执行情况表及附表类,单位预算会计报表包括资产负债表、支出计算表和基本数字表等。

二、我国预算会计模式的形成

改革开放后,我国开始从计划经济向社会主义市场经济体制逐步转轨,国民经济各方面包括财税体制、金融体制、国家预算管理体制等,都发生了巨大的变化。与此相适应,财政部多次修订和完善了预算会计各项制度。

1984年开始执行新的《财政机关总预算会计制度》,加强了财政总预算会计的组织管理职能,并对预算科目的概念作了阐述。1989年《财政机关总预算会计制度》再次修订,改称"财政总会计"。这次修订将会计核算范围拓展为包括财政信用资金在内的全部财政资金,并区分为预算资金和预算外资金"两条线"来核算和报告;将会计报表分为月报和年报两种,并将需编制的报表作

---

① "文化大革命"的十年期间,我国的预算会计工作遭到严重破坏,许多会计机构被撤并,会计人员被精简下放,预算会计管理工作基本处于停滞期。本书这里不作详细分析。

了相应调整。

1989年颁布新的《事业行政单位预算会计制度》，改称"事业行政单位会计"，其记账方法和会计恒等式与总预算会计一致。计划经济时期事业单位的预算管理方式区分为全额、差额预算单位和自收自支三种类型，这样区分导致行政单位和事业单位、三种预算管理事业单位之间会计科目的设置各不相同，会计报表也不尽一致。在会计基础方面，已允许简单的成本费用核算的会计事项采用应计制。在事业单位会计方面，还出现了多部门会计分支——《事业行政单位预算会计制度》和《医院会计制度》、《科研单位会计制度》、《高等学校会计制度》并存，且事业单位会计与企业会计出现了某些趋同。

从1992年起，我国国家预算采用复式预算编制方法，分为经常性预算和建设性预算两部分，1995年开始实施的《中华人民共和国预算法》又进一步明确将中央预算和地方预算划分为公共预算、国有资产经营预算和社会保障预算三部分。1994年根据国务院颁布的《关于实行分税制财政管理体制的决定》，建立了"分税制"的预算管理体制。为此，财政部于1993年年底正式启动预算会计改革，成立了预算会计改革领导小组，着手研究、起草预算会计准则和会计制度草案。1996年颁布的《预算会计核算制度改革要点》，为预算会计制度改革提出了目标要求。经过理论界和实务界的共同努力，财政部于1997年和1998年初颁布了《财政总预算会计制度》、《行政单位会计制度》、《事业单位会计准则（试行）》和《事业单位会计制度》（简称"一则三制"），并规定自1998年1月1日起实施。

"一则三制"的正式发布实施，标志着我国的预算会计已开始全面摆脱计划经济体制下的模型，最终形成了当前的适应社会主义市场经济的预算会计框架。这一阶段的预算会计具有以下方面特征：(1)预算会计体系的核心具体区分为财政总预算会计、行政单位会计和事业单位会计三个分支[1]，并分设不同的会计科目进行核算。(2)将会计要素改为资产、负债、净资产、收入和支出五个要素，会计恒等式改为"资产＝负债＋净资产"，记账方法也改为借贷记账法。(3)财政总预算会计以财政拨款数作为预算包干经费的列报口径，即"以拨作支"。(4)将预算内资金和预算外资金改为统一核算和综合平衡。(5)财政总预算会计与行政单位会计仍实行现金制，但对财政部规定的五类特殊情况采用应计制；事业单位主要采用现金制，但经营性收支业务核算可采用应计

---

① 我国现行的预算会计体系还包括参与预算执行的国库会计、税收征解会计和基本建设会计，但核心部分还是总预算会计、行政单位会计和事业单位会计三个部分。

制。(6)总预算会计报表包括资产负债表、预算执行情况表、财政周转金收支情况表、预算执行情况说明书及其他附表;行政单位报表包括资产负债表、收入支出明细表、附表和报表说明书;事业单位报表包括资产负债表、收入支出表、附表及会计报表附注和收支情况说明书。

三、我国预算会计模式的发展

为更好地服务于社会主义市场经济的需要,从 21 世纪初开始,国家根据建立公共财政的要求,先后开展了编制部门预算、深化"收支两条线管理"、政府收支重新分类、政府采购、实施国库集中收付制度、推行政府采购制度、建设"金财工程"等预算管理方面的改革,初步建立起与公共财政相适应的政府预算管理制度框架,并在提高预算管理水平,加强预算约束方面显现出良好效果。为适应国家预算管理制度改革的需求,财政部对现行预算会计制度进行了相应的改进:(1)为适应财政国库管理制度改革引起的支付方式的变化,2001 年和 2002 年,我国先后发布了《财政国库管理制度改革试点会计核算暂行办法》和《〈财政国库管理制度改革试点会计核算暂行办法〉补充规定》,满足集中支付改革对会计核算的需求;(2)随着财政国库管理制度改革的深化,适时对财政总预算会计部分事项,以及行政单位、事业单位和国有建设单位年底应支未支留存国库的结余资金的会计核算实行应计制;(3)为适应政府收支分类改革的需求,对现行《财政总预算会计制度》、《预算外资金财政专户会计核算制度》、《行政单位会计制度》,以及《事业单位会计制度》进行了相应的修订完善;(4)为适应工资和津补贴改革的需求,改进现行行政事业会计制度,使之能够全面准确集中核算单位向职工个人发放的工资津补贴及其他个人收入情况;(5)为适应实施国债余额管理、试行国有资本经营预算、建立预算稳定调节基金等业务的需要,对现行总预算会计制度进行修订完善。关于我国现行预算会计制度的详细组成部分见附录五。

上述预算会计的改进措施是适应我国政府预算管理体制改革的结果,主要是对我国预算会计的核算内容和方法中与新推行的预算管理制度不适应之处进行的局部调整,并未对 1997 年年底建立的预算会计体系产生实质性的影响。20 世纪末建立的预算会计体系主要服务于对政府财政预算资金的收支管理,预算会计主要采用现金制核算基础,重点记录和反映政府当期财政收支执行情况,没有或没有完整地反映政府资产、负债等财政状况和未来财政能力方面的信息,从而无法对政府提供公共产品或服务能力进行客观科学的评价,继而无法评价政府公共受托责任的履行情况。针对这种情况,从 2000 年以来,我国政府财政部会同会计理论和实务界①就预算会计改革进行了一系列理论研究和实践探索,在这个过程中,实现了多个方面的制度创新,不断推动我国预算会计的渐进发展。表 7-1 简要记录了我国会计界对预算会计改革理论和实践方面的探索。

表 7-1　我国预算会计改革主要事件

时间	事件内容
2000 年	财政部预算司成立"中国政府预算会计制度改革研究——从现金制到应计制"课题组,由时任财政部常务副部长的楼继伟批准立项,并亲自担任课题组顾问,专题研究政府会计改革相关理论问题。
2001 年	课题组先后召开两次"政府会计应计制"国际研讨会,邀请国内外专家和学者,就政府会计应计制改革的背景、经验、技术和过程以及一些具体的业务(如:国债、折旧、养老金等项目)等方面作了深入细致的探讨,并听取了各国改革方案的详细介绍,形成了对有关问题的初步认识并对有关问题展开了深入研究。
2002 年	在财政部的推动下,中国财政经济出版社出版了"国际政府会计译丛",译丛包括《应计制预算国际经验》、《政府财务报告》、《国际公立单位会计准则》、《公共部门应计制会计》、《有效的政府会计》、《联邦会计手册》、《美国联邦政府财务会计概念与准则说明》、《政府与非盈利组织会计》和《美国政府会计和财务报告准则汇编》。
2003 年	财政部召开"第二届会计准则委员会第二次全体会议",会计准则委员会的政府及非营利组织会计专业委员会分会中讨论并确定了以下六项研究课题:财政债务的核算及隐性债务的披露等短期研究项目、政府会计的概念框架、政府财务会计报告、政府会计准则体系、政府绩效评价体系、非营利组织会计。
2004 年	7 月,中国会计学会 2004 年年会专门举办了政府及非营利组织会计论坛,这是中国首次举办如此大规模的、专门针对政府及非营利组织会计的论坛。在会上,许多专家对政府会计(包括政府会计基础)问题发表了看法。这次会议激起了中国会计学术界开展政府及非营利组织会计研究的极大热情。会议的召开为中国引进应计制奠定了舆论基础。

---

①　另外,我国的高校对政府会计的发展也十分关注,这一方面体现在积极参加有关的课题和理论研究中,另一方面体现在高校使用的教材当中:财政部"十五"规划教材中有《政府与非营利组织会计》,教育部"十五"规划教材中有《政府与非营利组织会计》,会计专业硕士系列教材中也包括《政府与非营利组织会计》,财政部还在组织编写预算会计人员后续系列教材,其中包括《预算会计》。

续表

时间	事件内容
2004 年	8 月，财政部发布了《民间非营利组织会计制度》，要求适用的民间非营利组织自 2005 年 1 月 1 日起开始执行。这项制度是我国第一部民间非营利组织的会计制度，填补了我国会计规范的一项空白。 9 月，财政部举办了"政府会计管理与改革"国际研讨会。国外专家，国内各省、自治区、直辖市、计划单列市财政厅（局）国库处，部分中央部门财务司以及财政部相关司局同志出席了会议。会议重点讨论了我国政府会计改革的必然性、政府会计管理与改革要着重研究的问题，首次提出了建立"两个体系一项制度"的框架（即政府会计准则体系、政府会计制度体系、政府综合年度财务报告制度）。
2005 年	12 月，时任财政部部长金人庆在全国财政工作会议上明确：研究推进政府会计改革，是"十一五"时期财政工作的一项重要任务，在 2006 年要加快政府会计改革步伐。
2006 年	时任财政部长助理张通在"政府会计最新发展国际研讨会"上提出，中国推进政府会计改革主要面临着政府单位界定、现行预算会计制度整合、应计制适用程度和重大事项会计处理、政府会计人员培训以及政府会计信息系统建设等诸多问题，推进政府会计改革应采取渐进式的改革思路，立足于中国国情，并充分借鉴国际经验，建立全面、完整、准确地反映政府财政财务状况、资金运行情况的政府会计管理体系，为财政管理和宏观经济调控服务。
2007 年	《中华人民共和国国民经济和社会发展第十一个五年规划纲要》中明确提出开展政府会计改革，其目标是要按照社会主义市场经济条件下公共财政管理的要求，建立规范、统一的政府会计准则体系、制度体系和政府综合年度财务报告制度。按照"总体规划、先易后难、重点突破、逐步推进"的原则，从政府单位范围、政府会计制度体系和准则体系、政府年度财务报告制度和实施应计制等方面开展深入研究。
2009 年	8 月，财政部下发新《医院会计制度》（征求意见稿）和新《高等学校会计制度》（征求意见稿）。这标志着我国以公立单位为主体的应计制政府会计改革拉开了序幕。7 月 1 日起，海南医学院和海南省农业厅率先成为应计制改革试点单位，这也标志着海南省自主开展行政事业单位应计制改革试点工作正式启动。
2010 年	中国会计学会分别召开两次"政府会计理论与实务"研讨会，重点讨论政府会计改革的必要性和紧迫性、政府会计体系的构成及其主要内容、政府会计概念框架、政府会计与预算会计的关系等若干重大理论问题，就如何加快推进我国政府会计改革提出了有价值的建议，有力地推动了我国的政府会计改革事业。

第二节 我国政府会计的现状解析 ▶▶

通过第一节对我国预算会计模式演进过程的梳理,本节重点以我国当前的预算会计模式为分析对象,来深刻剖析其存在的主要问题,为后文提出的设想奠定基础。

一、我国现行预算会计模式

当前我国预算会计模式的特征可从会计管理体制、会计规范体系和会计体系具体构成三个方面进行分析。

（一）预算会计管理体制

财政部负责我国预算会计的管理工作。根据我国 1999 年的新《会计法》的规定:"国务院财政部门主管全国的会计工作。县级以上地方各级人民政府财政部门管理本行政区域内的会计工作。"可见,我国以法律的形式规定了包括宏观管理和日常管理以及会计准则的研究与制定在内的会计工作均由财政部主管,在管理体制上实行"统一领导,分级管理"的原则。具体来说,财政部下设会计准则委员会为我国的会计准则研究与制定提供咨询与建议。2003年,会计准则委员会进行改组,增设了三个专业委员会:会计理论专业委员会、企业会计专业委员会和政府及非营利组织会计专业委员会。会计准则委员会聘请了 160 名咨询专家,协助会计准则委员会开展工作。咨询专家来自会计理论界、会计中介机构、政府有关部门、会计职业团体、证券交易所和企业界,具有广泛的代表性。

（二）预算会计规范体系

根据我国 1999 年的新《会计法》的规定:"国家实行统一的会计制度。"我国现行预算会计规范体系主要由统一的会计制度组成(也有一个准则——《事业单位会计准则》),根据组织性质不同分为三种类型:(1)财政总预算会计规范,具体包括财政总预算会计制度及其补充规定、财政专户资金会计制度、适应公共财政改革而颁布的相关会计制度、规范政府债务的相关会计制度和专项资金会计制度;(2)行政单位会计规范,具体包括行政单位会计制度和行政事业单位会计决算报告制度;(3)事业单位会计规范,具体包括事业单位会计准则、事业单位会计制度及补充规定、分行业事业单位会计制度、基金类相关会计制度以及其他有关事业单位的会计制度。

（三）预算会计体系具体构成

如前所述，我国现行的预算会计建立于 20 世纪 90 年代末期，其核算对象主要是反映政府预算资金收支情况及其结果，目的是为满足国家宏观预算管理和控制提供所需要的信息。从构成内容来说，核心是基于现金制核算基础的财政总预算会计、行政单位会计和事业单位会计三部分，此外还包括参与预算执行的国库会计、税收征解会计和基本建设会计。我国现行预算会计具体构成如图 7-1 所示。

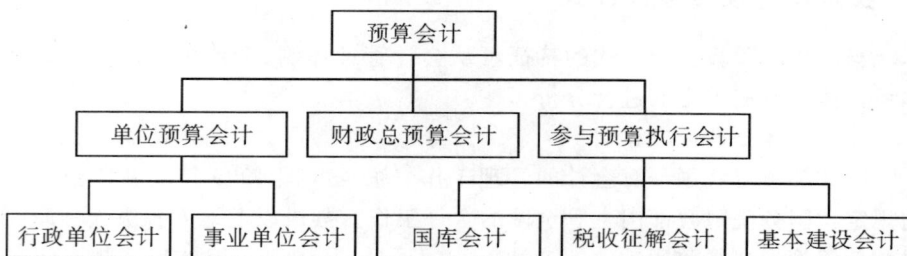

图 7-1　我国现行预算会计具体构成图

1. 财政总预算会计。它是指各级政府财政部门核算、反映、监督政府预算执行和财政周转金等各项财政性资金活动的专业会计。根据"一级政权、一级预算"的原则，财政总预算会计包括中央、省、市、县和乡五级总预算会计。

2. 行政单位会计。它是指我国各级行政机关和实行行政财务管理的其他机关（包括各级权力机关、审判机关和检察机关）、政党及人民团体核算和监督本单位预算执行过程中财务收支活动情况及结果的专业会计。行政单位会计组织系统根据国家机构建制和经费领报关系，分为主管会计单位、二级会计单位和基层会计单位三级。

3. 事业单位会计。它是指核算和监督事业单位预算执行过程的财务收支活动和结果的会计。我国事业单位一般是指不具有社会生产职能和国家管理职能，从事非物质创造或社会公益性活动，并通过其活动直接或间接地为社会发展、生产建设和改善人民生活服务的单位（财政部会计司，2005）。与行政单位会计一样，事业单位会计组织系统根据国家机构建制和经费领报关系，分为主管会计单位、二级会计单位和基层会计单位三级。在我国事业单位种类繁多，而且不同种类事业单位的业务运营和财务收支活动差别悬殊，使其在具体的会计核算和报告方面具有各自的特点。因此，根据事业单位的类型，事业单位会计又包括科学事业单位会计、高等学校会计、中小学会计、医院会计、文化事业单位会计等。

4.国库会计。它是指核算、反映和监督政府财政资金运动的专业会计,是国库工作的基础。其核算对象是库款的收纳、化解和支拨交易。

5.税收征解会计。它是指核算和反映资金流入过程的会计,具体包括税收会计、农业税征解会计和关税会计等。其中税收会计是对工商税收的资金运动进行反映和监督的专业会计,其核算对象是税务部门组织征收的各项收入的应征、征收、减免、欠缴、上解、入库和提退等运动的全过程。

6.基本建设会计。它是指核算、反映和管理基本建设投资过程的一种专业会计。其核算对象是基本建设投资基金的取得使用和完成及转销全过程。

二、我国现行预算会计模式存在的问题

我国现行的预算会计体系脱胎于计划经济时期,从形成至今在保护政府预算资金的安全完整,强化预算管理和控制,以及在财务、预算监督方面发挥了重要的作用。然而随着我国预算会计变迁制度环境的改变,特别是我国近年来政府职能的转变以及从2000年开始的一系列公共财政与预算管理改革,使得现行的满足政府财政预算管理为主要目标的预算会计体系难以满足服务政府绩效评价,防范财政风险与加强财政科学化、精细化管理的需要,逐渐暴露出以下方面的缺陷与不足:

(一)会计体系构成的弊端

我国现行的预算会计体系主要由财政总预算会计、行政单位会计和事业单位会计三个部分组成,每个组成部分分别使用不同的会计账户记录不同的财政交易。这种"三分天下"的格局导致整个预算会计体系相互分割,互不衔接。从资金流向来看,政府预算资金循环的完整过程包括拨款、承诺、核实和付款四个阶段,但财政总预算会计仅记录和反映预算资金拨款阶段的交易,预算资金付款阶段的交易由行政单位或事业单位会计完成,这样的结果是财政总预算会计无法反映财政预算资金循环的全过程,从而使得政府财政部门的监控和管理职能流于形式。

另外,我国现行的预算会计体系是根据组织类型构造起来的,其中事业单位会计主要是对国有事业单位的资金运动进行核算与监督。随着我国社会主义市场经济的不断发展,国有事业单位资金来源及组织形式发生了一些变化:(1)长期以来我国国有事业单位的资金来源几乎完全是国家财政拨款,但近年来,一部分公共服务和社会公益事业进入市场,使国有事业单位的资金来源渠道有所增加;(2)一些过去是"全额预算"的拨款单位事实上转变为"差额预算"

的补助单位或经济核算单位;(3)有的国有事业单位如科研所、出版机构等已经通过改革实行了企业化管理,其组织形式也出现了合伙、有限责任甚至股份有限等。这些变化,必然使现行事业单位会计一方面呈现出与企业会计的趋同性,另一方面呈现出与民间非营利组织会计的趋同性。如果仍然称其为预算会计,显然不符合事实。

(二)现金制核算基础的局限

我国现行预算会计主要采用现金制核算基础,这种核算基础的局限性主要影响了会计核算范围以及内容,主要包括以下方面:

1. 政府资产核算不全面

我国的行政、事业单位长期以来在使用预算资金、开展公务活动中形成并拥有大量的房屋、建筑物等固定资产,这些固定资产在我国现行的预算会计体系中并不核算和反映,虽然行政、事业单位会计要对其拥有的固定资产进行会计核算,但是由于国家财政的预、决算并不反映政府固定资产方面的信息,行政事业单位固定资产会计核算的结果只是提供给统计部门作为参考资料。这意味着用于购置政府固定资产方面的财政资金,一旦支出以后就退出了政府和公众的视野,不利于财政资金的有效使用,也不利于加强财政管理和监督。

随着市场经济的发展,我国政府投资形式从单一的财政无偿拨款向多元化方向发展,财政总预算会计除了要反映无偿拨款及部分有偿贷款以外,还要提供政府参股等多种形式方面的信息。在政府参股的情况下,参股的资金拨出之后,一方面进入了企事业单位经营资金的运动过程,另一方面成为以国有股权形态存在的政府资产。对此,现行的总预算会计核算制度只能反映为当期的财政支出,不能对国有股权进行会计确认、计量、记录和报告,无法真实地反映政府资产状况,也难以实现对国有资产所有权和收益权的管理。

2. 政府负债反映不完整

我国现行预算会计记录的财政支出只包括以现金实际支付的部分,并不能反映那些当期虽已发生,但尚未用现金支付的政府债务,使政府的这部分债务成为"隐性债务"。就目前来看,这类"隐性债务"主要包括政府发行的中、长期国债中尚未偿还的部分,社会保险基金支出缺口,政府为企业贷款提供担保产生的或有负债及地方政府欠发工资等。在现金制基础下,政府的这些债务没有得到真实的反映,夸大了政府可支配的财政资源,造成虚假平衡现象,不利于政府防范和化解财政风险,对财政经济的持续、健康运行带来隐患。同时,在一定程度上造成相同会计期间政府权力和责任不相匹配,有可能出现政府代际的债务转嫁,导致各届政府间权责不清,不能客观、全面地评价和考核政府绩效。

3.政府支出不真实

现行的财政总预算会计对大部分支出以财政拨款数列报,即按国库实际拨出款项列报支出。在预算执行过程中,对一些较大的支出项目,需要按项目进度分次拨付资金。部分项目跨年度的时候,就可能会出现实际拨款数小于预算支出项目所需金额的情况,按此记录和汇总财政总预算会计的支出数额就会使预算平衡表出现结余。而实际上由于应付未付的资金是已实施项目必需的资金,并不是真正的预算结余,由此会影响预算信息的真实性,并给以后年度预算项目的安排造成假象。

国库集中收付制度和政府采购制度的实施,使财政资金的流向发生了重大变化——采购环节和付款环节相分离,由于政府采购货物的验收、项目的实施与货款的支付存在时点间隔,或者一些公共工程的大型采购尾款的支付需要在经过较长的工程保修期结束后才能支付,如按现行的单位预算会计制度处理,在采购和支付间隔跨年度时,对预算单位来说,会出现比较严重的账实不符,不能真实反映预算单位的经济业务;对财政部门来说,会出现预算支出信息未能如实、完善地反映政府实际支出活动的问题。

另外,在现金制下,无论是行政单位还是事业单位都存在一些年度间收支项目不配比的情况。如行政单位的固定修理费用,并非每年发生,在修理费用发生的年度,收支规模增大,造成不同年度间收支规模波动很大。有的事业单位,如高等院校向学生收取的学费或培训费,在实际收到时确认为当期收入,而由于许多培训工作是跨年度的,相关的支出可能要在下年度才发生。由此计算的结余也不是真正的结余。

4.政府成本和费用不准确

目前我国的行政、事业单位固定资产不计提折旧,长期债务不预提利息,对无形资产不确认、不计量或在确认时一次性摊销等会计处理,导致不同会计期间成本悬殊,不能正确反映当期业务活动所支付的代价,因此不能真实、准确地反映各政府部门和单位提供公共产品和公共服务的成本耗费与效率水平,不能适应开展绩效预算管理的需要。

按照现行事业单位会计规范的规定,事业单位的经营性业务会计核算中采用应计制并进行成本核算,而对非经营性业务采用现金制,并不进行成本核算。这种情况造成两方面的不利后果:一方面,非经营性业务不核算成本,不利于节约业务费用和绩效的评价与考核;另一方面,实际工作中由于两种业务往往很难区分清楚,使得费用难以合理分摊,成本不能准确核算。这样不仅不利于事业单位的内部管理,不利于国家预算资金的有效使用,而且很容易造成国有资产的流失,例如很多事业单位在开展经营性业务时,利用单位的房屋、设备等国有固定资产,有时并没有将资产的耗费完全计入成本,使得一部分国有资产价值不能得到应有的补偿,转化成为经营性业务的利润或个人收入。而所得税征管不严更助长了这种现象。因此,事业单位进行全面的成本核算更有利于节约资金和提高运行效率,而现金制显然不能满足事业单位进行成本核算的要求。

(三)政府财务报告的缺陷

目前我国的财政总预算会计、行政单位会计和事业单位会计制度中均规定了相应的一套会计报表,但从总体上看,预算会计信息的报告和使用都是不够充分的。

1.缺少统一的政府财务报告制度

目前我国没有实行政府财务报告制度,预算会计信息主要是通过政府的预算和决算形式来间接地传送给立法机构与公众的。由于政府的预决算的主要任务是向公众提供政府预算的收支计划和执行情况,所能传达的预算会计信息非常有限,政府的债权、债务、资产等财务状况不能得到全面的反映,在预算编制比较粗放的情况下,就更为有限。这一缺陷对财政内部管理来说,由于缺少对政府资产与负债的完整会计信息,难以对政府财务状况进行系统的分析,使财政政策的选择和预算编制缺乏充分的依据。对财政的外部管理来说,预算会计信息传布形式过于简单,造成政府财务状况透明度不高,不利于立法机构和公众对政府资金分配与运行的监督和管理。

2.目标不完善

我国现行预算会计制度中比较明确地提出了预算会计的目标。在《财政总预算会计制度》中指出总预算会计信息应当符合预算法的要求,适应国家宏观经济管理和上级财政部门及本级政府对财政管理的要求,在《行政单位会计制度》中指出会计信息应当符合国家宏观经济管理的要求,满足上级主管部门了解财务状况及收支情况的需要,满足单位内部加强管理的需要,在《事业单位会计准则(试行)》中指出会计信息应当符合国家宏观经济管理的要求,适应预算管理和有关方面了解事业单位财务状况及收支情况的需要,并有利于事业单位加强内部经营管理。这些规定表明我国的预算会计以满足宏观经济管理的需要作为提供会计信息的共同目标,同时都强调了会计信息要满足政府部门财政管理和预算单位内部管理的需要。

但是,我国预算会计制度的目标还是很不完善,这一方面表现在过分偏重满足各级领导机关、上级财政机关和行政事业单位管理者对政府会计信息的需要,忽视了我国社会公众等资源提供者利用会计信息以对政府进行有效监督和评价的需要,没有把作为立法机构的各级人民代表大会及其代表、作为监督机关的各级国家审计机关、政府公共产品和服务的消费者、纳税人、国债投资人及资源捐赠者等方面的需要考虑在内;行政单位会计制度虽提及有关方面使用者,但是并没有对有关方面作出明确规定。另一方面表现在对政府会计信息的具体使用目的不够明确,如只是笼统地提及满足宏观管理和内部管理的需要。我国预算会计目标的不完善导致目前预算会计功能的局限性,不能满足政府会计信息各方面使用者和各种用途的需求。

3. 内容不完整

由于强调预算会计是为预算管理服务的,导致一些与预算收支没有直接关系的重要会计信息最终被忽视和遗漏。目前的预算会计报表内容不能全面反映政府的资产和负债状况。这一点尤其表现在总预算会计及其报表之中。例如在政府资产的核算信息方面,总预算会计报表中不包括政府固定资产的内容,行政事业单位国有固定资产的会计核算信息最终并不能为宏观经济管理部门和公众所了解,使这部分国有资产的使用和管理缺少有效的监督检查。在政府负债的核算信息方面,由于国债未来的还本付息负担、社会保险基金的未来负债和政府担保形成的隐性债务等,都不涉及当前的预算支出,因此在总预算会计报表中并不能反映。对此类情况,不仅立法机构和公众难以进行监督,财政部门自己也缺少准确的了解。

4. 项目列示不科学

项目列示不科学主要表现在三个方面:(1)资产负债表的项目列示不科学。目前行政、事业单位的资产负债表中,既包括资产、负债和净资产三类项目,又包括收入类和支出类项目。而资产负债表是反映单位财务状况的静态报表,不论在国外,还是我国的企业会计,资产负债表均不涉及收支类项目。在现行报表结构下,收入类和支出类项目既在资产负债表中反映,又在收入支出表中反映,造成毫无意义的重复列示。(2)收入支出表的项目列示不合理,难以操作。现行的预算会计制度规定,行政、事业单位预算外资金形成的支出应在收入支出表中单独列示。而在实际工作中,单位取得的收入不论是财政拨入的经费,还是从财政专户拨入的预算外资金,均在单位的一个银行账户反映,实际发生支出时,很难分清支出中哪些支出动用了财政拨入经费,哪些支出动用了预算外资金,因此很难区分填列,编制报表时随意性很大,往往结余都成为预算外的事业结余。(3)预算内外资金核算方法不统一,影响会计报表信息的真实性。目前在总账中,行政事业单位的预算外收入科目过于简单,不利于预算外资金的核算管理。预算内外资金年终结算制度也不统一,预算内资金当年结算,预算外资金实际上在第二年的1月底结算,造成当年年底报表不实,不符合会计法关于会计信息真实性的要求。

第三节 选择与优化我国政府会计模式的总体原则 ▶▶

运用制度变迁的理论框架,本书重点探究了美国、英国和法国政府会计模式形成和发展的逻辑以及现实的面貌。然而,客观地说,这三个国家甚至世界范围内任何一种(或一个国家)政府会计模式都不应被认为具有普适意义,也无法期望它能够提供问题的根本解决方案。通过各国政府会计模式变迁的比较可以看出:(1)制度环境是塑造每个国家政府会计历史和现实图景的根本要素,因此对制度环境必须给予清醒的认识;(2)制度环境的改变是制度变迁的外部条件,还需要通过内部因素的变化,即行动集团发挥能动作用才能导致制度变迁的完成。因此,我国在借鉴国外政府会计模式的过程中,应选择何种政府会计模式以及如何对现有模式进行优化和完善,要充分考虑各国制度环境的制约作用和行动集团的能动影响,具体来说,应遵循以下总体原则:

一、国际借鉴的合理边界

政府会计具有双重属性——技术属性和社会属性。从技术属性看,政府会计在确认、计量、记录和报告等技术方法上是可以移植和借鉴的,而从社会属性看,政府会计要与各个国家的制度环境相适应。从前述美国、英国和法国政府会计模式变迁的分析中可以看出,在制度环境的制约和影响下,各国以各自独特的方式实现了政府会计的演进。因为制度的普适性的特点、先进国家制度的溢出效应、社会科学的开放性和制度的可设计性,使制度模仿具有现实的可行性。但制度结构及其互补性,要求制度模仿的整体性、协调性,决定了不可能在一个相互联系的制度结构中,只模仿其中的单个或一部分制度,而忽略制度体系中其他因素的影响。制度环境的不可移植性,决定了任何层面的制度模仿和制度创新必须对影响变迁发生的制度环境给予清醒的认识。鉴于制度的这种多样化特征,在学习、借鉴国外政府会计的成功经验时,首先需要对我国具体的国情有清醒的认识,在此基础上进行自主制度探索与设计,从而实现制度模仿和制度创新的良好结合。

二、政府会计的科学定位

现代政府履行管理职能需要有充足的经济资源保障,政府会计作为对其履行职能过程中耗费的资源、取得的成效确认和记录的技术手段,能够反映各级政府和部门履行政府职责和实现政府职能的情况,监督、评价政府工作,优化政府机构设置和政府职责配备,建立高效的政府,实现政府的政治效应。前文对各国政府会计模式变迁的分析中已得出结论:在制度环境的各个组成要素中,推动美国和法国政府会计的形成和发展的直接诱因是政府预算管理模式从传统的投入导向转向现代的产出(或结果)导向的变革,而英国政府会计的不断演进是对该国政府行政管理模式的变革的适应性调整,因此,政府会计的改革实际上是整个政府管理改革中的必要组成部分之一。我国的政府会计改革应该纳入政府管理改革的宏观框架中思考,在政府管理改革整体目标和进程中去分析政府会计模式的变革和完善。

三、主体的能动作用

各国政府会计的基本架构是各国独特制度环境塑造的结果,而各国政府政治家和政府公务人员包括直接从事政府会计工作的人员的积极参与是推动政府会计不断演进的主导因素。各国政府的政治家根据对变革结果的预期而显示出强烈的策略导向。当既有的制度设计持续令人不满时,这些主体能够通过强大的话语权,赢得更广泛的听众,促使其他参与者对可能发生的变革,采取更重视未来的导向。因此,我国的政府会计改革应该争取领导集团以及全体政府官员的强有力的支持,才能保证各项制度创新的顺利进行。

四、现金制与应计制核算基础的权衡

在会计信息系统中,会计确认基础对会计要素的确认和计量贯穿于会计信息产生的全过程,其选择对财务报告所提供的会计信息质量具有决定性影响。各国政府会计模式的变迁导向总体上是现金制和应计制核算基础的不同选择。

(一)现金制的利弊分析

根据 IFAC 的分析,采用现金制会计基础具有以下优点:(1)容易为使用者所理解;(2)容易判断预算拨款(传统上基于现金制)的遵循性;(3)执行简单,信息汇编简易,报告及时、可靠、可比;(4)因为所需要的会计技术更低级,所以成本较低。但现金制基础也具有以下一些缺点:(1)范围有限;(2)不能满足对资产和负债方面的信息需求,也不能反映当期消耗由政府所持有资产存量的影响;(3)只关注现金流量,而忽略了也可能对政府当前或未来提供物品和服务能力造成影响的其他资源流动;(4)将受托责任限于现金的使用,忽略了管理资产和负债的受托责任。

（二）应计制的优劣比较

经合组织指出,应计制在以下方面表现出了明显的优越性:反映和提供由于给予公共部门额外的灵活性而产生的受托责任基础;便于更有效率和更有效果地进行资源管理;超越运用现金的概念,将业绩概念进行拓展以改进资源管理;提供政府和管理部门决策影响的长期关注。具体来说,应计制的主要优点有:(1)应计制有利于对资产的全面核算,同时加强对负债的管理,克服现金制下"隐性债务"与成本不透明的负面影响。而应计制下资产减负债的净值,体现了政府公共部门的净财富,净财富数额及其变动支持了政府的长期决策。(2)应计制强化了政府部门的机会成本意识,帮助评价政府部门提供产品和服务的竞争力。在衡量政府部门服务质量和效率方面,应计制提供了量化标准体系,增强了有关公共投入与产出的透明度,提高了政府配置资源的合理性。应计制基础也存在以下方面的问题:(1)应计制需要更多的专业判断,会给政府会计更多的可操控的空间;(2)由现金制向应计制改革给政府带来巨额的成本负担。这不仅包括会计制度的讨论修订、会计软件的开发与推广、会计人员的培训等直接的成本负担,也包括会计制度变更的隐性改革成本。(3)完全的应计制失去了现金制对政府预算资金流动的合规性的监督效能,需要增加其他配套的监督机制或专门的监督机构。

（三）正确处理现金制和应计制的关系

现金制和应计制都是会计基础,两者并不是相互排斥的关系,而是相互配合、相互补充的关系。美国、英国和法国政府会计变迁的历史轨迹表明,各国政府会计均已实现向应计制基础的转轨,但并不是完全抛弃现金制,而是根据需要将两者有机地结合起来。应计制能够全面反映政府的资产、负债和政府的受托责任,更好地帮助经济决策;而现金制则可反映现金的流入、流出以及存量的变化,便于帮助政府确定合理的财政收支政策和债务规模。我国政府会计改革中需要将这两者结合,从而能全面完整地反映政府的财务状况和运营绩效。

五、模式转变的渐进性

　　各国政府会计模式的变迁基本都是采用了渐进式的方式,英国采用了"一步到位"的方式,对政府会计的核算基础直接由现金制改为完全的应计制,美国和法国则采用了"逐渐扩展"的方式,先是根据实际情况对部分收入、支出项目或对部分资产、负债项目实行应计制,此后,再逐渐推广扩大,如美国对联邦退休雇员的退休金中个人不能承担的部分,由政府部门按应计制方法确认成本;对政府直接贷款和贷款担保采用应计制进行会计处理等。因此,优化我国政府会计也应遵循渐进性的原则,采取先易后难的工作步骤,由简单到繁杂,逐步研究完善。具体来说,可以采取先试点后扩大,先选择部分中央部门、地方政府进行试点,在积累经验的基础上,逐步扩大试点,分阶段实施,循序渐进地推进改革。

第四节 | 优化我国政府会计模式的具体构想　▶▶

　　从国外政府会计模式变迁的历程中可以看出,各国政府在微观层面都设计了多样化的制度安排。以此为借鉴,本节分别从政府会计模式组成要素的三个方面提出优化和完善我国现行预算会计模式的具体建议。概括地说,通过建立政府会计人才培养机制来完善政府会计管理体制,设计"准则＋制度"的模式来完善政府会计规范体系,从渐进引入应计制会计核算基础、建立综合年度政府财务报告制度和研究开发政府会计信息系统三个方面来优化政府会计体系。

一、建立政府会计人才培养机制

　　美国、英国和法国政府会计模式变迁历程表明:高素质的政府会计人员是政府会计改革不断顺利推进的重要保障。这一方面得益于各国独特的公务员制度为政府部门培养和造就了大批合格的人才,另一方面也是这三个国家的从事会计工作的人员本身具有较高技术水平的结果。英国国会公共会计报告委员会曾经指出:"在某些部门中,缺乏必要的人才是一个问题。编制资源报表比按现金制要求编制拨款报表,对于专业技术水平的要求要高得多。如果没有足够数量的具备所需知识的合格的雇员,改革取得成功只能是幻想。"我国政府部门规模庞大,预算会计领域从业人员达180多万人,由于长期以来实行的是预算会计制度体系,大多数财务人员对应计制政府会计核算基础、会计处理很不熟悉,改革培训任务非常艰巨。

根据发达国家的通行做法,政府会计领域一般实行职业化管理,我国目前政府会计领域人员的财务管理水平普遍不高,与国际先进水平相比也存在较大差距,迫切需要在改革中予以增强,可以从两方面工作入手:一是组织对政府会计相关人员进行改革培训。对各级财政部门、各级政府单位相关人员,就应计制会计核算基础、政府会计基本准则、政府会计制度、信息管理系统操作等改革内容,组织培训。这项工作应在新的政府会计基本准则和政府会计制度发布后开展,结合政府会计改革推进进程,分步骤、分阶段完成。二是组建政府注册会计师协会。实施政府会计改革后,可考虑设立政府注册会计师协会(世界银行建议我国成立"政府财务经理职业协会",与"中国注册会计师协会"成为姊妹协会),进行政府会计领域的职业管理。政府注册会计师协会可考虑设立政府注册会计师职称,实行资格认证和继续教育机制。

二、设计"准则+制度"政府会计规范体系

各国政府会计变迁的进程中,都非常重视政府会计规范体系的设计。美国独特的制度环境造就了联邦政府和州与地方政府分别由两个机构建立了两套基于政府会计概念框架的,由具体会计准则构成的完整的政府会计准则体系。法国政府则结合本国的制度环境,建立了一套统一的"制度+准则"双重模式的政府会计规范体系(其中中央政府会计准则同样建立了政府会计概念框架)。在各国政府会计规范体系的指导下,通过定期编制政府财务报告提供比较全面地反映政府各项资产、负债、收入、费用和现金流量等信息,能够评价各级政府履行受托责任的情况,实现加强政府公共管理、提高财政透明度的目标。

目前我国主要采用制度的形式规范预算会计实务,除《事业单位会计准则》外,没有一套涵盖整个政府的政府会计准则。从前述国家的情况看,再考虑到会计国际化的趋势,同时也为了建立我国完整的会计规范体系,我国政府会计法规体系宜采用"准则+制度"的双重规范模式。会计准则突出从原则性角度对具体的会计事项和业务进行规范,而每一项具体的会计事项和业务如何进行核算和提供财务报告则由会计制度进行细致的规定,这种"制度+准则"双重模式兼顾了会计规范宏观和微观指导作用,有利于政府会计人员进行会计核算以及更准确地提供政府财务报告。根据我国的国情和企业会计改革的成功经验,财政部可考虑单独组建政府会计准则委员会,专门负责政府会计

准则的规划、研究、制定等工作,在制定过程中应广泛征求社会各界的意见,最后由财政部发布实施。

具体来说,由于我国预算会计领域一直沿用制度规范的客观实际,考虑到我国预算单位原有财务业务处理相对简单,预算单位财务人员已适应通过会计制度来规范会计处理与操作,一定时期内通过会计准则来规范会计核算处理的外部环境尚不具备,为此,我国政府会计改革考虑实行"基本准则+制度"的会计规范模式,即在研究制定政府会计基本准则的基础上,研究制定政府会计制度。

(一)我国政府会计的基本准则

政府会计基本准则是政府单位从事相关会计处理的基本规范,也是制定政府会计制度的依据。借鉴国际经验,我国政府会计基本准则,主要应就政府会计目标、会计假设、信息质量特征、会计要素及其确认、计量、报告等重大原则问题进行规定。政府会计基本准则的制定权限保留在中央政府,适用于各级政府的所有政府单位。

与此相适应,在将事业单位分为政府单位和非营利组织及企业单位的基础上,其中的政府单位改为执行政府会计基本准则,非营利组织执行非营利组织会计准则,企业单位执行企业会计准则。

(二)我国政府会计制度

我国新的政府会计制度,应遵循政府会计基本准则确定的原则,并应涵盖目前我国财政总预算会计制度、行政单位会计制度、事业单位会计制度以及基本建设会计等多项制度相关会计核算内容在内。这一新的政府会计制度,主要包括政府总会计制度和政府单位会计制度两部分。

鉴于我国目前存在多项财政预算会计制度以及预算单位制度,政府总会计制度主要是通过合并现行财政总预算会计制度和预算外资金财政专户会计制度的核算内容建立。在此基础上,扩大核算范围,改革核算基础,增加核算功能,逐步将固定资产、基础设施等纳入核算范围。政府单位会计制度主要通过对现行行政单位会计制度、事业单位会计制度和国有基本建设单位会计制度整合形成,基本建设工程的投资建设阶段不再作为独立的会计核算主体管理,而是融入政府单位会计制度核算。同时,现行参与预算执行的国库会计、收入征解会计等相关会计制度,也要根据建立新的政府会计制度的要求,相应进行改革和完善。

在上述基础上,我国新的政府会计制度,应在进一步整合政府单位会计制度与政府总会计制度的基础上形成。新的政府会计制度,应由一套规范、系统、统一的政府会计科目体系和财务处理规则构成,适用于所有政府单位(包括各级财政部门和各级政府单位)。既能保证各政府单位独立进行本单位财务管理和会计核算,又能保证各级财政部门及时、准确地获取各单位财务信息,满足编报政府整体财务报告以及加强对政府单位财务会计管理监督的实际需要。

三、实现应计制基础的渐进引入

美国政府会计变迁中,现金制向应计制基础的渐进推进主要体现在政府会计体系的构成从单一的基于现金制的政府预算会计阶段,过渡到当前基于现金制的政府预算会计和基于应计制的政府财务会计的"双轨并行"的阶段。英国政府在进行资源预算与会计改革时,既考虑到政府引入应计制会计信息的必要性,又兼顾议会对现金的控制权,于是要求统一基金的会计处理和财务报告基于现金制基础,而对应的应计制基础的会计处理和财务报告由政府各部门编制。法国政府对应计制会计基础的引入也以谨慎的态度,采用分阶段逐步推进的做法。

目前我国预算会计的基础以现金制为主。《财政总预算会计制度》第18条规定:"总预算会计核算以现金制为基础。"据此,财政总预算会计中预算收入均以缴入国库数或总预算会计实际收到数为准,而调入资金和调出资金则明确规定采用现金制基础处理;《行政单位会计制度》第17条也规定:"会计核算以现金制为基础";《事业单位会计准则(试行)》第16条规定:"会计核算一般采用现金制,但经营性收支业务核算可采用应计制。"

随着政府职能的转换,公共管理的引入,政府会计对象逐渐由预算资金运动扩展为价值运动。为了更完整地反映政府受托管理国家事务活动和履行受托责任的连续性和全面性,同时也为了能够进一步分清各届政府任期内受托责任的履行情况,以及对下届政府造成的财务影响,防止本届政府为表现政绩而大量举债,债务由下届政府偿还的短期化行为,政府会计确认基础必须实行现金制向应计制的转换。如前所述,应计制给政府部门带来了一种文化的转变,为政府部门建立高效、透明、廉洁、勤政的公共治理机制提供了高质量的会计信息,不仅提高了政府官员的决策能力和部门管理者的管理水平,而且使得管理者更重视政府机构的效率、效果等财务绩效管理问题。

(一)应计制推行的范围

各国对应计制推行的范围采取了不同的做法,主要表现为政府会计与政府预算是否协调推进:(1)英国在政府会计和政府预算上均采用应计制,即不仅政府会计核算和财务会计报告采用应计制,而且对预算编制和报告也采用应计制,而且具体推进的时间是先在政府会计中采用应计制,然后在预算编制上采用应计制。这种做法保证了预算信息和会计信息的一致性,有利于对预算执行情况的比较和控制。同时,在预算编制中反映政府运营成本,将成本与绩效目标有机地联系起来,促进了绩效管理。(2)美国和法国在政府会计核算和财务会计报告中采用了应计制,但在预算编制上仍采用现金制。

基于我国当前的制度环境,政府会计核算基础总体上应考虑实行修正的应计制,即有选择地在部分会计事项的会计处理上实行应计制。具体而言,要结合我国财政管理的政策取向和具体情况,既要积极、稳妥地改革政府会计的核算基础,又要与政府会计准则和制度的制定和发展步伐相适应,分重点、有步骤地实行修正的应计制。

(二)应计制实施的具体步骤

1.政府资产引入应计制。国有资产权益的管理是政府财务活动的一项重要内容。政府作为会计的主体,应将政府国有资产权益的变动情况作为政府理财的一部分,对固定资产的购置成本资本化,同时对政府及其部门运转过程中所耗费的固定资产成本,通过分期提取折旧的方法予以确认和计量。但对于一些比较难以确认的政府资产,如文物资产、军事资产等,可以不纳入核算范围。

2.政府负债引入应计制。首先,从会计原则的客观性角度出发,应该反映政府会计主体所承担的全部负债。不但要真实反映直接显性负债的规模,更要对政府隐性负债和或有负债规模进行全面、完整的确认和计量;其次,从财政的可持续发展的角度出发,对预算会计主体所担负的债务风险进行合理的确认和计量,以防范和化解现实的和未来的偿债风险;最后,对于本期应负担的未来社会保障要求,应该将其作为政府的一项特殊负债,按照应计制予以确认。具体来说,就是按照应计制预算要求,将未来社会保障需求本期应分担的经济责任列入年度支出预算,在拨付社保基金时,列报当年财政支出。这种核算方式从长远来看,可以使影响政府可持续发展的社会保障等支出需求在各会计期间得以均衡负担,避免在以后年度因人口老化、政策改革和环境恶化等因素,而带来过重的支出压力。

3.政府财政收支核算引入应计制。对财政收入核算的应计制改革,可以先从基层预算单位开始实行,如对地方政府或预算单位购入有价证券的利息收入、预算收入中的房产税、政府间补助收入等可先按应计制确认收入。但对大多数的其他收入项目仍保持原来的现金制。对财政支出核算的应计制改革,可采取以应计制为主,仅对预算单位的经费支出等项目保持现金制,同时设置往来款项账户核算相应的债权和债务。

四、建立政府综合年度财务报告制度

政府财务报告是政府会计信息对外披露的重要载体,各国政府都建立了综合年度财务报告制度。美国州和地方政府财务报告从基金报告模式到"金字塔"型财务报告模式,再到当前的双重财务报告模式的演进,能够全面系统地反映政府财务状况,以及政府过去的预算决策和政府活动对现在的影响以及当前决策和政府活动对未来的影响,能够为信息使用者进行经济和社会决策提供帮助,也能够为评价政府受托责任的履行情况提供信息支持。英国政府编制的政府整体财务报告,其编报范围几乎囊括了整个公共部门,大大增加了政府财务信息的含量,能够充分反映整个公共部门总体的财务状况,有效提高英国政府财务数据质量,有利于将财务管理、财政控制和经济政策体系有机地结合在一起,更好地保持财政的稳定性。目前我国政府财务报告在目标、内容和项目列示等方面存在不足之处,因此根据我国实际情况,应建立政府综合年度财务报告制度。其基本内容包括以下方面:

(一)政府财务报告的目标

美国政府会计准则委员会(GASB)提出政府财务报告有三个层次的目标:基本目标是检查、防范舞弊和贪污,以保护公共财政资金的安全;中级目标是促进健全的财务管理;最高层次的目标是帮助政府履行公共受托责任。法国政府整体财务报告有四个目标:第一,通过确认和计量资产和负债反映政府的财务状况和政府的承诺情况;第二,通过结余或者赤字累计数反映和评价政府财政政策的效果;第三,通过建立财务会计与预算会计、财务会计与国民收入账户的关系,反映和评价政府管理活动及其目标达成情况;第四,通过应计制的成本信息评价政府预算拨款的合理性、政府管理选择和绩效水平。

基于对我国现实条件的考虑,我国政府会计财务报告的目标可以定位为两个层次:(1)基本目标(最高层次目标)是提供说明受托责任的信息;(2)具体目标是提供和报告四个方面的会计信息:财政收支活动的合规性、政府财务状况、政府运营绩效以及政府可持续履责能力。

(二)政府财务报告的主体

我国政府财务报告的主体可分为三个层次:一是各级政府,即中央和各级人民政府,负责编报政府整体财务报告;二是政府的各个部门,包括各级政府的行政部门,负责编报政府单位财务报告;三是其他政府单位,除各级行政部门以外,构成政府整体组成部分的其他政府单位,负责编报本单位的财务报告。此外,借鉴国际通行做法,由专门机构实行单独管理、以专款专用形式存在的特殊基金(如社会保障基金),也可作为报告主体,编报基金财务报告。

1.我国政府单位的范围

政府通过政府财务报告向政府会计信息使用者提供政府资源受托责任的所有信息,政府财务报告主体的范围就是政府财务报告所包含的披露信息应该涵盖政府部门的范围。要界定政府财务报告主体首先要对政府范围进行界定。

我国政府单位的范围,应按照社会主义市场经济条件下公共财政的要求,参照国际通行的划分标准加以界定。现行行政单位原则上可归为政府单位。改革重点是要研究规范现行事业单位。考虑将目前按照事业单位管理的单位划分为三类:一是公共功能较强的国有事业单位,可划为政府单位;二是不以营利为目的、能够通过非政府性收费等方式实现收支平衡的事业单位,可划为非营利组织;三是属于竞争领域的经营性事业单位,可划为企业单位。按上述标准进行划分后,所有政府单位适用统一的政府会计准则和制度。与此相适应,实施政府会计改革后,我国目前的预算会计和企业会计两大会计体系,将相应改为政府会计、非营利组织会计和企业会计三大体系,分别适用上述不同性质的单位。

2.我国政府财务报告的主体

政府财务报告主体确定了纳入政府财务报告内容的范围和组成结构。当前各国确定公共部门报告主体常用的基础有五类:控制基础、受托责任基础、主要风险和报酬基础、公共预算支持运营基础、按类似职能或目标运营基础。其中,最常见的是控制基础和受托责任基础。例如法国主要采用按规定分配公共基金的方法对政府财务报告主体进行界定,而美国、英国则主要根据控制标准来确定政府财务报告的主体范围。

目前,我国政府还没有实行真正的财务报告制度,我国政府实行的是现金制基础上的政府预算会计,各级政府的财务信息主要以政府预算和政府决算的形式提交各级人大进行审核和报告。我国财政管理体制正处在改革阶段,预算会计体制也在逐步地向政府会计体制转变,政府财务报告的主体也会根据政府财政分配结构的变化而发生相应的结构性的调整。因此,我国的政府财务报告主体的范围应该根据我国财政管理体制的特点,利用公共基金分配和控制的双重标准来进行界定。

我国政府财务报告的主体应包括以下部分:①中央和地方各级政府;②各

级政府行政部门;③政府非行政职能部门;④国有事业单位。其中,政府财务报告由中央和地方各级政府、行政部门以及政府非行政职能部门组成,国有事业单位属于财政上依赖政府的被政府控制的组织,也是政府财务报告主体的一部分。

（三）政府财务报告的核算基础

我国目前提供政府财务信息的主要对外报告是"政府预算执行情况报告"。目前的财务报告除了反映年度预算收支情况及结果外,没有提供关于政府财务状况和绩效方面的信息。因此,基于我国的现状,可先在基层政府编制应计制的财务报告,成熟以后,再扩展到统一综合的政府财务报告上。总之,改革的核心应当使预算会计的财务报告由单一的预算执行情况报告,扩展为以报告国家预算执行结果为重点,广泛地反映政府整体财务状况和财务效率的综合性财务报告,使财务报告信息既能满足政府管理和决策的需要,又能使社会公众了解政府的理财效果和财务状况。该种方案比较稳健,可操作性强,符合我国渐进式的改革思路,改革后的预算会计信息既能客观、准确地反映国家预算的执行情况及结果,也能全面反映政府受托责任的履行情况。

（四）政府财务报告的基本内容

政府综合年度财务报告应包括政府财务报表体系、宏观经济背景分析、财政经济状况分析以及政府财政管理绩效分析等项内容。政府财务报表主要包括资产负债表、财务运行绩效表、预算执行情况表、现金流量表等基本报表,还可根据财政管理的需要,附加一些反映预算收支执行情况的报表,对政府受托责任进行信息披露等等。各部门的财务报告,主要以财务报表为主,并附以必要的分析说明。

（五）政府财务报告的编报程序

各级政府都要按照政府会计准则和会计制度的要求,编制政府综合年度财务报告。中央由财政部负责编制中央政府综合年度财务报告,并汇总地方政府综合年度财务报告;中央各部门负责编制本部门年度财务报告,按规定程序报送财政部审批。地方省、市(地)一级政府由财政部门编制政府综合年度财务报告,由各部门编制本部门年度财务报告;县乡两级政府由财政部门编制政府综合年度财务报告。

（六）政府财务报告审计

美国通过《首席财务法案》等一系列法律,规定财政部长和管理与预算办公室(OMB)总裁每年必须向总统和国会提交美国政府财务报告,然后由联邦审计署(2004 年更名为政府责任审计署)对其进行审计。《政府管理改革法案》要求从 1994 年开始报送包括政府机构在内的政府财务报告,并规定合并财务报表中必须包含立法以及审计机构所要求的相关财务信息。审计报告对被审计的政府财务报告进行审计评价并提出审计意见。审计意见包括标准无保留意见、标准但附加强调事项的保留意见、无法表示意见以及否定意见等类型。这些不同审计意见的审计报告,是评价政府财务报告质量的主要尺度,有力地促进了政府财务报告编制水平的提高。

因此,我国各级财政部门编制的政府综合年度财务报告和各部门编制的年度财务报告,均应经过审计部门的审计,并应包含审计报告。

五、研究开发政府会计信息管理系统

实施新的政府会计基本准则和政府会计制度,编报政府综合年度财务报告,业务处理相对复杂,数据汇总工作量大,必须以电子化的信息系统为技术支撑。英国政府应用了建立在多维数据库基础上,主要收集政府会计与资源预算的财务信息的 COINS(the Combined Online Information System)信息系统,来编制政府整体财务报告。法国政府引进了现代政府预算和会计信息系统(ACCORD),该系统可以同时记录以现金制和应计制为基础的收入和支出,编制部门的支出报表,并最终编制政府合并报表。

因此,我国应在国库集中收付信息管理系统不断健全、完善的基础上,研究、开发政府会计信息管理系统。政府会计信息管理系统应以新的政府会计制度为依据,以信息网络技术为支撑,同时满足财政部门和各单位进行会计核算,以及编报政府财务报告的实际需要,并与财政总分类账系统保持协调一致。实现各单位编报用款计划、提交支付申请、形成会计记录、生成会计报表等过程,均可通过系统自动完成。

附　录

附录一

国际公共部门会计准则委员会发布的会计准则及报告

▶▶▶

国际公共部门会计准则
（2000—2010）

序号	发布时间	准则名称
1	2000 年 5 月	财务报表的呈报
2	2000 年 5 月	现金流量表
3	2000 年 5 月	会计政策、会计估计与会计差错更正
4	2000 年 5 月	汇率变动的影响
5	2000 年 5 月	借款费用
6	2000 年 5 月	合并和单个财务报表
7	2000 年 5 月	对联营主体投资
8	2000 年 5 月	合营中权益的财务报告
9	2001 年 6 月	交换交易收入
10	2001 年 6 月	恶性通胀经济中的财务报告
11	2001 年 6 月	建造合同
12	2001 年 12 月	存货
13	2001 年 12 月	租赁
14	2001 年 12 月	资产负债表日后事项
15	2001 年 12 月	金融工具：披露与呈报
16	2002 年 6 月	投资性房地产

续表

序号	发布时间	准则名称
17	2002 年 6 月	不动产、厂房和设备
18	2002 年 6 月	分部报告
19	2002 年 10 月	准备金、或有负债和或有资产
20	2002 年 10 月	关联方交易的披露
21	2004 年 12 月	非现金资产的毁损
22	2006 年 12 月	一般政府部门信息披露
23	2006 年 12 月	非交换交易收入
24	2006 年 12 月	财务报表中预算信息的呈报
25	2008 年 2 月	雇主收益
26	2008 年 2 月	现金资产的毁损
27	2009 年 12 月	农业资产
28	2010 年 1 月	金融工具的呈报
29	2010 年 1 月	金融工具的确认与计量
30	2010 年 1 月	金融工具的披露
31	2010 年 1 月	无形资产

专题研究报告
(1991—2010)

序号	发布时间	报告名称
1	1991 年 3 月	国家政府的财务报告
2	1993 年 7 月	国家政府财务报告的要素
3	1994 年 10 月	公共部门中的合规性审计
4	1994 年 10 月	利用其他审计师的工作——一个公共部门的视角
5	1995 年 8 月	资产的定义和确认
6	1995 年 8 月	负债会计与报告
7	1996 年 1 月	政府企业的绩效报告
8	1996 年 7 月	政府财务报告的主体

续表

序号	发布时间	报告名称
9	1996 年 12 月	收入的定义和确认
10	1996 年 12 月	费用/支出的定义和确认
11	2000 年 5 月	政府财务报告:会计问题与实务
12	2000 年 11 月	政府成本会计的前景
13	2001 年 8 月	公共部门的治理
14	2003 年 12 月	从收付实现制到应计制的过渡指南

应时报告
(1994—2010)

序号	发布时间	报告名称
1	1994 年 10 月	在政府中实施应计制会计:新西兰的经验
2	1994 年 10 月	审计政府整体财务报表:新西兰的经验
3	1996 年	应计制透视
4	2001 年 9 月	法国公共服务的授权:公共管理的一种原始方法——授权的公共服务
5	2002 年 6 月	资源会计——英国中央政府会计准则制定的框架
6	2003 年 1 月	法国政府会计现代化:现状、问题与展望
7	2004 年 1 月	阿根廷政府会计系统

附录一资料来源:http://web. ifac. org/publications/international-public-sector-accounting-standards-board.

附录二
美国联邦政府会计准则咨询委员会发布的会计概念及准则公告

▶▶▶

联邦会计概念公告
（1993—2010）

序号	发布时间	概念公告名称
1	1993 年 9 月	联邦财务报告的目标
2	1995 年 6 月	实体和披露
3	1999 年 4 月	管理讨论和分析
4	2003 年 1 月	美国政府合并财务报告的目标读者和质量特征
5	2007 年 12 月	应计制基础财务报表的要素定义与基本确认标准
6	2009 年 2 月	有区别的基础信息,必需的补充信息以及其他辅助信息

联邦会计准则公告
（1993—2010）

序号	发布时间	准则公告名称
1	1993 年 3 月	特定资产和负债的会计处理
2	1993 年 8 月	直接贷款和贷款担保的会计处理
3	1993 年 10 月	存货和相关财产的会计处理
4	1995 年 7 月	管理成本会计概念和准则
5	1995 年 12 月	联邦政府负债的会计处理
6	1995 年 11 月	财产、厂房和设备(固定资产)的会计处理
7	1996 年 5 月	收益和其他财务资金的会计处理

续表

序号	发布时间	准则公告名称
8	1996 年 6 月	经营管理责任的补充报告
9	1997 年 10 月	4 号公告实施日的延期
10	1998 年 10 月	内部使用软件的会计处理
11	1998 年 12 月	财产、厂房和设备等固定资产会计处理方法的修订——定义
12	1999 年 2 月	诉讼引起的或有负债的确认
13	1999 年 2 月	65.2 段相关交易重要收益的递延
14	1999 年 4 月	对递延维护费用报告的修订
15	1999 年 4 月	管理层讨论与分析
16	1999 年 7 月	对固定资产——多用途遗产会计处理的修订
17	1999 年 8 月	社会保险的会计处理
18	2000 年 5 月	对直接和担保贷款会计准则的修订
19	2001 年 3 月	对直接和担保贷款的会计准则的技术修订
20	2001 年 9 月	免除国内税收总署、海关和其他部门关税收入事项的披露
21	2001 年 10 月	国内税收总署、海关和其他部门会计处理错误和变更的报告修正
22	2001 年 10 月	协调债务和净运营成本的特定要求的变更(修正 7 号公告)
23	2003 年 5 月	去除国防财产、厂房、设备等类别
24	2003 年 1 月	用于美国政府合并报告的特定准则
25	2003 年 7 月	经营管理责任的重新分类和取消目前的服务评估
26	2004 年 11 月	社会保险报告的重要假定陈述(修正 25 号公告)
27	2004 年 12 月	专项基金的确认和报告
28	2005 年 1 月	联邦财务会计准则 25、26 号公告:《社会保险公告重新分类》生效日的延迟
29	2005 年 7 月	(文化)遗产性资产和托管土地
30	2005 年 8 月	实体内部成本实施:联邦财务会计准则 4 号公告修订,管理成本会计准则和概念
31	2006 年 10 月	信托活动会计

续表

序号	发布时间	准则公告名称
32	2006 年 9 月	美国政府合并财务报告的要求
33	2008 年 10 月	养老金、其他退休福利和其他离职后福利
34	2009 年 7 月	联邦主体公认会计准则的层次
35	2009 年 10 月	财产、厂房和设备历史成本的估计——对第 6 和 23 号准则的修订
36	2009 年 9 月	联邦政府综合长期财政项目报告
37	2010 年 4 月	社会保险:管理讨论与分析报告的基本财务报表附加要求
38	2010 年 4 月	联邦石油和天然气资源会计

附录二资料来源:转引自[美]陈立齐著,陈穗红、石英华译:《美国政府会计准则研究:对中国政府会计改革的启示》,中国财政经济出版社 2009 年版,同时根据 http://www.fasab.gov/pdffiles/issueddocuments.pdf 提供的内容进行补充。

附录三

美国州和地方政府会计准则委员会发布的会计概念及准则公告

▶▶▶

州和地方政府会计概念公告
（1987—2010）

序号	发布时间	概念公告名称
1	1987 年 5 月	财务报告的目标
2	1994 年 4 月	服务努力与成就报告
3	2005 年 4 月	包括基本财务报表的一般目的外部财务报告的信息方法
4	2007 年 6 月	财务报表的要素
5	2008 年 11 月	服务努力与成就报告的修订

州和地方政府会计准则公告
（1984—2010）

序号	发布时间	准则公告名称
1	1984 年 7 月	NCGA 声明和美国注册会计师协会行业审计指南的法律地位
2	1986 年 1 月	根据国内收入法案第 457 条规定所采用的递延酬劳计划的财务报告
3	1986 年 4 月	金融机构储蓄、投资（包括回购协议）和逆回购协议
4	1986 年 9 月	《美国会计准则委员会第 87 号报告：雇员养老金的会计处理》对州和地方政府工作人员的适用性
5	1986 年 11 月	公务员退休制度和州及地方政府工作人员养老金信息的披露
6	1986 年 11 月	特殊收入的会计处理和财务报告

续表

序号	发布时间	准则公告名称
7	1987 年 3 月	债务终止引起的提前还款
8	1988 年 1 月	《美国会计准则委员会第 93 号报告:非盈利组织折旧的确认》对某些州及地方政府实体的适用性
9	1989 年 9 月	业主基金和非消耗性信托资金以及使用业主资金会计处理方法的其他政府实体的现金流量报告
10	1989 年 11 月	风险融资和相关保险问题的会计处理和财务报告
11	1990 年 5 月	政府基金运营报表的计量重点和会计基础
12	1990 年 5 月	州及地方政府工作人员退休后福利(除养老金收益)的信息披露
13	1990 年 5 月	租金逐期增加的经营租赁的会计处理
14	1991 年 6 月	财务报告实体
15	1991 年 10 月	公立高校的会计处理和财务报告模式
16	1992 年 11 月	带薪休假的会计处理
17	1993 年 6 月	政府基金运营报表的计量重点和基础:对《政府会计准则委员会第 11 号报告》和相关报告《对政府会计准则委员会第 10、11、13 号报告的修订》的生效日的修订
18	1993 年 8 月	市政固体废物处理厂关闭和后续成本的会计处理
19	1993 年 9 月	公立高校综合报告——对政府会计准则委员会第 10 号和第 15 号报告的修订
20	1993 年 9 月	业主基金和使用业主基金会计处理方法的其他政府实体的会计处理和财务报告
21	1993 年 10 月	无人继承收缴国库资产的会计处理
22	1993 年 12 月	政府基金中租税收入的会计处理
23	1993 年 12 月	业主活动所报告的债务偿还的会计处理和财务报告
24	1994 年 6 月	某些补助金和其他财务资助的会计处理和财务报告
25	1994 年 11 月	既定收益养老金计划的财务报告和既定供款养老金计划的附注披露
26	1994 年 11 月	既定收益养老金计划制订的退休后医疗保健计划的财务报告
27	1994 年 11 月	州及地方政府雇员养老金的会计处理

续表

序号	发布时间	准则公告名称
28	1995 年 5 月	政府基金运营报表的计量重点和基础:对《政府会计准则委员会第 11 号报告》和相关报告《对政府会计准则委员会第 10、11、13 号报告的修订》的生效日的修订
29	1995 年 8 月	市政固体废物处理厂关闭和后续成本的会计处理
30	1996 年 2 月	公立高校综合报告——对政府会计准则委员会第 10 号和第 15 号报告的修订
31	1997 年 3 月	业主基金和使用业主基金会计处理方法的其他政府实体的会计处理和财务报告
32	1997 年 10 月	无人继承收缴国库资产的会计处理
33	1998 年 12 月	政府基金中租税收入的会计处理
34	1999 年 6 月	业主活动所报告的债务偿还的会计处理和财务报告
35	1999 年 11 月	某些补助金和其他财务资助的会计处理和财务报告
36	2000 年 4 月	既定收益养老金计划的财务报告和既定供款养老金计划的附注披露
37	2001 年 6 月	既定收益养老金计划制订的退休后医疗保健计划的财务报告
38	2001 年 6 月	特定财务报表附注披露
39	2002 年 5 月	确定某些组织是否是组成单位——对政府会计准则委员会第 14 号报告的修订
40	2003 年 3 月	储蓄和投资风险披露——对政府会计准则委员会第 3 号报告的修订
41	2003 年 5 月	预算比较时间表的观点差异——对政府会计准则委员会第 34 号报告的修订
42	2003 年 11 月	资本资产减值和保险恢复的会计处理和财务报告
43	2004 年 4 月	退休后福利计划(除养老金计划外)的财务报告
44	2004 年 5 月	经济状况报告:统计部分
45	2004 年 6 月	雇主退休后福利计划(除养老金计划外)的会计和财务报告
46	2004 年 12 月	授权法律限制的净资产
47	2005 年 6 月	最终年金会计
48	2006 年 9 月	销售、应收款抵押品、远期收入以及资产和远期收入在实体内的转移

续表

序号	发布时间	准则公告名称
49	2006 年 11 月	污染补偿义务会计和财务报告
50	2007 年 5 月	养老金披露
51	2007 年 7 月	无形资产会计和财务报告
52	2007 年 11 月	土地和捐赠的其他投资性房地产
53	2008 年 6 月	衍生金融工具会计和财务报告
54	2009 年 3 月	基金余额报告和政府基金类型定义
55	2009 年 4 月	州和地方政府公认会计准则的层次
56	2009 年 4 月	AICPA 审计准则中涉及的会计和财务报告指南汇编

附录三资料来源：资料来源：转引自［美］陈立齐著，陈穗红、石英华译：《美国政府会计准则研究：对中国政府会计改革的启示》，中国财政经济出版社 2009 年版，同时根据 http://www.gasb.org 提供的资料补充。

附录四
法国中央政府会计准则

▶▶▶

法国中央政府会计准则
（2004—2010）

序号	发布时间	准则名称
1	2004 年	财务报告
2	2004 年	费用
3	2004 年	主权收入
4	2004 年	运营收入、管理收入和财务收入
5	2004 年	无形资产
6	2004 年	有形资产
7	2004 年	金融资产
8	2004 年	存货
9	2004 年	与流动资产相关的要求权
10	2004 年	中央政府现金状况构成
11	2004 年	金融负债和金融衍生工具
12	2004 年	风险、债务、非金融债务和其他债务准备
13	2004 年	财务报告附注中应披露的承诺
14	2009 年	会计政策、会计估计变更和会计差错更正
15	2009 年	资产负债表日后事项

资料来源：http://www.minefi.gouv.fr/lolf/downloads/161_central_government.pdf.

附录五

我国现行预算会计相关制度

▶▶▶

我国现行预算会计相关制度一览表

会计规范类型	具体制度类型	具体制度名称	实施时间
总预算会计规范	财政总预算会计制度及其补充规定	财政总预算会计制度	1998 年 1 月 1 日
		财政总预算会计制度暂行规定	2001 年 11 月 19 日
	财政专户资金会计制度	预算外资金财政专户会计核算制度	1999 年 1 月 1 日
		预算外资金财政专户会计核算制度补充规定	2002 年 7 月 29 日
		社会保险基金财政专户会计核算暂行办法	1999 年 9 月 1 日
		财政部关于建立省级粮食风险基金后有关会计处理问题规定	1996 年 7 月 8 日
	适应公共财政改革而颁布的相关会计制度	政府采购资金财政直接拨付核算暂行办法	2001 年 2 月 28 日
		财政国库管理制度改革试点会计核算暂行办法	2001 年 7 月 27 日
		财政国库管理制度改革试点会计核算暂行办法补充规定	2002 年 6 月 6 日
		地方财政实施财政国库管理制度改革年终预算结余资金会计处理的暂行规定	2003 年 12 月 26 日
	规范政府债务的相关会计制度	财政部关于国债转贷资金还本付息若干问题的通知	1999 年 9 月 23 日
		关于国债转贷资金本金的账务处理的规定	2002 年 9 月
		国际金融组织贷款转贷会计制度	2000 年 1 月 1 日

续表

会计规范类型	具体制度类型	具体制度名称	实施时间
	专项资金会计制度	世界银行贷款项目财务报告暂行规定	1997 年 1 月 17 日
		国家物资储备资金会计制度	1998 年 1 月 1 日
		国际农业发展基金会贷款项目会计核算暂行办法	1998 年 4 月 6 日
		世界银行贷款项目会计核算办法	2000 年 1 月 21 日
		农业综合开发资金会计制度	2002 年 1 月 1 日
		三峡工程库区移民资金会计制度	2002 年 1 月 1 日
行政单位会计规范		行政单位会计制度	1998 年 1 月 1 日
		行政事业单位会计决算报告制度	2002 年 3 月 5 日
事业单位会计规范	事业单位会计准则	事业单位会计准则	1998 年 1 月 1 日
	事业单位会计制度及补充规定	事业单位会计制度	1997 年 7 月 17 日
		财政部关于修改事业单位事业支出核算内容的通知	2002 年 1 月 1 日
		关于事业单位住房补贴会计处理补充规定的通知	2003 年 9 月 30 日
	分行业事业单位会计制度	科学事业单位会计制度	1998 年 1 月 1 日
		高等学校会计制度	1998 年 1 月 1 日
		中小学会计制度	1998 年 1 月 1 日
		医院会计制度	1998 年 1 月 1 日
		测绘事业单位会计制度	1999 年 1 月 1 日
		国家物资储备资金会计制度	1998 年 1 月 1 日
	基金类相关会计制度	社会保险基金会计制度	1999 年 7 月 1 日
		住房公积金会计核算办法	2000 年 1 月 1 日
		住房公积金会计核算办法补充规定	2000 年 1 月 1 日
		社会保险基金会计核算若干问题补充规定	2003 年 6 月 19 日
		公务员医疗补助资金和离休干部医药费会计处理规定	2003 年 1 月 1 日

续表

会计规范 类型	具体制度类型	具体制度名称	实施时间
	其他有关事业单位的会计制度	财政部关于彩票发行与销售机构执行事业单位会计制度有关问题的通知	2002 年 1 月 1 日

资料来源：路军伟：《基于公共受托责任的双轨制政府会计体系研究》，厦门大学博士论文，2007 年。

参考文献

▶▶▶

中文部分

[1]阿迈德·贝克奥依:《会计理论》,陕西人民出版社,1996

[2]爱伦·鲁宾:《公共预算中的政治:收入与支出,借贷与平衡》,中国人民大学出版社,2001

[3]安秀梅:《政府公共财政受托责任研究》,《财政研究》,2005年第5期

[4]北京市人大常委会、新华社国际部编:《百国议会概况》,北京出版社,1999

[5]北京市预算会计研究会"政府会计"课题组:《关于建立中国政府会计准则的研究报告》,《会计研究》,2006年第3期

[6]贝洪俊:《新公共管理:基于绩效导向的政府会计系统》,《财会研究》,2004年第5期

[7]财政部"财政制度国际比较"课题组:《法国财政制度》,中国财政经济出版社,1999

[8]财政部"财政制度国际比较"课题组:《美国财政制度》,中国财政经济出版社,1999

[9]财政部"财政制度国际比较"课题组:《英国财政制度》,中国财政经济出版社,1999

[10]财政部会计司:《欧洲政府会计与预算改革》,东北财经大学出版社,2005

[11]财政部会计司公共部门会计准则考察团:《英、法两国的政府会计与非营利组织会计》,《预算管理与会计》,2005年第10期

[12]财政部会计司考察团:《英、法非营利组织和政府会计准则考察报告》,《会计研究》,2004年第11期

[13]财政部政府会计考察:《英国的政府会计管理与改革》,《预算管理

《《 ‹‹‹ ☰

与会计》,2006 年第 6 期

[14]曹霈林主编:《比较政府体制》,复旦大学出版社,1993

[15]常丽:《政府会计改革焦点问题探讨》,《会计之友》(下旬刊),2006 年第 5 期

[16]常向东、王庆:《美国联邦预算管理与政府会计责任》,《兰州商学院学报》,2005 年第 6 期

[17]陈工孟:《英、美、澳、新等国家实施绩效预算的改革及其对我国的启示》,《财政研究》,2006 年第 1 期

[18]陈立齐:《美国政府会计的原则和重大变化简介》,《会计研究》,2004 年第 9 期

[19]陈立齐:《美国政府会计准则及对中国的借鉴价值》,《中国总会计师》,2004 年第 6 期

[20]陈立齐著,陈穗红、石英华译:《美国政府会计准则研究:对中国政府会计改革的启示》,中国财政经济出版社,2009

[21]陈良忠:《政府会计核算基础变革的国际趋势及借鉴》,《财会月刊》,2004 年第 5 期

[22]陈小悦、陈立齐:《政府预算与会计改革——中国与西方国家模式》,中信出版社,2002

[23]陈小悦、陈璇:《政府会计目标及其相关问题的理论探讨》,《会计研究》,2005 年第 11 期

[24]陈振明:《政府再造——西方"新公共管理运动"述评》,中国人民大学出版社,2003

[25]陈志斌:《公共受托责任:政治效应、经济效率与有效的政府会计》,《会计研究》,2003 年第 6 期

[26]程晓佳:《财政透明度与政府会计改革》,《会计研究》,2004 年第 9 期

[27]范樟妹:《法国的管理会计》,《商业会计》,2007 年第 8 期

[28]"非营利组织会计问题"研究课题组:《美国的政府会计规范及其借鉴》,《会计研究》,2001 年第 4 期

[29]葛家澍:《财务会计概念框架研究的比较与综评》,《会计研究》,2004 年第 6 期

[30]谷祺、邓德强:《德法模式政府会计改革动因的比较与启示》,《上海立信会计学院学报》,2006 年第 2 期

[31]广东省预算会计研究会"会计"课题组:《建立政府会计准则的几个基

本问题》,《预算管理与会计》,2006 年第 3 期

[32]郭道扬:《论两大法系的会计法律制度体系》,《会计研究》,2002 年第 8 期

[33]国际会计师联合会著,财政部会计准则委员会组织翻译:《国际公共部门会计文告手册(2008)》,东北财经大学出版社,2009

[34]河南省财政厅"非企业会计改革问题"项目组:《对政府会计改革的建议》,《预算管理与会计》,2006 年第 9 期

[35]黄世忠:《美国联邦政府会计难点热点问题及其启示——基于联邦政府审计报告的分析》,《会计研究》,2004 年第 11 期

[36]黄秀云:《政府财务报告改革研究》,《财会通讯》(学术版),2007 年第 1 期

[37]江莉萍:《试论政府会计信息披露》,《预算管理与会计》,2005 年第 6 期

[38]姜月运:《我国政府会计的改革方向:基金会计》,《财会月刊》,2005 第 27 期

[39]焦授青、杨成文:《权责发生制会计的缺陷及其发展趋势》,《财会月刊》(综合版),2006 年第 32 期

[40]金希萍:《浅论我国政府会计体系的建立》,《中国乡镇企业会计》,2008 年第 1 期

[41]经济合作与开发组织编著,财政部科学研究所译:《比较预算》,人民出版社,2001

[42]克里斯托弗·诺比、罗伯特·帕克,潘琰主译:《比较国际会计》,东北财经大学出版社,2002

[43]蓝寿荣:《试析法国商法对会计行为的规范》,《法国研究》,2006 年第 3 期

[44]劳秦汉:《不同会计模式的比较和受托责任会计模式的构建》,《中国农业会计》,1996 年第 7 期

[45]乐菲菲、申亮:《公众与政府财政信息披露之互动研究》,《山东财政学院学报》,2006 年第 4 期

[46]李迪:《中美政府会计规范之比较》,《经济师》,2008 年第 3 期

[47]李定清、张国康、章新蓉:《中西政府与非营利组织会计比较研究》,重庆出版社,2001

[48]李定清:《论政府会计准则理论结构》,《商业研究》,2002 年第 23 期

[49]李凤鸣、周汉庭:《法国公共财务制度与审计法院》,《审计与经济研究》,1994年第3期

[50]李建发、肖华:《公共财务管理与政府财务报告改革》,《会计研究》,2004年第9期

[51]李建发、路军伟:《对政府会计改革两个问题的看法》,《预算管理与会计》,2006年第1期

[52]李建发、路军伟:《我国政府财务报告改革若干问题》,《预算管理与会计》,2006年第9期

[53]李建发:《论改进我国政府会计与财务报告》,《会计研究》,2001年第6期

[54]李强、王智宁、叶新凤:《政府会计的中美差异比较》,《财会通讯》(学术版),2005年第3期

[55]李书锋:《新公共管理对政府财务报告的影响》,《经济研究参考》,2005年第86期

[56]李炜:《法国会计体制的改革及其对中国会计改革的启示》,《哈尔滨商业大学学报》(社会科学版),2003年第2期

[57]李祥锋:《关于我国政府财务报告主体定位问题的研究》,《长春大学学报》,2006年第3期

[58]李元、杨薇钰:《应计导向政府会计概念框架的制度有效性分析》,《当代财经》,2005年第6期

[59]李元、杨薇钰:《应计导向政府会计模式的概念框架比较研究——以美国、澳大利亚联邦政府会计为例》,《财经理论与实践》,2005年第4期

[60]李元:《美国联邦政府管理成本会计实务中的概念冲突及其准则协调》,《财经论丛》,2007年第5期

[61]李占国、李瑞生:《会计模式基本理论问题研究》,《会计研究》,1988年第11期

[62]梁丽:《公共财政体制改革与政府会计问题探讨》,《集团经济研究》,2006年第22期

[63]梁丽:《我国政府会计改革的经济学思考》,《事业财会》,2007年第1期

[64]梁爽:《中外会计准则制定模式比较研究》,《东北财经大学学报》,2003年第3期

[65]刘金星、薛祖云、韩晓明:《法国会计环境与会计模式对中国会计变革

的启示》,《潍坊学院学报》,2004 年第 5 期

[66]刘丽华、牛生英:《法国公共会计师制度》,《商业会计》,2000 年第 7 期

[67]刘曼:《中国预算会计与美国政府会计资产要素的比较》,《云南财贸学院学报》,2004 年第 1 期

[68]刘庆阳:《权责发生制预算会计改革国际经验及借鉴》,《商业时代》,2006 年第 35 期

[69]刘秋明:《现代西方公共受托责任研究述评》,《外国经济与管理》,2005 年第 7 期

[70]刘淑蓉:《中美政府会计要素比较》,《北方经贸》,2002 年第 10 期

[71]刘笑霞:《论我国政府财务报告制度的构建——基于财政透明度的考察》,《当代财经》,2007 年第 2 期

[72]刘一欧:《关于公共财政框架下预算会计制度改革的思考》,《黑龙江对外经贸》,2007 年第 3 期

[73]刘谊、廖莹毅:《权责发生制预算会计改革:OECD 国家的经验及启示》,《会计研究》,2004 年第 7 期

[74]刘用铨:《公共财政管理与政府会计的改进》,《财会月刊》,2007 年第 5 期

[75]陆阳春:《美国的政府财务报告》,《预算管理与会计》,2006 年第 11 期

[76]陆阳春:《美国政府会计对预算执行的核算》,《预算管理与会计》,2006 年第 10 期

[77]路军伟、李建发:《政府会计改革的公共受托责任视角解析》,《会计研究》,2006 年第 12 期

[78]路军伟:《基于公共受托责任的双轨制政府会计体系研究》,厦门大学博士论文,2007

[79]罗伯特·J.弗里曼著,赵建勇译:《政府与非营利组织会计——理论与实务》(第 7 版),上海财经大学出版社,2004

[80]马骏:《经济、社会变迁与国家治理转型:美国进步时代改革》,《公共管理研究》,2008 年第 1 期

[81]欧文汉:《政府报告制度:公共支出管理中的重要环节》,《经济研究参考》,2004 年第 12 期

[82]潘小娟:《发达国家地方政府管理制度》,时事出版社,2001

[83]彭海颖、张彭玮:《基于目标导向的政府财务报告主体的研究》,《集团经济研究》,2007年第9期

[84]戚艳霞:《美国政府与非营利组织基金会计模式及对我国的启示》,《财会通讯》(学术版),2006年第6期

[85]乔治·琼斯、王祺扬:《资源会计及预算制度:又一错误的尝试吗?》,《财政与发展》,2006年第1期

[86]全国人大常委会预算工作委员会调研室:《国外预算管理考察报告》,中国民主法制出版社,2005

[87]全国预算会计研究会"预算会计"课题组:《关于建立政府会计准则概念框架若干问题的研究报告》,《预算管理与会计》,2006年第2期

[88]上海财经大学公共政策研究中心:《中国财政发展报告——重建中国公共预算体系研究》,上海财经大学出版社,2003

[89]上海市预算会计研究会:《改进预算会计制度的思考》,《预算管理与会计》,2006年第11期

[90]上海市预算会计研究会:《关于建立政府会计准则体系问题研究》,《预算管理与会计》,2006年第4期

[91]邵毅平、朱胜:《中法会计标准国际趋同路径选择的比较分析》,《经济论坛》,2007年第5期

[92]石英华:《我国政府会计改革取向研究——比较分析的视角》,《中央财经大学学报》,2007年第2期

[93]舒惠好、王鹏:《学习国外成功经验,推进中国政府及非营利组织会计改革——政府及非营利组织会计讲座综述》,《会计研究》,2002年第5期

[94]宋敬革:《西方国家的预算管理与启示》,《吉林财税》,2003年第10期

[95]宋衍蘅、陈晓:《西方国家政府会计的比较及其借鉴》,《会计研究》,2002年第9期

[96]孙开、景宏军:《政府会计的逆向选择模型分析》,《财经问题研究》,2008年第2期

[97]孙娜:《浅议中美政府会计的差异及成因》,《事业财会》,2002年第4期

[98]孙玉春:《从法律视角看英国会计》,《财会通讯》(综合版),2005年第12期

[99]孙志媛:《中美预算会计报表的比较分析及启示》,《审计月刊》,2006

年第 17 期

[100]天津市财政局"政府会计改革研究"课题组:《政府会计改革研究》(上),《预算管理与会计》,2006 年第 7 期

[101]天津市财政局"政府会计改革研究"课题组:《政府财务报告研究》,《预算管理与会计》,2006 年第 8 期

[102]王晨明:《政府会计环境与政府会计改革模式论》,财政部科学研究所博士论文,2007

[103]王祺扬:《英国资源会计及预算制度的主要内容及借鉴意义》,《财会通讯》(综合版),2004 年第 15 期

[104]王庆东、常丽:《政府财务报告改革导向及其实现机制探索》,《会计研究》,2007 年第 3 期

[105]王松年、薛文君:《比较国际会计研究——法国会计》,《上海会计》,2000 年第 6 期

[106]王松年、薛文君:《比较国际会计研究——英国会计》,《上海会计》,2000 年第 2 期

[107]王松年:《国际会计前沿》,上海财经大学出版社,2001

[108]王雍君:《发达国家公共财政管理改革对中国的启示与借鉴》,《改革》,2004 年第 2 期

[109]王雍君:《全球视野中的财政透明度:中国的差距与努力方向》,《国际经济评论》,2003 年第 4 期

[110]王雍君:《支出周期:构造政府预算会计框架的逻辑起点——兼论我国政府会计改革的核心命题与战略次序》,《会计研究》.2007 年第 5 期

[111]王湛:《我国政府会计制度改革模式的选择与优化》,《财会月刊》(综合版),2006 年第 28 期

[112]武俊:《美国政府会计与审计职业化历程及其启示》,《外国经济与管理》,2000 年第 4 期

[113]邢俊英:《论政府会计在政府负债风险控制中的重要作用》,《中央财经大学学报》,2007 年第 2 期

[114]徐跃:《英国财务会计概念框架的特色与借鉴》,《事业财会》,2003 年第 4 期

[115]徐镇绥:《试论政府会计改革中会计基础选择问题》,《会计研究》,2006 年第 12 期

[116]杨光斌:《政治学导论》,中国人民大学出版社,2004

[117]杨纪琬、娄尔行主编:《经济大辞典:会计卷》,上海辞书出版社,1991

[118]杨悦:《中美政府会计比较及对我国会计改革的借鉴》,《当代审计》,2003 年第 2 期

[119]叶陈毅、连珂、张侠:《英国会计法规制度及其借鉴》,《财会通讯》(综合版),2007 年第 4 期

[120]叶陈毅、罗书章:《中法会计法规体系的比较与思考》,《现代财经(天津财经大学学报)》,2007 年第 8 期

[121]叶龙、冯兆大:《我国政府会计模式构建过程中主体界定问题初探》,《会计研究》,2006 年第 9 期

[122]于国旺:《试论公共受托责任与政府会计目标》,《事业财会》,2004 年第 5 期

[123]于玉林主编:《现代会计百科辞典》,中国大百科全书出版社,1994

[124]余应敏:《美国政府会计的发展及其对我国的启示》,《财政研究》,2008 年第 1 期

[125]张国康、程晓苏:《中、美政府会计比较》,《重庆工商大学学报》(社会科学版),2003 年第 3 期

[126]张国生、赵建勇:《政府和非营利组织会计的环境、特征与预算会计改革》,《财经论丛》,2005 年第 1 期

[127]张国生:《政府会计的竞争模式及我国的现实选择——兼论预算与会计的协调》,《上海立信会计学院学报》,2006 年第 1 期

[128]张海燕:《英国的中央政府会计》,《预算管理与会计》,2005 年第 7 期

[129]张惠忠:《法国"会计总方案"与我国统一会计核算制度》,《上海财税》,2001 年第 4 期

[130]张少聪:《企业家政府与国际政府会计改革的新动向》,《经济与管理》,2004 年第 7 期

[131]张霞:《中美政府会计比较及其启示》,《财会通讯》,2003 年第 8 期

[132]赵翰翔:《基金会计与美国政府会计基本框架》,《中国总会计师》,2003 年第 3 期

[133]赵合云:《以提升财政透明度为导向完善政府会计体系》,《财会月刊》,2007 年第 13 期

[134]赵建勇:《关于中国预算会计若干问题的思考》,《上海财经大学学报》,2002 年第 2 期

［135］赵建勇：《中美政府资产负债表比较研究》，《经济科学》，1999 年第 1 期

［136］赵建勇：《中外政府会计规范比较研究》，上海财经大学出版社，1999

［137］"政府会计权责发生制研究"课题组：《我国预算会计制度的深化改革》，《财政研究》，2002 年第 5 期

［138］中央财经大学会计系：《会计模式与社会经济环境研究》，《会计研究》，1986 年第 8 期

［139］周红：《法国公共财政监控体制评介》，《当代财经》，2001 年第 10 期

［140］周红：《法国公共会计体制评介》，《会计研究》，2001 年第 3 期

［141］周建国：《政府会计实现模式探讨》，《西部财会》，2005 年第 9 期

［142］周晓苏：《法国会计模式的特色和借鉴》，《财会月刊》，2000 年第 14 期

［143］周晓苏：《中国会计模式论》，东北财经大学出版社，2002

［144］邹舢、裘益政：《美国联邦政府会计改革及启示》，《财会月刊》，2005 年第 25 期

［145］邹小洪：《英美会计特征的比较》，《赣南师范学院学报》，2002 年第 6 期

［146］左旭：《中外预算会计的比较与借鉴》，《中国乡镇企业会计》，2007 年第 2 期

英文部分

［1］Abu Shiraz，R. and Stewart，L. ，2001. A Negotiated Order Perspective on Public Sector Accounting and Financial Control. *Accounting，Auditing & Accountability Journal* 14(2)：147～165

［2］Allan, D. B. ，2006. Public Sector Accountability and Commercial-in-Confidence Outsourcing Contracts. *Accounting，Auditing & Accountability Journal* 19(2)：256～271

［3］Allen, A. and Sanders, G. D. ，1994. Financial Disclosure in Us Municipalities：Has the Governmental Accounting Standards Board Made a Difference? *Financial Accountability & Management* 10(3)：175～194

［4］Andrew, G. ，2002. Development of the Accounting Profession and Practices in the Public Sector—A Hegemonic Analysis. *Accounting，Auditing & Accountability Journal* 15(5)：655～688

[5]Anthony, R. N. ,2000. The Fatal Defect in the Federal Accounting System. *Public Budgeting & Finance* 20(4):1~10

[6]Beauchamp, S. and Hicks,C. ,2004. Financial Management and Effectiveness in Public Service Organizations: The CIPFA Fm Model. *Public Money and Management* 24(3):185~191

[7]Boex, L. F. J. , Martinez-Vazquez, J. and McNab, R. M. ,2000. Multi-Year Budgeting: A Review of International Practices and Lessons for Developing and Transitional Economies. *Public Budgeting & Finance* 20(2):91~112

[8]Broad, M. , Goddard, A. and Von Alberti, L. ,2007. Performance, Strategy and Accounting in Local Government and Higher Education in the UK. *Public Money and Management* 27(2):119~126

[9]Broadbent, J. and Guthrie, J. ,1992. Changes in the Public Sector: A Review of Recent "Alternative" Accounting Research. *Accounting, Auditing & Accountability Journal* 5(2):3~23

[10]Bromwich, M. and Lapsley, I. ,1997. Decentralization and Management Accounting in Central Government: Recycling Old Ideas? *Financial Accountability & Management* 13(2):181~201

[11]Brusca, I. and Condor, V. ,2002. Towards the Harmonization of Local Accounting Systems in the International Context. *Financial Accountability & Management* 18(2):129~162

[12]Brusca, I. and Montesinos, V. ,2006. Are Citizens Significant Users of Government Financial Information? *Public Money and Management* 26(4):205~209

[13]Carlin, T. M. ,2005. Debating the Impact of Accrual Accounting and Reporting in the Public Sector. *Financial Accountability & Management* 21(3):309~336

[14]Chan, J. L. , 2000. Reforming American Government Accounting in the 20th Century. Liou,K. T. , *Handbook of Public Management Practice and Reform.* New York: Marcel Dekker,Inc,97~121

[15]Chan, J. L. ,2001. The Implications of GASB Statement No. 34 for Public Budgeting. *Public Budgeting & Finance* 21(3):79~87

[16]Chan, J. L. ,2003. Government Accounting: An Assessment of

Theory, Purposes and Standards. *Public Money and Management* 23(1):13 ~20

[17]Chow, D. S. L., Humphrey, C. and Moll, J., 2007. Developing Whole of Government Accounting in the UK: Grand Claims, Practical Complexities and a Suggested Future Research Agenda. *Financial Accountability & Management* 23(1):27~54

[18]Ciaran, C. and Noel, H., 2006. The Actual Implementation of Accruals Accounting: Caveats from a Case within the UK Public Sector. *Accounting, Auditing & Accountability Journal* 19(2):272~290

[19]Cochrane, A., 1993. From Financial Control to Strategic Management: The Changing Faces of Accountability in British Local Government. *Accounting, Auditing & Accountability Journal* 6(3):30~51

[20]Ezzamel, M. and Willmott, H., 1993. Corporate Governance and Financial Accountability: Recent Reforms in the UK Public Sector. *Accounting, Auditing & Accountability Journal* 6(3):109~132

[21]Ezzamel, M., Hyndman, N. S., Johnsen, A., Lapsley, I. and Pallot, J., 2004. Has Devolution Increased Democratic Accountability? *Public Money and Management* 24(3):145~152

[22]Fowles, A. J., 1993. Changing Notions of Accountability: A Social Policy View. *Accounting, Auditing & Accountability Journal* 6(3):97 ~108

[23]Giroux, G. and Deis, D., 1993. Investor Interests and Government Accounting Disclosure. *Accounting, Auditing & Accountability Journal* 6(1):63~78

[24]Goddard, A. and Powell, J., 1994. Accountability and Accounting: Using Naturalistic Methodology to Enhance Organizational Control—A Case Study. *Accounting, Auditing & Accountability Journal* 7(2):50~69

[25]Goddard, A., 2005. Accounting and NPM in UK Local Government-Contributions Towards Governance and Accountability. *Financial Accountability & Management* 21(2):191~218

[26]Gray, A. and Jenkins, B., 1993. Codes of Accountability in the New Public Sector. *Accounting, Auditing & Accountability Journal* 6(3): 52~67

[27]Guthrie, J., Olson, O. and Humphrey, C.,1999. Debating Developments in New Public Financial Management: The Limits of Global Theorizing and Some New Ways Forward. *Financial Accountability & Management* 15(3&4):209~228

[28]Heald, D.,2005. The Implementation of Resource Accounting in UK Central Government. *Financial Accountability & Management* 21(2):163~190

[29]Hoge, J. and Martin, E. D.,2006. Linking Accounting and Budget Data: A Discourse. *Public Budgeting & Finance* 26(2):121~142

[30]Humphrey, C., Miller, P. and Scapens, R. W.,1993. Accountability and Accountable Management in the UK Public Sector. *Accounting, Auditing & Accountability Journal* 6(3):7~29

[31]Hyndman, N., Jones, R. and Pendlebury, M.,2007. An Exploratory Study of Annuality in the UK Public Sector: Plus Ça Change, Plus C'est La MÊMe Chose? *Financial Accountability & Management* 23(2):215~237

[32]Jane, B., Kerry, J. and Richard, L.,2001. Organizational Resistance Strategies to Unwanted Accounting and Finance Changes: The Case of General Medical Practice in the UK. *Accounting, Auditing & Accountability Journal* 14(5):565~586

[33]Johnsen, A. and Lapsley, I.,2005. Reinventing Public Sector Accounting. *Financial Accountability & Management* 21(3):259~262

[34]Jones, R. and Pendlebury, M.,2004. A Theory of the Published Accounts of Local Authorities. *Financial Accountability & Management* 20(3):305~325

[35]Jones, R.,1998. The Conceptual Framework of Resource Accounting. *Public Money and Management* 18(2):11~16

[36]Lande, E.,2000. Macro-Accounting and Micro-Accounting Relationships in France. *Financial Accountability & Management* 16(2):151~165

[37]Lapsley, I. and Llewellyn, S.,1991. Accounting and Regulation in Local Government: The Case of Direct Labour Organizations. *Public Money & Management* 11(4):43~51

[38]Lapsley, I. ,1999. Accounting and the New Public Management: Instruments of Substantive Efficiency or a Rationalizing Modernity? *Financial Accountability & Management* 15(3&4):201~207

[39]Lapsley, I. ,2001. Foreword: Accounting, Modernization and the State. *Financial Accountability & Management* 17(4):299~302

[40] Likierman, A. , 1994. Management Accounting in UK Central Government:Some Research Issues. *Financial Accountability & Management* 10(2):93~115

[41]Likierman, A. ,1998. Report: Recent Developments in Resource Accounting and Budgeting (RAB). *Public Money and Management* 18(4): 62~64

[42]Likierman, A. ,1998. Resource Accounting and Budgeting:Where Are We Now? *Public Money and Management* 18(2):17~20

[43]Likierman, A. ,2001. From Planning to Implementation: The New Uk Central Government Financial Framework. *Public Money and Management* 21(1):53~56

[44]Likierman, A. ,2003. Planning and Controlling UK Public Expenditure on a Resource Basis. *Public Money and Management* 23(1):45~50

[45] Marti, C. , 2006. Accrual Budgeting: Accounting Treatment of Key Public Sector Items and Implications for Fiscal Policy. *Public Budgeting & Finance* 26(2):45~65

[46] Mayston, D. , 1992. Capital Accounting, User Needs and the Foundations of a Conceptual Framework for Public Sector Financial Reporting. *Financial Accountability & Management* 8(4):227~248

[47]Mayston, D. ,1993. Principals, Agents and the Economics of Accountability in the New Public Sector. *Accounting, Auditing & Accountability Journal* 6(3):68~96

[48]Meyers, R. T. and Joyce, P. G. ,2005. Congressional Budgeting at Age 30: Is It Worth Saving? *Public Budgeting & Finance* 25(4s):68~ 82

[49] Midwinter, A. , 2001. New Labour and the Modernization of British Local Government: A Critique. *Financial Accountability & Management* 17(4):311~320

[50]Mullins, D. R. and Pagano, M. A. ,2005. Local Budgeting and Finance: 25 Years of Developments. *Public Budgeting & Finance* 25(4s):3 ~45

[51]Mueller, G. G. ,1994. *Accounting : An International Perspective.* IRWIN, INC

[52]John H. Dunning and Khalil A. Hamdanieds, 1997. The New Globalism and Developing Countries, United Nations University Press, Tokyo, p. 13

[53]Pallot, J. ,1992. Elements of a Theoretical Framework for Public Sector Accounting. *Accounting, Auditing & Accountability Journal* 5(1): 38~59

[54]Patton, J. M. ,1992. Accountability and Governmental Financial Reporting. *Financial Accountability & Management* 8(3):165~180

[55]Pendlebury, M. and Karbhari, Y. ,1998. Resource Accounting and Executive Agencies. *Public Money and Management* 18(2):29~33

[56]Pendlebury, M. , Jones, R. and Karbhari, Y. ,1992. Accounting for Executive Agencies in the UK Government. *Financial Accountability & Management* 8(1):35~48

[57]Pendlebury, M. , Jones, R. and Karbhari, Y. , 1994. Developments in the Accountability and Financial Reporting Practices of Executive Agencies. *Financial Accountability & Management* 10(1):33~46

[58]Perrin, J. ,1998. From Cash to Accruals in 25 Years. *Public Money and Management* 18(2):7~10

[59]Pettersen, I. J. and Solstad, E. ,2007. The Role of Accounting Information in a Reforming Area: A Study of Higher Education Institutions. *Financial Accountability & Management* 23(2):133~154

[60] Rubin, I. , 2005. The State of State Budget Research. *Public Budgeting & Finance* 25(4s):46~67

[61]Rutherford, B. A. ,1992. Developing a Conceptual Framework for Central Government Financial Reporting: Intermediate Users and Indirect Control. *Financial Accountability & Management* 8(4):265~280

[62]Seal, W. ,1999. Accounting and Competitive Tendering in UK Local Government: An Institutionalist Interpretation of the New Public Man-

agement. *Financial Accountability & Management* 15(3&4):309~327

[63]Seal, W., 2003. Modernity, Modernization and the Deinstitution-alization of Incremental Budgeting in Local Government. *Financial Accountability & Management* 19(2):93~116

[64]Stanford, J. and Wilkinson, H., 2003. Convergence, Enron and All That: Improving the Quality and Relevance of Public Sector Financial Reporting. *Public Money and Management* 23(1):8~10

[65]Stanton, P., Hughes, J. W. and Stanton, J., 1998. Australian-USA Federal Government Accounting: Convergence or Divergence? *Financial Accountability & Management* 14(4):249~264

[66]Thain, C. and Wright, M., 1990. Running Costs Control in UK Central Government. *Financial Accountability & Management* 6(2):115~131

[67]van Helden, G. J., 2005. Researching Public Sector Transformation: The Role of Management Accounting. *Financial Accountability & Management* 21(1):99~133

[68]Voorhees, W. R. and Kravchuk, R. S., 2001. The New Governmental Financial Reporting Model under GASB Statement No. 34: An Emphasis on Accountability. *Public Budgeting & Finance* 21(3):1~30

[69]Wallace, W. A., 2000. GASB Statement No. 34:Research Opportunities. *Financial Accountability & Management* 16(3):179~199

[70]Wilson, E. R. and Kattelus, S. C., 2001. Implications of GASB's New Reporting Model for Municipal Bond Analysts and Managers. *Public Budgeting & Finance* 21(3):47~62

[71]Wynne, A., 2004. Public Sector Accounting:Democratic Accountability or Market Rules? *Public Money and Management* 24(1):5~7

[72]Yves, G., David, J. C. and Barbara, T., 2001. In the Name of Accountability: State Auditing,Independence and New Public Management. *Accounting, Auditing & Accountability Journal* 14(3):278~310

图书在版编目(CIP)数据

制度变迁与政府会计模式选择和优化研究/殷红著. —厦门:厦门大学出版社,
2012.11
(应计制政府会计改革研究/李建发主编)
ISBN 978-7-5615-4487-7

Ⅰ.①制…　Ⅱ.①殷…　Ⅲ.①预算会计-会计模式-模式选择②预算会计-会
计模式-最佳化　Ⅳ.①F810.6

中国版本图书馆 CIP 数据核字(2012)第 276122 号

厦门大学出版社出版发行
(地址:厦门市软件园二期望海路 39 号　邮编:361008)
http://www.xmupress.com
xmup @ xmupress.com
厦门集大印刷厂印刷
2012 年 11 月第 1 版　2012 年 11 月第 1 次印刷
开本:787×960　1/16　印张:15.75　插页:2
字数:280 千字
定价:40.00 元
本书如有印装质量问题请寄承印厂调换